ENCYCLOPÉDIE SCIENTIFIQUE

PUBLIÉE SOUS LA DIRECTION DU DR TOULOUSE

BIBLIOTHÈQUE   DIRECTEUR

D'ÉCONOMIE POLITIQUE   DANIEL BELLET

L'Industrie et les Industriels

PAR

YVES GUYOT

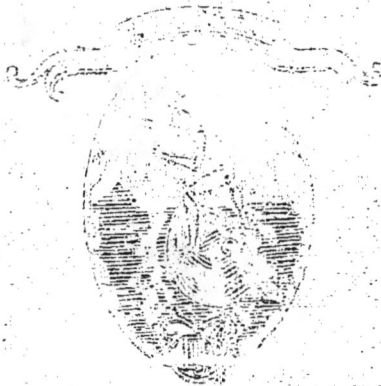

O. DOIN et FILS, ÉDITEURS, PARIS

Octave DOIN et Fils, Éditeurs, 8, place de l'Odéon, Paris.

ENCYCLOPÉDIE SCIENTIFIQUE

Publiée sous la direction du Dr TOULOUSE

BIBLIOTHÈQUE

D'ÉCONOMIE POLITIQUE

Directeur : Daniel BELLET

Secrétaire perpétuel de la Société d'Économie Politique,
Professeur à l'École libre des Sciences Politiques
et à l'École des Hautes Études commerciales.

Dans une Encyclopédie scientifique complète, il était impossible de laisser de côté l'Économie politique, ou, comme on dit souvent aussi, les sciences économiques. Et, tout en se limitant forcément, par suite de l'envergure de l'entreprise, la direction de l'Encyclopédie a décidé de consacrer à l'économie politique une quarantaine de volumes, qui, sous une forme synthétique assurément, mais de façon très suffisante, seront à même de renseigner le lecteur sur toutes les questions économiques.

Bien qu'elle ait une origine assez récente, et en dépit des attaques qu'elle subit tous les jours, l'Économie politique va s'imposant de plus en plus aux préoccupations; et de plus en plus nombreux sont, dans tous les milieux, ceux qui veulent avoir des connaissances précises sur ses lois, là où elle a pu en énoncer; tout au moins sur les conclusions toujours plus nettes auxquelles elle parvient, sur ses observations et les éléments d'information, les règles

YVES GUYOT. — L'industrie et les industriels.

de conduite qu'elle est en état de fournir en tant de matières essentiellement pratiques de la vie individuelle, commerciale ou industrielle. Sans connaître toujours bien effectivement la science économique, on invoque à chaque instant son autorité ou son nom, et on commence de comprendre qu'il y a beaucoup à apprendre à la fréquenter.

Déjà son enseignement s'est introduit un peu dans tous les pays, à des degrés divers; souvent cet enseignement est rapide et forcément un peu superficiel, ce qui laisse les esprits dans le désir de pénétrer des questions qui ont été seulement effleurées devant eux. Pour ceux qui sont passés par là, les divers volumes, les diverses monographies de cette Bibliothèque, répondront à bien des doutes et fourniront les lumières absentes. Nous ne rappellerons que d'un mot le terrain que l'Économie politique occupe déjà dans l'enseignement pour ce qui est particulièrement de la France. Tantôt c'est l'enseignement tout à fait supérieur, comme celui si approfondi (mais accessible à peu de gens) que l'on donne au Collège de France ou ailleurs; tantôt c'est l'enseignement des Écoles de droit, qui est consacré par un diplôme spécial, ou celui des Écoles de commerce; tout récemment cet enseignement vient d'être introduit, sous une forme élémentaire, naturellement, dans la formation intellectuelle des instituteurs.

Qu'on ne s'y trompe point du reste, et qu'on ne se laisse pas tromper par les paradoxes plus ou moins brillants émis au sujet de l'Économie politique; il s'agit bien d'une science, et c'est pour cela qu'on n'a point hésité à lui attribuer une place dans cette Encyclopédie scientifique. Un homme éminent et un économiste de première valeur, Léon Say, a fait justice du reproche adressé à la science économique de manquer de base solide, de ne point se présenter avec les caractères d'une science. L'Économie politique est une science d'observation et d'expériences : expériences que les observateurs mêmes n'ont pas provo-

quées, mais qui ne s'en font pas moins à leur profit, pour
leur instruction propre et pour celle des gens qui suivront
ensuite les déductions qu'ils tireront de l'observation de
ces expériences, de ces faits de la vie courante. Quand les
économistes observent des faits et voient des conséquences
se produire après tel ou tel de ces faits préalables, ils
disent : les mêmes effets « produisent les mêmes conséquences ». Et lorsque les mêmes relations ont été notées
un certain nombre de fois, on en tire cette conclusion
logique : « il y a une loi ». On se trouve donc en présence
des lois tirées de la connaissance des choses, d'observations méthodiques et suivies, comme dans les autres
sciences. Il y a des lois économiques, il y a une science
économique; ceux qui, au XVIIᵉ siècle, en ont réellement
posé les bases, n'étaient pas partis d'à priori; ils avaient
observé et établi des relations de cause à effet.

Pour attaquer le côté scientifique de l'Économie politique, on invoque les discordances, les différences d'opi
nions qui se manifestent entre certains économistes, entre
telle et telle école, prétendant faire de l'économie politique
tout en énonçant des lois pourtant opposées, chacune
affirmant que la vérité est de son côté. Il ne faut pas oublier que, dans les sciences en formation, il en est toujours ainsi; la théorie du phlogistique avait encore une
multitude de défenseurs, quand physique et chimie pouvaient pourtant et devaient être considérées comme des
sciences. Les choses ne se passent pas très différemment
dans les sciences même très avancées : on sait les discussions qui se poursuivent à l'heure actuelle et les avis oppo
sés qui se font jour sur la nature de la lumière, sur l'électricité, etc.

La vérité, encore une fois, c'est que la science économique est une science nouvelle, qui va s'épurant constamment, parce que les grandes lois posées, autrement dit
déduites, par les économistes clairvoyants, se confirment

de plus en plus, grâce à la multiplication des observations faites dans la vie de tous les jours par les gens à l'esprit vraiment scientifique, qui ne se laissent pas entraîner par des conceptions *à priori*. C'est ce qui s'est passé, par exemple, pour le monométallisme ou le bimétallisme; toutes les lois énoncées en la matière par ceux qui ont fait véritablement de la science en matière d'Économie politique se sont pleinement confirmées; les discussions sur ce sujet ont cessé à peu près complètement parmi les gens informés de ces questions, la presque totalité des nations en étant venues à pratiquer l'*art économique*, qui consiste à suivre les conseils de la science économique. Nous assistons à un mouvement d'esprit analogue en ce qui concerne le machinisme et ses avantages pour tous, pour la société comme pour les individus considérés isolément.

Assurément, toutes les discussions et les divergences n'ont pas encore disparu de la science économique; nous avons vu qu'il en est ainsi au sein de cette physique et de cette chimie qui sont autrement vieilles que l'Économie politique, et qui ont cet avantage précieux de pouvoir provoquer de véritables expériences et les renouveler autant qu'elles le veulent. Nous avons tenu à choisir nos collaborateurs avec éclectisme, de manière que, sur des points controversés, dans des volumes traitant de matières plus ou moins connexes ou voisines, le lecteur puisse entendre les avis contraires ou divergents, et, se trouvant renseigné doublement, soit mis à même de se faire une opinion propre par la comparaison.

On a fait à l'Économie politique le reproche de ne point se définir avec précision, bien des définitions ayant été données de son objet. Cela prouve tout uniment qu'on peut exprimer une même idée sous des formules différentes. En somme, celui qui lira un volume quelconque de cette Bibliothèque saura bien vite, s'il l'ignore auparavant, dans quel champ d'action se meut cette science; elle observe et étudie les faits pouvant contribuer à la formation, au développement, à la répartition et à la consommation de tous ces biens qui sont destinés à satisfaire nos besoins, et que le langage scientifique appelle des richesses. Elle a pour but de rendre l'aisance aussi générale que possible, en indiquant les voies les meilleures pour produire ces biens, satisfaire nos besoins; elle se préoccupe d'enseigner les conditions les plus favorables à un bon rendement du travail; elle a pour but et pour résultat de répandre la connaissance de l'*utile* largement entendu. Nous pourrions ajouter qu'il découle d'elle un art, comme des autres sciences, car les applications pratiques sont le but à poursuivre dans la connaissance théorique. Les rapports des hommes vivant en société en vue de la satisfaction de leurs besoins, en vue de l'accroissement du bien-être, voilà sa préoccupation pratique.

Et c'est pour cela que l'on trouvera toujours, dans cette Bibliothèque, le fondement des applications pratiques de la science à côté des questions purement théoriques; pourquoi aussi nous y avons fait une large part à cette partie de la géographie à laquelle on a donné le nom bien explicite de géographie économique; pourquoi nous avons consacré certains volumes aux questions économiques intéressant directement les grandes industries.

———

Les volumes sont publiés dans le format in-18 jésus cartonné; ils forment chacun 400 pages environ avec ou sans figures dans le texte. Le prix marqué de chacun d'eux, quel que soit le nombre de pages, est fixé à 5 francs. Chaque ouvrage se vend séparément.

Voir, à la fin du volume, la notice sur l'ENCYCLOPÉDIE SCIENTIFIQUE, pour les conditions générales de publication.

———

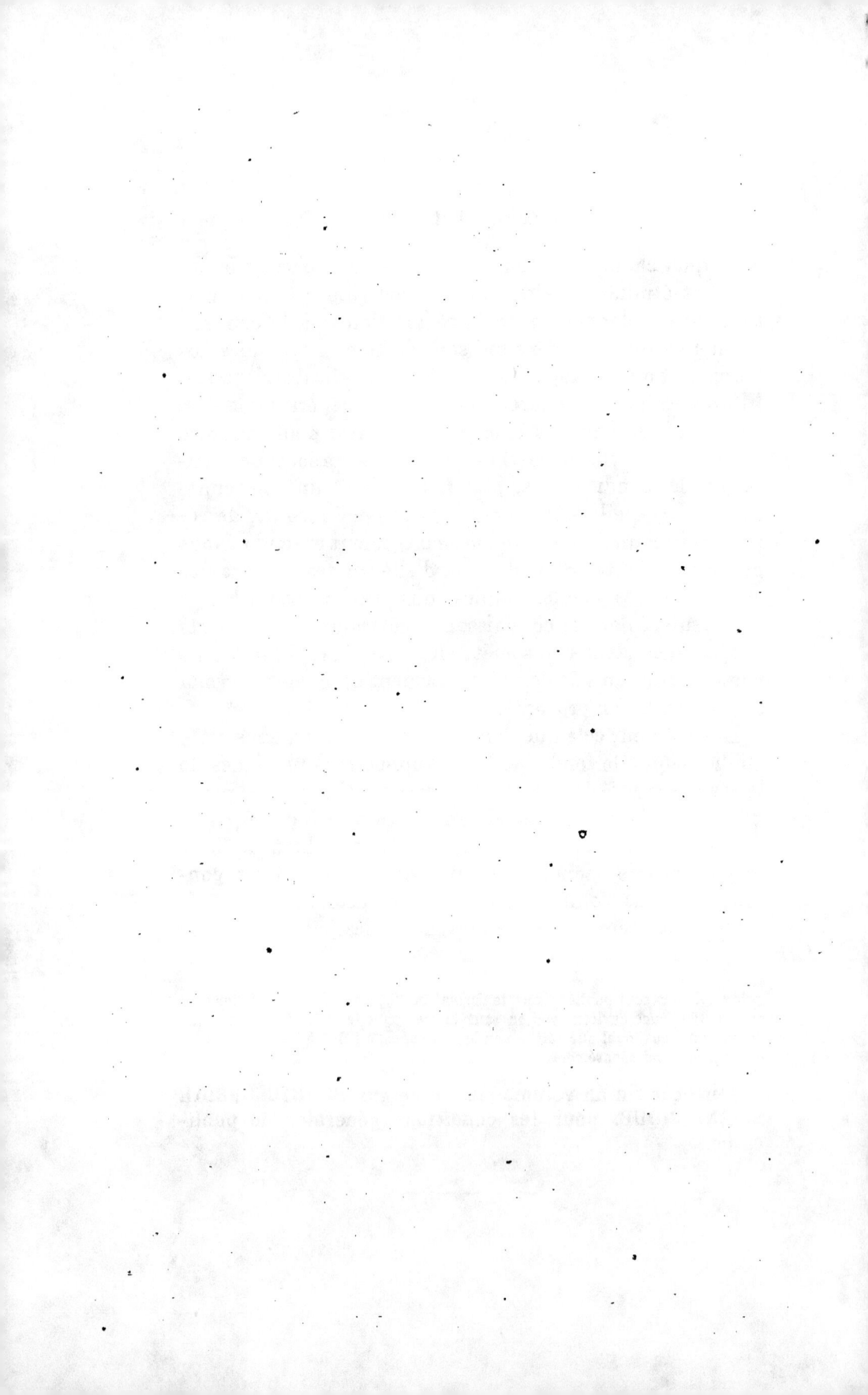

TABLE DES VOLUMES
ET LISTE DES COLLABORATEURS

Les volumes publiés sont indiqués par un *

ENCYCLOPÉDIE SCIENTIFIQUE

PUBLIÉE SOUS LA DIRECTION

du **D** **TOULOUSE**, Directeur de Laboratoire à l'École des Hautes Études.
Secrétaire général : **H. PIÉRON**.

BIBLIOTHÈQUE D'ÉCONOMIE POLITIQUE

Directeur : Daniel BELLET

Secrétaire perpétuel de la Société d'Économie politique,
Professeur à l'École libre des Sciences politiques
et à l'École des Hautes Études commerciales.

L'INDUSTRIE

ET LES INDUSTRIELS

DU MÊME AUTEUR

A LA MÊME LIBRAIRIE

La Morale. *La Morale théologique, la morale métaphysique, variations de l'idéal moral, la morale objective, les problèmes.* — 1 vol. in-18 jésus de 350 pages. . **3 fr. 50**

(*Bibliothèque matérialiste*).

Le Commerce et les Commerçants. —1 vol. in-18 grand jésus, cartonné toile, de 550 pages, avec graphiques. **5 fr.**

(*Encyclopédie scientifique — Bibliothèque d'Économie politique*).

L'INDUSTRIE

ET LES

INDUSTRIELS

PAR

YVES GUYOT

Ancien Ministre,
Ancien Président de la Société de Statistique,
Président de la Société d'Économie politique, Membre honoraire
de la *Royal Statistical Society*.

PARIS

OCTAVE DOIN ET FILS, ÉDITEURS

8, PLACE DE L'ODÉON, 8

—

1914

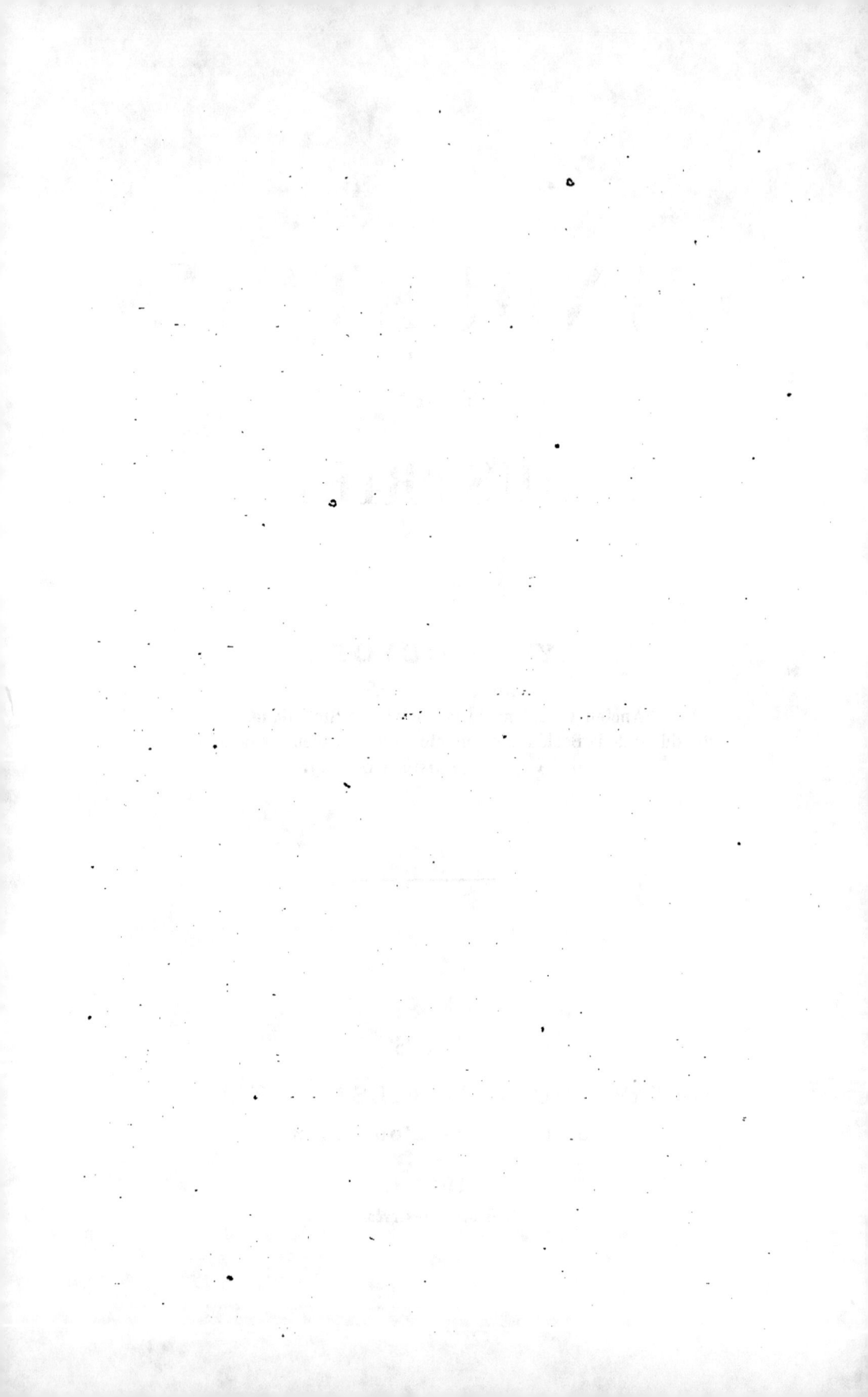

INTRODUCTION

I. *Southey et Macaulay en 1830.* — II. *L'invention et l'évolution industrielle.* — III. *Progrès de la production en vingt ans.*

I. Southey et Macaulay en 1830

En 1829, un livre intitulé *Sir Thomas More, or Colloquies on the progress and prospect of Society,* parut à Londres. Il avait pour auteur Robert Southey, singulier type, poète, historien, qui, né en 1774, après avoir été entraîné dans le tourbillon des idées de la Révolution française, était devenu un ardent tory, défenseur de l'Église et de l'État, adversaire de la Réforme parlementaire, de l'émancipation des catholiques et du libre-échange. Il avait été nommé poète lauréat en 1813, fonction qui remonte aux Plantagenets et qui implique le vague devoir de célébrer les hauts faits du Roi.

Dans le livre dont je parle, Southey avait imaginé un esprit qui avait pris la forme d'un Américain, mais qui était l'esprit du chancelier Sir Thomas More, auteur de l'*Utopie*, dont Henri VIII avait fait couper la tête. Southey engage des discussions avec lui sur la littérature, la boucherie, le tabac, les couvents et le libre-échange. Il exprime

tout particulièrement sa haine contre l'Industrie.
Macaulay, dans un essai sur son livre a résumé sa
thèse dans les termes suivants : « L'industrie est un
système plus tyrannique que celui de la féodalité,
un système de servitude qui détruit les corps et
dégrade les esprits de ceux qui y sont engagés.
M. Southey exprime l'espoir que la concurrence des
autres nations mettra l'Angleterre de côté; que son
commerce étranger tonbera, et que les Anglais
pourront ainsi faire un retour à la santé et à la
force nationales. Il paraît penser que l'extermina-
tion de toute la population manufacturière serait
une bénédiction, si le danger ne pouvait être con-
juré autrement. »

Macaulay ajoute que Southey ne produit pas un
seul fait pour appuyer sa thèse, et il relève ses alléga-
gations et ses erreurs. Southey a invoqué la loi
sur les pauvres : or, dit Macaulay, les assistés sont
beaucoup moins nombreux dans les districts manufacturiers que dans les districts agricoles. D'après
le rapport de 1825, dans le Sussex le taux de la
Poor law était de vingt shillings par habitant; de
quinze shillings dans le Buckinghamshire, le Suffolk,
le Bedfordshire, le Huntingdonshire, l'Essex, le
Suffolk, le Kent, le Norfolk, etc., tandis qu'il tombait à quatre shillings, soit un cinquième de
celui du Sussex, dans le Lancashire, le district manufacturier de Manchester.

Southey déclarait qu'aucun homme dont le
cœur avait quelque sentiment et l'esprit quelque
compréhension ne pouvait accepter « l'atroce
système de pestilence, qu'est l'industrie ». Macaulay

répond que, dans le milieu du xviiie siècle, on évaluait à Manchester la durée moyenne de la vie à 28 ans, tandis qu'en 1830 on l'évaluait à 45 ans; qu'à Léeds et à Glascow le taux de la mortalité avait considérablement diminué, et que ce résultat provenait de ce que les salariés des usines et des manufactures étaient mieux nourris, mieux logés, mieux vêtus, mieux soignés en cas de maladie qu'antérieurement, et que ces progrès étaient dus à l'augmentation de richesse résultant de l'industrie.

Southey opposait aux constructions de l'industrie « les vieux cottages, tels que le poète et le peintre aiment à les représenter, construits en pierres du pays sans mortier, couverts de longs toits bas en ardoise, aussi harmonieux dans le paysage que s'ils avaient été élevés au son de la musique d'Amphion ».

Macaulay reprenait : « Voilà les principes d'après lesquels les nations devraient être gouvernées : des buissons de roses et la taxe des pauvres plutôt que des machines à vapeur, et l'indépendance; la mortalité et les cottages avec des marques de vétusté plutôt que la santé et une longue vie avec des édifices que le temps n'a pas dégradés. On nous dit que notre âge a inventé des atrocités au-dessus de tout ce qu'auraient pu imaginer nos pères, parce que nous bâtissons des filatures nues et rectangulaires ».

Southey n'avait pas pour idéal l'état de nature de Jean-Jacques Rousseau; mais il plaçait l'âge d'or dans les vingt premières années du XVIe siècle. Il affirmait que les ouvriers étaient mieux nourris alors qu'en 1830. Macaulay répond en montrant qu'alors les étudiants de Cambridge, qui devaient avoir une nourriture un peu supérieure à celle des paysans et des ouvriers, n'avaient pour dîner qu'un potage fait avec un morceau de bœuf valant un farthing, un peu de sel et de bouillie d'avoine, rien de plus. « Les pauvres de la paroisse sont maintenant mieux nourris. » Le pain de froment était un objet de luxe. La grande majorité se contentait de pain de seigle, de pain d'orge, de pain fait avec des pois et même des glands.

En cas de maladie ou d'accident, n'importe qui peut être soigné, disait Macaulay, comme ne pouvaient pas l'être Henri VIII et les personnages de sa cour; il y avait alors des maladies et des pestes qui ont disparu. Enfin les scènes de barbarie, de pillage, de massacre étaient quotidiennes : sous le règne de Henri VIII, soixante-douze mille personnes périrent de la main du bourreau.

Southey disait :

« Un État ne peut être trop riche, mais un peuple peut être trop riche, parce qu'il y a une tendance dans le système commercial, et surtout dans le système industriel, de concentrer la richesse plutôt que de la répandre : et la pauvreté des uns paraît augmenter en raison de la richesse des autres. »

Macaulay lui répondait : « L'Angleterre est riche, la Russie et la Pologne sont pauvres. Elles ont à peine un commerce et leur industrie est du caractère le plus primitif. La richesse y est-elle plus répandue qu'en Angleterre? Telle paroisse en Angleterre contient plus de personnes ayant un revenu de £ 300 à £ 3.000 qu'il n'y en a dans tous les domaines de l'empereur Nicolas. »

Macaulay ajoutait :

« Nous voyons presque partout l'industrie des individus
luttant contre les guerres, les impôts, les famines, les
conflagrations, les prohibitions malfaisantes et les protections encore plus malfaisantes, créer plus vite de
la richesse que les gouvernements ne la dilapident et
réparer les destructions des envahisseurs. Nous voyons
augmenter la richesse des nations, se perfectionner tous
les arts de la vie, en dépit de la plus grossière corruption
et des gaspillages des gouvernements. »

Il comparait l'état de l'Angleterre au lendemain
de la crise de 1720 et en 1830; et il faisait l'hypothèse suivante sur ce qu'il pourrait être en 1930 :

« Si nous prophétisions que, dans l'année 1930, une
population de 50 millions, mieux nourrie, mieux vêtue,
mieux logée que les Anglais de notre temps, vivrait dans
ces îles, que le Sussex et le Huntingdonshire seraient plus
riches que les plus riches parties du West Riding du
Yorkshire, que la culture, pratiquée comme celle d'un
jardin à fleurs, serait élevée au niveau de Ben Nevis et
de Helvellye, que des machines construites sur des
principes non encore découverts se trouveraient dans
chaque maison; que les chemins de fer auraient remplacé les routes; qu'on ne voyagerait plus qu'au moyen de la
vapeur, nous paraîtrions insensés. Nous ne prophétisons
rien; mais nous disons : — Si quelqu'un avait dit, au
lendemain de la crise de 1720, qu'en 1830, la richesse de
l'Angleterre surpasserait les rêves les plus ambitieux;
que Londres serait deux fois aussi grand et deux fois aussi
peuplé, que le taux de la mortalité aurait diminué
de moitié; que le Post-Office rapporterait plus au Trésor
que les douanes et les droits d'accise réunis sous

Charles II; que les diligences iraient en vingt-quatre heures de Londres à Édimbourg; qu'il y aurait des bateaux sans voiles; qu'on commencerait à se transporter sans chevaux; nos ancêtres auraient ajouté autant de foi à cette prédiction qu'aux voyages de Gulliver. »

II. L'INVENTION ET L'ÉVOLUTION INDUSTRIELLE

La timidité des prévisions de Macaulay nous fait sourire : et cependant depuis un siècle, il y avait déjà eu des progrès industriels qui avaient transformé les conditions de la production. La fonte au coke date de 1735; la fonte de lingots d'acier au creuset, de 1740; les inventions qui devaient transformer la filature et le tissage avaient commencé avec John Kay, en 1738 (1); de 1769 à 1782, James Watt avait rendu possible l'application de la machine à vapeur à l'industrie, et en 1785, elle faisait mouvoir une filature. En 1785, à Louvain, une pièce était éclairée au gaz. En 1795, Joseph Bramah avait inventé la presse hydraulique. En 1794, Volta avait produit le courant électrique. En 1804, Richard Trevethick avait fait rouler une locomotive sur des rails; en 1807, Fulton avait fait naviguer un bateau à vapeur sur l'Hudson. En 1816, le premier bateau à vapeur portant des passagers avait traversé la Manche. Le puddlage des fers date de 1818. En 1820, Ampère avait trouvé le principe du télégraphe électrique.

Que sont devenues ces inventions en 1914? Les machines-outils que Henry Maudsley avait com-

(1) V. *infra*, p. 43.

mencé à construire en 1800, n'ont cessé de se développer. La dynamo-électrique découverte en 1831
par Faraday, a reçu des applications de toutes
sortes; en 1851, T.-A. Crampton posait le câble sous-
marin de Douvres à Sangatte; en 1856, le convertisseur Bessemer transforme la métallurgie; de 1856
à 1861, William et Frédéric Siemens inventent le
four à récupérateur; en 1864, Martin établit son
four à réverbère pour fusion d'acier sur sole; entre
1870 et 1880, Gruner, Thomas et Gilchrist, en remplaçant le garnissage du convertisseur Bessemer
qui, composé de matières siliceuses, était acide, par
un garnissage basique (dolomie cuite), obtiennent
la déphosphoration des minerais de fer. En 1858,
l'aniline est découverte par W.-H. Perkin. En 1859,
Lenoir invente son moteur à gaz. En 1873, Gramme,
par son dynamo, rend possible le transport de la
force; en 1876, on peut utiliser le téléphone de
Graham Bell et la lumière électrique. En 1877,
Edison prend le brevet du phonographe. En 1883,
Daimler a fait connaître les moteurs à huile à grande
vitesse. En 1896, la télégraphie sans fil est appliquée
par Marconi; nous avons maintenant la téléphonie
sans fil en attendant le transport de la force sans
fil. La bicyclette, l'automobilisme ont transformé
les conditions de la vie quotidienne; et depuis 1908,
l'aviation, bénéficiant du moteur léger que lui avait
fourni l'automobilisme, a réalisé des prodiges, dus
en même temps à l'habileté des constructeurs, à
l'intelligence et à l'héroïsme des pilotes.

L'industrie frigorifique, inventée par le français
Tellier, permet aux Anglais de manger de la

viande fraîche venant des antipodes et des œufs frais apportés de Sibérie.

Nul n'aurait osé prévoir en 1830 des trains composés de wagons d'une capacité de 50 tonnes, des vitesses commerciales de chemin de fer de 100 kilomètres, des navires de 52.000 tonnes et d'une longueur de plus de 300 mètres comme l'*Imperator;* un réseau de fils télégraphiques, dont 482.000 kilomètres sous-marins, enserrant tout le globe; des hauts fourneaux d'une capacité quotidienne de 800 tonnes comme ceux du Lackawana Steel Cᵒ (1), et des appareils à tel point automatiques qu'un ouvrier suffit pour conduire 20 métiers Northrop.

On a l'habitude de parler de révolution industrielle. M. Arthur Shadwell proteste, avec raison, contre cette expression (2) qui rappelle les conceptions dramatiques dont s'inspirait Cuvier quand il donnait à son livre ce titre : *Les Révolutions du globe.*

L'adaptation des agents naturels aux besoins de l'homme a suivi une évolution qui s'est accélérée dans le xviiiᵉ siècle et qui devient chaque jour de plus en plus rapide. Au xviiiᵉ siècle et dans la plus grande partie du xixᵉ siècle, les grandes inventions industrielles sont dues aux Anglais et aux Français. Maintenant, à cet effort, prennent part des hommes des nationalités les plus diverses. Un Norvégien, Nobel, a doté l'industrie de ce puissant outil, la dynamite. Un Belge, Solvay, a transformé l'industrie de la soude. Les Allemands, dans la chimie et l'électricité,

(1) *American industrial condition and competition by j. Stephen Jeans.*, 1902.
(2) *History of industrialism* ap. an encyclopadia of industrialism.

les Américains du Nord avec leurs machines à coudre, leurs machines à fabriquer les chaussures, leurs machines à écrire, leurs machines agricoles, ont réalisé d'admirables progrès techniques.

L'emploi de l'énergie électrique comme force motrice présente le grand avantage de permettre d'adapter un moteur à chaque outil qui ne dépense que lorsque l'outil travaille. Or, dans un très grand nombre d'industries, l'utilisation de la force motrice est essentiellement intermittente. Pour un atelier de 70 ouvriers, à la Compagnie des chemins de fer du Nord, la durée journalière du fonctionnement effectif est d'une demi-heure pour une fraiseuse, d'un quart d'heure pour un étau-limeur, d'une demi-heure pour trois gros tours à ban rompu, d'une heure pour un tour moyen, etc. La fraiseuse consomme 0,825 kilowatt-heure ; l'étau-limeur, 0,330, etc. Cette force est fractionnée et intermittente, tandis que les moteurs à force continue représentent une quantité considérable de force inutilisée (1).

Presque partout on trouve encore un grand gaspillage de forces, de mouvements, de transports, de manutentions inutiles. On n'arrive que peu à peu à l'emploi des moyens les plus simples. Le progrès industriel a pour caractéristique d'*obtenir le maximum d'effet utile avec le minimum d'effort.*

Ce ne sont point les gouvernements qui ont réalisé ces inventions ; ce sont des individus qui, pour la plupart, en les poursuivant, ont eu le gain pour objet. Ce mobile est le grand facteur de l'évolution industrielle.

---

(1) *Quelques réflexions sur l'emploi de l'énergie électrique*, par A. Sartiaux. (*Revue générale des Chemins de fer*, mai 1912.)

Presque toujours les inventeurs ont commencé par se heurter au misonéisme et à la malveillance des gouvernants, qui, après avoir laissé aux individus les aléas et les difficultés du début, interviennent ensuite pour absorber les résultats de leurs inventions au profit de leur politique. Ils prennent les chemins de fer, le télégraphe, le téléphone et ils essaient sans scrupule de dépouiller ceux qui ont eu le mérite de les mettre en valeur.

Les inventeurs sont considérés comme des ennemis par tous ceux qui, installés dans une situation, veulent s'y maintenir à l'abri de la concurrence. Chacun des cent mille brevets, pris chaque année, a pour but d'apporter une transformation petite ou grande dans les conditions actuelles de la vie économique. Tout progrès accompli provoque un nouveau progrès. De là, en dépit de tous les obstacles contraires, l'accélération du progrès industriel.

III. Progrès de la production en vingt ans

Je ne remonterai pas très haut. On estime que, vers 1750, la production du fer en Europe était de 100.000 tonnes par an! Quelle misère!

Je ne remonterai même pas jusqu'à 1850. A ce moment, on évaluait, pour l'Europe, la production annuelle à 237.700 tonnes, à peu près la production actuelle du monde dans une seule journée (1).

Avec de telles différences, les points de comparaison disparaissent.

(1) Moreau de Jonnès. *L'Industrie en France*, 1856.

Je remonte seulement à vingt ans, le cinquième d'un siècle.

La production mondiale du froment était, en 1893, de 696 millions de quintaux; elle était de 980 millions en 1910 (1), soit, en plus, de 43 p. 100. Les nations exportatrices de froment en expédiaient 114.300.000 quintaux en 1893 et 163 millions de quintaux en 1910. Si les nations de l'Europe occidentale n'avaient pas à leur disposition les blés de Russie, des États-Unis, du Canada et de l Inde, elles seraient condamnées à la disette.

En 1893, les États-Unis avaient une superficie de 20.175.000 acres cultivée en coton; et leur récolte était de 9.035.000 balles (de 225 kilog.). En 1912, ils ont atteint 15.876.000 balles; en 1913, 13.677.000 balles.

La récolte mondiale a été, en 1912, de 22.294.000 balles.

En 1893, la production mondiale de la houille était de 515 millions de tonnes (de 1.016 kilog.); en 1912, de 1.232 millions de tonnes; en 1913, de 1.250 millions de tonnes, soit une augmentation de 150 p. 100. Le Royaume-Uni avait passé de 182 millions de tonnes, en 1893, à 260.568.000 en 1912; l'Allemagne, de 70.225.000 à 174.000.000; les États-Unis de 163 millions de tonnes à plus de 472 millions de tonnes; la France, de 25 millions de tonnes, à 40 millions.

La production mondiale du fer était en 1893 de 21.800.000 tonnes; en 1912, de 63.300.000 tonnes;

---

(1) *Annuaire statistique de l'Institut International d'Agriculture* (1910). *Culture, production et commerce du blé dans le monde* (1913), publié par l'Office de Renseignements agricoles.

en 1913, de 65 millions de tonnes, soit une augmentation de 160 p. 100.

La France a passé de 2 millions de tonnes à 5 millions; l'Allemagne, de 5 millions de tonnes à plus de 17.500.000 tonnes en 1912; les États-Unis, de 7.126.000 tonnes à 29.400.000 tonnes en 1912.

La production du cuivre a passé de 308.000 tonnes métriques à 1.022.000 tonnes.

La valeur de la production de l'or, qui n'atteignait pas un milliard de francs, approche de 2.500 millions.

En 1893, la construction des navires de commerce dans le monde était considérée comme bonne parce qu'elle atteignait un million de tonnes enregistrées; en 1913, elle a excédé 3 millions de tonnes, dont 2.271.000 pour le Royaume-Uni.

Sismondi dénonçait, en 1820, les dangers de la surproduction.

En 1852, M. de Saint-Chamans, vieux légitimiste, publiait un *Traité d'Économie politique* dans lequel il se solidarisait avec le socialiste Louis Blanc dans ces termes :

« Il va jusqu'à dire que, dans le monde industriel où nous vivons, toute découverte de la science est une calamité parce que les machines suppriment les ouvriers. Toutes ces idées nous paraissent très justes. »

Et il ajoutait :

« Bénissons les obstacles que la cherté du combustible oppose chez nous à la multiplicité des machines à vapeur. »

M. de Saint-Chamans aurait déploré comme une calamité l'utilisation de la houille blanche. Il y a encore

des survivances de cet esprit et on entend parler des crises de surproduction, alors que depuis environ trente cinq ans j'ai démontré que toute crise provenait d'un excès de consommation (1).

Mais les effets de ce qu'on appelle une crise s'atténuent de plus en plus.

L'année 1907 peut être considérée comme une année de crise.

La production de la houille dans le monde était, en 1906, de 1.009 millions de tonnes; en 1907, de 1.114 millions de tonnes; en 1908, de 1.065 millions et, en 1909, de 1.105 millions de tonnes. Par conséquent, en 1908, année qui a supporté les effets de la crise, la production de la houille a été plus grande qu'en 1906, année qui l'a précédée. Pour le fer, la production était de 52.589.000 tonnes en 1906; elle s'élève à 53.768.000 en 1907; elle tombe en 1908 à 41.758.000 tonnes; mais, en 1909, elle se relève à 53.260.000 de tonnes, dépassant le chiffre de 1906.

Pour les chemins de fer américains, où la crise se manifesta dans toute son intensité, les recettes brutes des chemins de fer étaient les suivantes :

	Millions de dollars.
1904.	2.112,2
1906.	2.346,6
1907.	2.602,7
1908.	2.407,0
1909.	2.513,2
1910.	2.804.6
1911.	2.827,2

(1) V. Yves Guyot. *La Science Economique*, toutes les éditions.

Ainsi en 1908, après la crise, les recettes étaient plus élevées qu'en 1906, année qui l'a précédée, et en 1909, elles se rapprochaient de celles de 1907, et en 1910, elles les dépassaient.

Nul ne peut contester les résultats obtenus par la civilisation industrielle, en dépit des obstacles qu'elle trouve dans la civilisation guerrière qui l'écrase sous le poids de son intervention, des perturbations dont elle la menace, des capitaux qu'elle détruit, des forces humaines qu'elle paralyse. Mais, ce qu'il y a de grave, c'est que certains industriels, n'obéissant qu'au vieil esprit de monopole et de jalousie commerciale, en demandent le concours, tandis que nous voyons les socialistes se servir de la liberté politique pour organiser le servage économique (1).

Le progrès économique s'accélérera au fur et à mesure de l'élimination de ces survivances. Toutes les difficultés et tous les malaises actuels proviennent des efforts constants, faits à l'intérieur et à l'extérieur des nations, dans le but de subordonner la concurrence économique à la concurrence politique.

Yves Guyot.

(1) V. Yves Guyot. *La jalousie commerciale et l'esprit de monopole.* Publications de la Ligue du Libre-échange. — *Sophismes socialistes et faits économiques.*

L'INDUSTRIE ET LES INDUSTRIELS

LIVRE PREMIER

LE PROBLÈME DE L'INDUSTRIE

CHAPITRE PREMIER

CONDITIONS DE L'INDUSTRIE

SOMMAIRE.—*Les divers modes d'acquisition.* — *La capture.*— *L'industrie est l'art d'adapter les agents naturels aux besoins de l'être humain, de diminuer les obstacles que lui opposent l'espace et le temps, d'assurer ou de faciliter les relations des hommes entre eux, d'augmenter la puissance personnelle de l'individu.* — *Elle a pour but de lui donner le maximum de satisfaction avec le minimum d'effort.* — *La phase industrielle commence là où l'être humain fait non pas ce dont il a besoin, mais ce qu'il est le plus apte à faire et échange ses produits ou ses services contre des produits et des services équivalents.*—*L'industrie comprend l'ensemble des conditions par lesquelles les hommes, en adaptant à leurs besoins les agents naturels, produisent des utilités échangeables.* —

Division du travail et échange. — « Il faut qu'une terre se suffise à elle-même ». — Impossibilité. — L'industriel produit non pas les objets dont lui ou les siens ont besoin, mais les objets dont les autres ont besoin. — L'industriel produit pour vendre avec profit; il a le gain pour objet. — Le gain est la différence entre le prix de revient et le prix de marché. — Les éléments du prix de revient. — Rien n'est gratuit, tout se paye.

Dans son ouvrage *Théorie de l'Évolution*[1], M. de Molinari montre que l'homme n'avait d'abord connu qu'un mode d'acquisition : la capture. Il capturait des animaux par la pêche, comme le brochet capture d'autres poissons; par la chasse, comme l'hirondelle capture des moucherons, le loup des moutons. Il ramassait des herbes avec ses mains au lieu de les brouter comme la vache, il cueillait des fruits comme le singe et il mangeait des grains comme le moineau. La capture sans restitution consciente, tel est le mode d'acquisition de tous les organismes.

Dans la première phase de la civilisation, l'homme ne s'en distingue pas : mais, dès qu'il domestique un animal, il entre dans une phase supérieure : par réciprocité des services que lui rend cet animal, il le nourrit il le soigne, il échange avec lui.

Le jour où, économisant une partie des grains qu'il a cueillis, il les restitue au sol, il y a échange entre lui et le sol; et, de tous les animaux, l'homme est le seul susceptible de cette notion. L'industrie agricole est fondée.

1. F. Alcan, édit. V. l'analyse que j'en ai faite dans le *Journal des Économistes* du 15 avril 1908, p. 78.

1º *Tous les êtres organisés acquièrent par capture.*

2º *Seul, l'homme ajoute à ce mode d'acquérir la restitution d'une partie acquise, comme dans l'agriculture; la transformation des utilités, comme dans l'industrie; une réciprocité de services comme dans la domestication.*

3º *L'acquisition a lieu aussi par changements de possesseurs : les animaux n'en connaissent qu'une forme, la ruse ou la violence; l'homme la connaît aussi. Elle a pris le nom de vol quand elle est exercée par des individus; de banditisme, de guerre, ou de spoliation quand elle est exercée par des groupes, selon la forme qu'elle revêt.*

Seul, l'homme a remplacé la capture par l'acquisition réciproque d'utilités qui a reçu le nom d'échange.

L'art et la pratique de l'échange ont reçu le nom de *commerce.* J'en ai traité dans un ouvrage précédent[1].

L'échange implique diversité et réciprocité de services. La santé est une utilité pour moi, je l'achète au médecin en échange d'une rétribution qui sera une utilité pour lui.

Certains économistes, Ricardo, Malthus, Sismondi, considéraient que l'utilité économique devait être un objet matériel.

J.-B. Say dit parfaitement : L'industrie du médecin, l'industrie d'un administrateur de la chose publique, d'un avocat, d'un juge satisfont à des besoins tellement nécessaires, que, sans leurs travaux, nulle société ne pourrait subsister. Les fruits de ces travaux sont tellement réels qu'on se les procure au prix d'un autre produit matériel.

---

1. *Le Commerce et les Commerçants.* E. S.

Il nomme le résultat de l'industrie d'un médecin *produit immatériel* pour l'opposer à *produit matériel*. Cette distinction est fausse; en réalité, nous ne créons jamais que des produits immatériels, puisque nous ne pouvons jamais créer de matière; ou plutôt, il n'y a pas de produits; il n'y a que des *utilités*, et les *utilités comprennent tous les services donnant lieu à des échanges.*

Rien ne se crée, rien ne se perd : telle est, depuis Lavoisier, la formule fondamentale de la science moderne. L'homme ne crée pas des objets, il *utilise* les forces et les objets matériels; cette *utilisation* comporte une *appropriation.*

Tout organisme est enveloppé de matières et de forces auxquelles les économistes donnent le nom général d'*agents naturels.*

Il n'existe qu'à la condition de les utiliser.

Sans doute les fourmis font des nids, les abeilles construisent des magasins où elles déposent leur miel, les castors bâtissent des digues : cependant, on peut dire qu'une des caractéristiques de l'homme vient de ce que les autres organismes subissent le milieu dans lequel ils se trouvent, tandis que lui sait modifier ce milieu.

Cette adaptation peut se faire à l'aide de : 1° changements de la matière physiques, chimiques, physiologiques; 2° changements de lieu; 3° changements de temps; 4° changements de possesseurs.

Je reproduis la définition de l'*Industrie* que j'ai donnée dans le *Dictionnaire du Commerce, de l'Industrie et de la Banque.*

L'Industrie est l'art soit d'adapter les agents naturels

aux besoins de l'homme, soit de diminuer les obstacles que lui opposent l'espace et le temps, soit d'assurer ou de faciliter les relations entre les hommes, soit d'augmenter la puissance personnelle de l'individu.

Ce livre n'est pas une monographie d'industries : son modeste format exclut toute prétention à cet égard. Il n'est pas davantage une technologie.

Il traite *les conditions économiques de l'industrie.*

Je pose comme vérité, démontrée [1] par l'expérience personnelle de chacun, que tout être humain s'efforce *d'obtenir le maximum d'effet utile avec le minimum d'efforts.*

L'homme n'a que trois manières d'acquérir : *la production, l'échange, le vol.*

Sauf dans les civilisations restées à la phase précommerciale, la division du travail existe, d'où l'échange. Les débris de pierres taillées trouvés à Solutré prouvent que les habitants en fabriquaient non seulement pour leur usage personnel, mais pour les vendre.

L'homme isolé n'a jamais existé que dans l'imagination de J.-J. Rousseau et autres rêveurs : car, privé de sa mère, il n'aurait pas vécu. Lorsque l'individu, produisant un certain nombre d'objets en plus grande quantité que ne l'exigent ses besoins personnels, les échange contre d'autres, il fait de l'*industrie.*

L'*industrie* comprend les conditions par lesquelles *les hommes, en adaptant à leurs besoins les agents naturels, produisent des utilités ou des services échangeables.*

La phase industrielle de l'humanité commence là où

---

1. V. YVES GUYOT, *La Science économique.* (Schleicher, éd.), 4e éd.
2. V. YVES GUYOT, *Le Commerce*, **É. S.**

*l'individu travaille moins pour ses besoins personnels
que pour l'échange.*

Dans la phase industrielle, l'être humain fait non
pas ce dont il a besoin, mais ce qu'il est le plus apte à
faire et, avec ses produits ou ses services, il acquiert
des produits ou des services équivalents.

Cependant j'ai entendu de vieux agriculteurs dire,
comme pendant l'époque féodale : « Il faut qu'une terre
se suffise à elle-même. » Ils faisaient pousser du lin et du
chanvre, les femmes filaient : cependant elles ne
tissaient pas, et, déjà sous ce rapport, ils ne pouvaient
suffire à faire leurs chemises. Ces mêmes agriculteurs
n'avaient pas de moutons. Ils ne pouvaient donc
faire leurs draps avec la laine de leurs brebis. Ils ne
tuaient pas eux-mêmes leurs veaux, leurs vaches et
leurs bœufs, et ils ne tannaient pas le cuir de leurs
chaussures et de leurs attelages. Ils n'étaient eux-mêmes
ni cordonniers, ni bourreliers, ni maréchaux ferrants, ni
charrons. Ils étaient donc forcés d'acheter leurs chaussures, leurs attelages, leurs charrettes et leurs charrues
et d'envoyer leurs chevaux à la forge. Leurs femmes
achetaient leurs robes et leurs coiffes. Tous les jours,
leurs actes étaient en contradiction avec leur affirmation.

Un vigneron produit 100 hectolitres de vin. Il ne
saurait les boire. Un manufacturier produit des kilomètres de tissus de coton. Il ne les produirait pas, s'il
ne pouvait les échanger. Ce n'est pas pour se faire
un habit qu'un fabricant de drap monte ses métiers.

Un fabricant de soieries de Lyon, me disait en me
parlant d'un magasin : — « C'est là que ma femme et
mes filles achètent leurs soieries. »

Elles ne les prenaient pas chez le chef de la famille, parce qu'elles n'y auraient pas trouvé les assortiments nécessaires à leur toilette. Elles achetaient, dans un magasin de détail, peut-être des tissus produits par le chef de la famille; mais il fabriquait pour vendre en gros et il ne lui eût pas convenu de couper une pièce pour en faire une robe pour sa femme.

Chacun fait, non ce dont lui ou les siens ont besoin, mais ce qu'il est le plus apte à faire, et donne ses produits ou ses services en échange de ce qui lui est nécessaire.

Plus la civilisation se développe, plus les besoins de l'homme sont variés, tandis que ses aptitudes ont une tendance à se spécialiser.

L'industriel ne produit pas les objets dont il a besoin, mais il produit ceux dont les autres ont besoin.

L'industrie implique division du travail et échange.

Certains romantiques ont prétendu faire de l'art pour l'art.

L'industriel ne fait pas de l'industrie pour son plaisir : sa production n'est pas une fin en elle même. Il n'est pas non plus animé par un sentiment de dévouement mystique qui le pousse à employer ses ressources, son temps, son énergie et son intelligence pour satisfaire les besoins des autres. Sans doute, il les recherche, il les provoque même afin de trouver des acheteurs à ses produits qui lui donnent, en échange, quelque chose d'une valeur supérieure à leur prix de revient.

En un mot, *l'industriel produit pour vendre avec profit. Il a le gain pour objet.*

Le gain est la différence entre le prix de revient et le prix de vente.

Établir le prix de revient le plus bas possible : telle est donc la préoccupation de tout industriel.

Plus le prix de revient est bas et plus l'industriel peut soutenir la concurrence, agrandir ses débouchés.

Mais quels sont les éléments de ce prix de revient? — 1° L'intérêt et l'amortissement du capital; 2° l'organisation de l'outillage; 3° l'achat des matières premières; 4° la part du salaire; 5° les frais d'administration; 6° les frais de vente; 7° les frais d'assurance.

Ce livre est *l'étude des moyens économiques les plus efficaces pour seconder les progrès techniques vers l'abaissement du prix de revient.*

Je rappelle ce principe fondamental en matière économique : *Rien n'est gratuit. Tout se paye.*

CHAPITRE II

LE CAPITAL[1]

Outre les définitions que je viens de donner, quelques autres sont nécessaires. Ceux qui dédaignent les définitions demandent la suppression des dictionnaires et affirment que la meilleure manière de se comprendre est de ne pas s'entendre sur le sens des mots.

Je rappelle que l'homme ne crée pas des objets, il *utilise* les forces et les objets matériels; cette *utilisation* comporte une *appropriation.*

Il y a *utilité* pour l'homme, non seulement quand il obtient la satisfaction d'un besoin, mais encore

---

1. V., pour développements, *La Science économique*, 4e édit. (Schleicher).

quand il peut économiser une peine ou un effort.
*Les utilités comprennent tous les services pouvant
donner lieu à des échanges.* Le malade qui paie le
médecin le considère comme lui fournissant des utilités.

La richesse, c'est la possession des utilités : et l'art
du médecin est une utilité dont il peut retirer une
rémunération.

*Le mot « richesse » s'applique à la quantité relative
des utilités possédées par un individu ou un groupe
d'individus.*

Le mot *richesse* ne se trouve pas dans la langue
juridique. Celle-ci emploie le mot *propriété. La propriété est la faculté exclusive pour un individu ou
pour un groupe d'individus d'user et de disposer des
utilités déterminées.*

Un homme fait pousser des choux dans son jardin
pour faire sa soupe. Il produit des utilités pour lui.
Ces choux constituent une richesse : car ils représentent pour lui soit un aliment, soit un instrument d'achat. Ils sont sa propriété.

Ils deviennent un capital si leur producteur les
emploie comme instrument d'échange, soit sous leur
forme primitive, soit en les transformant en lait, en
beurre, en viande de boucherie ou en viande de porc.

*L'utilité ne prend le nom de « capital » que lorsqu'elle
fait fonction économique :* et le mot « *capital* » *comprend
toute utilité faisant fonction économique.*

Stuart Mill est trop exclusif quand il considère que
« le capital est la richesse appliquée à un emploi
reproductif ». Un gouvernement engage des millions
dans un navire de guerre. Ce bateau n'a pas de pou-

voir reproductif. Dira-t-on que cette somme n'est
pas un capital? Quel nom lui donnera-t-on? Il y aura
une partie de cette somme qui sera versée à des métallurgistes; et cette partie sera consacrée à payer des
salaires, des intérêts, à opérer des amortissements.
A coup sûr, cette partie constitue un capital. Va-t-on
la rechercher, à l'aide d'une ventilation, dans le
total du coût du navire?

Toutes ces distinctions byzantines et ces confu-
sions disparaissent avec la définition ci-dessus.

Cependant, par suite d'une transposition elliptique,
on donne le nom de capital à une somme qu'on
entrevoit sous la forme d'espèces.

On dit : « le capital d'une industrie », et on distingue
entre le capital « espèces » et le capital « d'apport ».

Des protectionnistes se lamentent sur « l'émigration des capitaux à l'étranger, sur l'exode du capital ».

Ils appliquent au capital des mots qui, jusqu'à
présent, ne s'appliquaient qu'aux personnes : « exode
des Israélites, émigration des nobles et des prêtres ».

Les protectionnistes voudraient que leurs compatriotes vendissent toujours et n'achetassent jamais.
Mais que signifie l'exportation des capitaux? C'est
l'exportation de certaines choses en échange de
titres représentatifs.

Imbus du vieil esprit mercantile, ils se figurent
que ces capitaux sont exportés sous forme de métaux
précieux : et, dans les pays qui exportent le plus de
capitaux, comme la Grande-Bretagne et la France, les
importations d'or dépassent toujours les exportations.

Dans le cas de placements soit à l'intérieur, soit
à l'extérieur du pays, le mot capital est un mot

générique auquel on doit donner la définition suivante :

*Le capital est le pouvoir d'achat délégué par le sous-
cripteur à l'émetteur.*

*En cas de nécessité, le souscripteur devra en faire
l'appoint en or ou en valeurs équivalentes.*

Cette nécessité ne se produira peut-être jamais.
Dans certaines entreprises, la totalité du capital
souscrit n'a jamais été versée, mais elle est disponible au premier appel.

*Le capital est la faculté pour celui qui le possède, en
espèces ou en engagements, de se procurer, dans des
limites déterminées, les utilités dont il a besoin.*

CHAPITRE III

CAPITAUX FIXES, CAPITAUX CIRCULANTS ET CAPITAL SUBJECTIF

SOMMAIRE. — I. *Capitaux fixes et capitaux circulants.* — II. *Expression usuelle du mot* capitaux. — III. *Le travail.* — *Capital subjectif et capital objectif.*

I. — Adam Smith avait divisé les capitaux en capitaux fixes et en capitaux circulants.

Un homme a un hameçon pour prendre du poisson. Cet hameçon lui servira toujours sous sa forme d'hameçon; mais, s'il le perdait ou le brisait, il ne pourrait plus l'employer à prendre du poisson. A quel usage, au contraire, l'homme destine-t-il le poisson qu'il prend? A être mangé ou à être vendu. S'il est mangé, il ne rend de services à l'homme qu'à la condition de subir certains changements chimiques qui le transformeront complètement. S'il est vendu, il n'est pas moins transformé, à l'égard de l'homme qui l'a pêché, car il est devenu pour lui des noix de coco, de l'argent, de l'eau-de-vie, etc.

Une machine à vapeur ne sert qu'à la condition de rester complète avec ses rouages. Au contraire, la houille, jetée dans la chaudière, n'est utile qu'à la condition de se transformer en chaleur.

Une filature de coton reçoit du coton en masse; il ne produit d'utilité qu'en supportant un changement physique : il devient du coton filé. La broche qui a accompli cette transformation ne rend de service qu'à la condition de rester broche, identique à elle-même.

Le coton filé perd toute son utilité pour le filateur, s'il ne le transforme pas en espèces ou en autres produits. Comme marchandise, ce coton ne donne de l'utilité qu'en se transformant par voie d'échange.

Ces observations démontrent donc qu'il y a une distinction nettement déterminée entre le capital fixe et le capital circulant.

Pour la première fois, le critérium suivant a été établi dans l'ouvrage : *Théorie et Application de l'impôt sur le capital,* par M. Menier[1] :

Le capital fixe est toute utilité dont le produit ne change pas l'identité.

Le capital circulant est toute utilité dont le produit change l'identité.

Ou autrement :

Le capital fixe produit de l'utilité sans se transformer.

Le capital circulant ne peut produire de l'utilité qu'en se transformant.

---

1. 1874.

Ou plus simplement encore :

Le capital fixe, c'est l'outil.
Le capital circulant, c'est la matière première et le produit.

Ce critérium déterminé, il est très facile de distinguer les capitaux fixes des capitaux circulants.

Le sol ne peut produire de l'utilité qu'à la condition de rester sol. Sans doute, il s'épuisera, si on ne renouvelle pas un certain nombre des éléments qui le composent; mais, précisément, si ces éléments disparaissent, il n'est plus ce qu'il était précédemment. Il faut lui rendre son identité. Le sol est donc un capital fixe, quoique la plupart des économistes subissant la tradition de l'ancien caractère féodal de la propriété foncière [1] lui aient donné un rôle à part.

La récolte, au contraire, destinée à être vendue ou mangée, est un capital circulant. La part réservée pour la semence est aussi un capital circulant, car elle ne sera utilisée qu'en perdant son identité.

Parmi les animaux, ceux qui sont destinés au travail ou à l'agrément sont des capitaux fixes. Le coq est un capital fixe; le chapon est un capital circulant.

Les machines, les ustensiles de ménage, les meubles, les objets d'art, tous les outils, en un mot, producteurs d'utilité, quelque forme qu'ils revêtent, sont des capitaux fixes.

Toutes les matières premières, tous les produits

1. V. YVES GUYOT, *La Science économique*, 4e édit., p. 35-37.

fabriqués, destinés à être vendus, sont des capitaux circulants.

Quant à la monnaie, on ne la reçoit comme capital, que pour la transformer soit en maisons, en terres, en valeurs, soit en objets d'alimentation, etc. La monnaie n'est qu'un organe de transmission, un moyen d'échange. C'est, par essence, un capital circulant.

— Mais les actions? les obligations? les valeurs mobilières?

— L'action n'est qu'une fraction de titre; c'est un titre d'une part de propriété tout simplement. L'action n'est que la représentation de la copropriété d'un capital, le plus souvent d'un capital fixe, comme un chemin de fer, une usine.

De même, pour les obligations. L'obligation est une créance habituellement garantie par un capital fixe. Or, tout créancier hypothécaire est copropriétaire de la propriété qui lui sert de gage. C'est ce capital fixe qui produit chaque année la somme nécessaire pour payer les intérêts de la créance.

Voici la liste des utilités qui composent le capital fixe et le capital circulant :

CAPITAL FIXE.		CAPITAL CIRCULANT.
Sol;	Animaux servant	Matières premières;
Mines;	à l'exploitation;	Produits destinés à
Constructions;	Ustensiles de mé-	la vente;
Outillages;	nage;	Monnaie.
Navires;	Meubles;	
Voitures;	Objets d'art.	

II. — Dans le langage courant, on emploie le

mot de « capitaux pour désigner des placements de tous genres. Le mot « capitaux » est pris ici dans un sens elliptique. Il signifie le placement des ressources disponibles dans des valeurs qui ont habituellement un caractère permanent. Ces valeurs ont, par cela même, le caractère de capitaux fixes.

III. — Tout acte qui a pour but de procurer à l'homme une utilité quelconque comporte un effort, plus ou moins intense, plus ou moins réfléchi, plus ou moins pénible. *Cet effort, c'est le travail.*

Le travail est tout acte d'acquisition résultant d'un effort personnel.

Tantôt le travail s'exerce sur l'homme lui-même, ou plutôt sur certaines parties de l'homme. L'hercule de foire développe ses biceps, la chanteuse sa voix, la danseuse ses jarrets; tous ceux qui se livrent à un travail intellectuel quelconque, mathématiciens ou comptables, romanciers ou savants, développent leurs aptitudes cérébrales.

Couramment, on dit que cette force, que cette voix, que ce talent, constituent un *capital;* et on a raison, car ces utilités font fonction économique, elles sont productives. En prenant, dans le sens que leur a donné Kant, le mot *subjectif,* qui appartient au moi, et le mot *objectif,* qui est en dehors du moi, nous constatons l'existence de deux sortes de *capital.*

La capacité de chaque individu constitue son capital subjectif. Elle comprend *des utilités,* telles que la force du manœuvre, la science de l'ingénieur, l'habileté professionnelle de l'ouvrier ou de l'administrateur.

Le capital objectif comprend toutes les autres utilités faisant fonction économique.

D'après la définition donnée du capital fixe, la capacité de l'individu est un capital fixe : c'est son outil, c'est en la conservant qu'il est apte à produire. On dit à tort; que le travail, qui représente l'emploi de cette capacité, est une marchandise. L'individu *ne peut en vendre que les résultats sous forme de produits matériels ou sous forme de services.*

En un mot, *le capital subjectif est la capacité productrice de chaque individu : il est un capital fixe.*

CHAPITRE IV

PRIX DE REVIENT ET PRIX DE MARCHÉ

I. — L'utilité existe antérieurement à l'échange.
C'est elle qui provoque l'échange, mais c'est l'échange
qui détermine la valeur.

L'homme possède des utilités : les rapports des
hommes entre eux leur donnent de la valeur. La
valeur est un rapport humain

Les besoins représentent la demande, et si la
demande n'existait pas, il n'y aurait pas d'échange.
Mais pour qu'il y ait échange, il faut que l'individu
qui désire puisse donner des utilités en échange de
celles qu'il acquiert. La valeur ne se mesure donc non
pas seulement à l'intensité de son désir, mais elle

dépend du pouvoir d'achat qu'il peut mettre à la disposition de son désir. Quantité de femmes voient une rivière de diamants de 100.000 francs dans la vitrine d'un bijoutier; toutes celles qui n'ont pas le moyen d'y mettre ce prix la laissent pour compte au bijoutier; et s'il ne se trouvait pas quelques femmes ayant un pouvoir d'achat suffisant pour se la procurer, le bijoutier ne l'aurait pas montée, et s'il avait commis cette imprudence, il n'aurait pas d'autre ressource que d'en disperser les pierres. Elle serait sans valeur. Il faut donc dire : *la valeur est le rapport de l'utilité possédée par un individu ou un groupe d'individus aux besoins et au pouvoir d'achat d'un ou de plusieurs autres individus.*

Les valeurs ne se mesurent que par des valeurs, et toutes les valeurs sont variables.

Elles sont régies par une loi : la loi de l'offre et de la demande. *L'offre est le désir pour un individu, en échange des utilités qu'il possède, de se procurer des utilités d'une autre nature.*

La demande est le désir, joint aux moyens d'achat, pour un individu, de se procurer une utilité déterminée.

On peut dire que *la valeur d'une utilité est en raison inverse de l'offre et en raison directe de la demande.*

Le prix est l'expression de ce rapport en monnaie.

La monnaie est l'équivalent auquel chacun rapporte la valeur de l'objet qu'il veut vendre ou acheter.

La condition de l'échange, c'est qu'il y ait un *terme fixe et certain :* presque toujours, ce terme c'est *la quantité.*

L'autre terme, qui est variable, est *le prix,* qui est *la valeur exprimée en monnaie.* Dans le change, c'est quelquefois la quantité qui varie [et le prix qui est fixe.

II. — *Toute opération industrielle devient une opération commerciale : et toute opération commerciale a pour résultat une différence : le gain ou la perte.*

Cette différence est le rapport entre le *prix de revient* et le *prix de marché.*

Le *prix de marché est le prix actuel* ou le cours d'une marchandise.

III. — Le prix est réglé par quatre éléments : trois objectifs et un subjectif :

1º Le prix de revient de l'objet ou du service offert;

2º Le pouvoir d'achat des parties en présence;

3º La quantité des objets ou des services à échanger;

4º L'intensité des besoins des parties en présence.

La loi de *l'offre et de la demande* qui dépend de ces trois facteurs, règle le prix de marché.

Si la demande excède l'offre, il y a hausse; si l'offre excède la demande, il y a baisse.

Le producteur ne fait la série des actes qui aboutissent à la vente de son produit que pour obtenir une quantité de monnaie qui représente une somme supérieure à son *prix de revient.*

S'il n'en retire pas de gain, il cessera de produire parce que la production serait un effort inutile : donc *une perte.*

Le *prix de revient, avec un profit, est le fondement objectif de l'offre.*

Toute production industrielle a le gain pour objet.

Ad. Smith s'est servi de deux expressions : 1º le

« prix naturel », point central vers lequel gravitent continuellement les prix de toutes les marchandises;

2º Le « prix de marché » de chaque marchandise particulière qui est déterminé par la proportion entre la quantité de cette marchandise existant au marché et les besoins des demandeurs effectifs qui sont disposés à en payer le prix naturel ou la valeur entière des fermages, profits et salaires qu'il faut payer pour l'attirer au marché.

Adam Smith a constaté aussi que, dans un marché libre, *la concurrence avait pour résultat de rapprocher toujours le prix de marché du prix de revient.*

Pour tout industriel, le problème consiste à *obtenir un prix de revient inférieur au prix de vente ou de rémunération de service.*

L'étude économique de l'industrie consiste donc à rechercher *les éléments du prix de revient et ceux du prix de marché.*

CHAPITRE V

NOMENCLATURE DES INDUSTRIES

SOMMAIRE. — I. *L'industrie agricole et l'industrie de l'or.* — *Elle produit des matières premières et des objets d'alimentation.* — *En droit français, l'agriculteur traité en mineur.* — *Pas industriel.* — *Obstacle au crédit.* — *Un champignonniste est-il ou n'est-il pas agriculteur?* — *Sens indûment restrictif du mot industrie.* — II. *Confusion dans les classifications des industries.* — *Classification de l'Exposition de 1900.* — III. *Nomenclature des industries d'après le recensement des industries dressée par la Statistique générale de la France. Industries qui livrent des produits; industries qui rendent des services.* — IV. *Nomenclature proposée.*

I. — Dominés par le vieux droit féodal qui confondait la propriété foncière et la souveraineté, les anciens économistes n'ont pas compris la terre parmi les capitaux[1], et cette survivance est telle que l'agriculture n'est pas considérée comme une industrie. Cependant elle produit les objets les plus indispensables à l'homme; si l'on compare l'industrie de l'or

1. V. YVES GUYOT, *La Science économique*, 4ᵉ édit., p. 35 et 36, liv. III, ch. III.

dont le produit est inférieur à 2 milliards et demi par an, avec l'industrie agricole, l'industrie de l'or apparaît comme une petite industrie.

Non seulement l'industrie agricole produit des objets d'alimentation; mais elle produit les matières premières de nombreuses industries. Le blé subit des transformations. Le riz est converti en amidon.

La betterave devient du sucre ou de l'alcool, et elle est, avec la pomme de terre et le maïs, la grande matière première de la distillerie.

Ce sont des cultivateurs, qui fournissent le coton, le lin, le chanvre; des bergers qui fournissent la laine et le cuir; des sériciculteurs ayant des mûriers à leur disposition, qui élèvent des vers à soie.

Cependant les législateurs ont mis en France l'agriculteur dans un rang spécial. Le traitant en mineur, voulant le protéger contre les imprudences qu'il aurait pu commettre, ils ne lui ont pas donné la qualité de commerçant. Ses biens, ses meubles, peuvent être saisis et vendus, mais il ne peut pas être mis en faillite. Cette protection a tué son crédit qu'on essaie de lui rendre par des moyens factices.

Dans les recensements industriels, on met l'agriculture en tête des industries avec la pêche; on les groupe sous le nom d'industries extractives.

Mais si l'industrie agricole extrait, elle rend. Elle ne peut continuer à produire qu'à la condition de travailler le sol, de lui restituer les éléments absorbés par les récoltes antérieures.

Un juge de paix de Paris a, dans un jugement, déclaré que les champignonnistes ne sont pas des agriculteurs.

« Parce que les ouvriers champignonnistes, qui travaillent à environ 30 mètres au-dessous du sol culti-
vable, en des carrières obscures, où ils ne sont éclairés
que par les lampes dont ils sont porteurs, qui sont
obligés, pour se rendre sur les lieux de leur travail, de
descendre par des puits étroits où règne une chaleur suf-
focante, au moyen d'échelles à perroquet posées perpen-
diculairement au-dessus de braseros incandescents, paraissent devoir être assimilés à des mineurs plutôt qu'à
ces ouvriers agricoles dont le poète chantait les félicités,
« parce qu'il est fait usage, dans cette exploitation,
d'une « machine mue par une force autre que celle de
« l'homme ou des animaux », destinée à l'indispensable
ventilation des carrières souterraines ».

Mais, par jugement du 3 août 1907, la 4e hambre du
Tribunal civil a restitué aux champignonnistes leur
caractère d'agriculteurs, par l'attendu suivant :

« Attendu que la culture du champignon, même faite
dans d'anciennes carrières, rentre incontestablement dans
la catégorie des travaux agricoles; qu'en effet, c'est la
nature elle-même qui transforme en champignon le
micélium mêlé au fumier; que le champignonniste n'opère
pas cette transformation et se borne à mettre la plante
dans les conditions les plus favorables à son développement. »

Il résulterait de ce jugement que, pour qu'il y ait
industrie, il faut qu'il y ait transformation par la
main de l'homme. C'est donner au mot industrie un
sens restrictif qu'il ne comporte pas : il ne s'applique-
rait pas aux produits chimiques.

II. — Dans les classifications des industries, il y a
une conclusion difficile à éviter. Doit-on les classer
d'après leurs procédés ou d'après leur destination?
A tout instant les deux systèmes se confondent.

La classification adoptée pour l'Exposition de 1900
était la suivante :

1º Éducation et enseignement; 2º Œuvres d'art;
3º Instruments et procédés généraux des lettres, des
sciences et des arts; 4º Matériel et procédés généraux
de la mécanique; 5º Électricité; 6º Génie civil, Moyens
de transport; 7º Agriculture; 8º Horticulture et arbori-
culture; 9º Forêt, chasse, pêche, cueillettes; 10º Aliments; 11º Mines, métallurgie; 12º Décoration et mobi-
lier des édifices publics; 13º Fils, tissus, vêtements;
14º Industrie chimique; 15º Industries diverses; 16º Économie sociale, hygiène, assistance publique; 17º Colo-
nisation; 18º Armées de terre et de mer.

Cette nomenclature comprend trop de choses pour
qu'on ait essayé de lui donner un ordre scientifique.
On a commencé par l'éducation et l'enseignement, en
vertu du vieux préjugé qui séparait les arts en
arts libéraux et en arts serviles. Il serait difficile
d'expliquer pourquoi on met l'électricité avant
l'agriculture et les mines et la métallurgie entre les
aliments et la décoration.

III. — Dans le *Recensement des industries de la
France,* la statistique générale comprend les groupes
suivants :

1º *Industries extractives :* pêche, forêts et agriculture, mines et minières, carrières.

2º *Industries de transformation :* dans les genres d'industries compris sous ce titre, je trouve l'alimentation, la taille des pierres précieuses à côté du terrassement et de la construction en pierre.

3º *Manutention et transports.*

4º *Commerce, spectacles, banque.*

5º *Professions libérales, cultes.*

6º *Soins personnels, service domestique.*

7º *Services de l'État, des départements ou des communes.*

Cette nomenclature permet d'abord de distinguer deux sortes d'industries : 1º celles qui livrent des produits; 2º celles qui rendent des services. Dans ce cas, la distinction s'établit d'après l'objet que poursuit l'industrie.

IV. — Mais je crois qu'on peut faire des diverses industries une classification plus logique que celle qui a été adoptée. Voici celle que j'ai donnée dans le *Dictionnaire du Commerce, de l'Industrie et de la Banque.*

1º *Industries extractives.* — Elles consistent à obtenir des objets existant sans le concours de l'homme. Elles comprennent les mines, les carrières et aussi la pêche et la chasse des animaux sauvages. Elles comprennent les cueillettes tant que les végétaux qui les produisent ne sont pas devenus un objet de culture. Le caoutchouc doit actuellement être rangé dans les industries agricoles.

2º *Industries agricoles.* — Elles consistent à préparer des productions, avec l'aide des agents natu-

rels et à les recueillir. Elles s'appliquent aux végétaux et aux animaux.

3° *Industries de construction.* — Construction d'édifices, de maisons, de ponts, percement de tunnels.
Établissement de voies et de ports.

4° *Industries manufacturières ou de transformation.* — Elles consistent à mettre en contact des
matières premières afin d'en obtenir un produit.
Tandis que le vin est un produit agricole, la bière
appartient à l'industrie manufacturière.

5° *Industries commerciales.* — Elles consistent à
concentrer les produits et à les répartir entre les
consommateurs.

6° *Industries de crédit.* — Le crédit est l'ensemble
des moyens de mobiliser le capital (Joseph Garnier).
Les industries de crédit comprennent toutes les
opérations de banque : commerce des métaux précieux, effets commerciaux, transfert et échange des
capitaux évalués en monnaie, payements et recouvrements de place en place, avances et groupements
de capitaux.

7° *Industries des transports.* — Elles ont pour
but de réduire à leur minimum les obstacles qu'opposent l'espace et le temps au déplacement des personnes, des choses et des valeurs.

8° *Industries locatives.* — Elles consistent à posséder et à entretenir des choses ou des animaux,
des maisons, des usines de force motrice, des chevaux,
pour les mettre à la disposition de ceux qui peuvent

en avoir besoin et qui ne peuvent ou ne veulent pas
les posséder.

9º *Industries éducatives.* — Elles consistent à acquérir certaines connaissances pour les transmettre
à d'autres et à organiser les moyens les plus efficaces
et les plus économiques pour obtenir ce résultat :
enseignement, presse, librairie. Elles ont pour objet
de porter à son maximum la puissance de chaque
individu.

10º *Industries récréatives.* — Elles consistent, pour
certains individus, à acquérir certaines aptitudes et
certains talents pour procurer à d'autres un emploi
de leur temps différent de celui de leurs occupations
obligatoires, et, pour d'autres individus, à grouper
ces aptitudes et ces talents : tels, les théâtres, con-
certs, etc.

Toutes les industries ci-dessus ont pour but l'*économie de l'effort.*

11º *Industries de sécurité.* — Les assurances ont
pour but d'organiser la prévoyance en divisant les
risques et en groupant les intéressés. Les médecins,
les hommes de loi ont pour devoir de donner le
maximum de sécurité privée. Le gouvernement a
pour attribution essentielle d'assurer la sécurité intérieure et extérieure. Administration, justice, police,
armées de terre et de mer.

Les industries comprises sous les numéros 1, 2, 3, 4,
5, livrent des produits; l'industrie comprise sous le
numéro 4 donne des résultats matériels. Les autres
rendent des services.

2.

Un livre destiné à l'*industrie* s'occupe surtout des industries extractives, agricoles, de construction, des industries de transformation, des industries de transport : mais il doit également s'occuper de l'industrie du crédit, comme base de toutes les autres.

LIVRE II

RAPPORTS DES CAPITAUX FIXES ET DES CAPITAUX CIRCULANTS

CHAPITRE PREMIER

L'HOMME ET L'OUTIL

SOMMAIRE. — I. *Insuffisance de l'outil.* — *Le perfectionnement de l'outil est une des caractéristiques de l'évolution humaine.* — *Lenteur de l'évolution de l'outil.* — *Économie de l'effort.* — L'homme tend à obtenir : 1º une appropriation des agents naturels destinée à augmenter la satisfaction de ses besoins et à diminuer ses efforts; 2º une appropriation des agents naturels destinée à rendre postérieurement plus facile la satisfaction de ses besoins. — II. *L'équivalence d'un cheval-vapeur.* — *Réduction de l'effort humain.* — *Disponibilité des forces humaines.* — *Dans la production, l'effort est productif d'utilité en raison de la puissance de l'outil.* — *Pour un produit égal, l'outil laisse un effort disponible proportionnel à sa puissance.* — *Reproduction de l'outil.* — III. *Les chevaux-vapeur en France.* — *Annexion de 288.939.000 hommes.* — *La houille blanche.* — *Les explosifs.* — *Frédéric Passy et les machines.* — *Misonéisme des ouvriers anglais et américains.* — *D. Bellet.* — *La machine et la main-d'œuvre humaine.— Cas de misonéisme.— Utilité des explosifs : la poudre et la dynamite. — IV. Contre les machines et pour le travail. — Colbert, de Saint-Cricq, Cunin-Gridaine, Sismondi. — Haine des machines et protectionnisme.— Le Cambrésis.— M. Julien Hayem et les chemises.—L'expérience du coton en Angleterre.— Congrès des textiles et les restrictions.—Socialistes contre machines. — Crainte de surproduction. — M. Olphé Gaillard. — V. J.-B. Say, Michel Chevalier, S. Newcomb. — Démonstration de J.-B. Say.— Formule de Newcomb. — La surproduction absolue est impossible. — Plus la production est grande, plus il y a de moyens d'échange.—Ce n'est pas le désir de consommer qui fait défaut, c'est le pouvoir d'acheter.—La loi des débouchés. — VI. Influence morale et intellectuelle de la machine. — Le charretier et le chauffeur. — Exactitude. — Perfectionnements de la montre. — Mobilisation des ouvriers. — La bicyclette, — Précision et délicatesse. — Aptitude à la direction. — « Les gros bataillons » et l'outillage militaire.*

I. — Aussi loin que nous pouvons remonter dans l'histoire de l'humanité, nous trouvons chez l'homme cette préoccupation : faire des outils. Nous ne connaissons guère nos aïeux des périodes éolithique et paléolithique, que par les outils servant à couper, à racler ou râper, à casser ou à écraser, à percer, qu'ils nous ont laissés. En 1899, on donna à la chaire de l'École d'anthroplogie dirigée par M. A. de Mortillet, le titre de *Technologie ethnographique.* On a défini l'homme : *l'animal qui a des outils,* définition exacte, quoique incomplète.

Quatre faits caractérisent les premières civilisations : insuffisance de l'outil. Animal utilisé comme outil. Femme utilisée comme outil par l'homme. Défaut ou impuissance de prévoyance.

De ce trait caractéristique, insuffisance de l'outil, nous pouvons, *à contrario*, conclure que le perfectionnement de l'outillage est une des caractéristiques de l'évolution humaine.

Nul ne peut contester que l'outil est une augmentation de puissance pour l'homme. Le jour où il a appris à se servir du levier, il a pu déplacer des pierres qu'il n'aurait pas pu remuer auparavant.

L'homme a de l'aversion pour l'effort : le plus fort cherche à faire faire l'effort par le plus faible et à conserver la satisfaction pour lui. Le premier être qui se trouve dans ces conditions est la femme. L'homme la traite comme un esclave donné par la nature. Il se réserve les occupations qui lui plaisent et la charge des occupations qui lui répugnent ou qui le gênent.

Chez les indigènes australiens, la femme porte les fardeaux, ses enfants, et doit entretenir en ignition le tison qui servira à allumer le feu à la nouvelle halte. L'homme se prélasse en portant ses armes.

Les hommes les plus primitifs sont pêcheurs et chasseurs ou pratiquent quelque cueillette.

Le pasteur qui a su grouper autour de lui des animaux appartient à une phase supérieure de civilisation. Il pratique un certain échange de services avec eux. Dans la phase agricole, l'homme a acquis la notion qu'en restituant à la terre une partie de sa récolte, il fera plus tard une récolte plus abondante. Il sait prévoir et attendre.

Les Grecs du temps d'Homère se servaient du vent comme force motrice sur la voile de leurs bateaux; mais les femmes broyaient le blé à la force de leurs bras. On nous a transmis l'image des esclaves romains employés à tourner la meule, le dos lacéré de coups, et devant le visage une muselière pour les empêcher de manger la farine. Il fallut des siècles avant qu'on utilisât le vent sur les ailes d'un moulin : et d'autres siècles pour qu'on utilisât l'eau pour faire tourner les palettes d'une roue : et d'autres siècles encore avant qu'on n'utilisât la vapeur à cette besogne. Le premier moulin à vapeur fut établi à Londres en 1784.

L'expérience décisive de Grenoble du transport de la force à distance au moyen de l'électricité date de 1883.

Chez un même peuple, les divers outils, même les plus primitifs, peuvent coexister. Mais on constatera que, sous le rapport économique, un peuple est supérieur à un autre, quand, ayant les outils les plus perfectionnés, il pourra plus facilement adapter les agents naturels à ses besoins.

Ces faits incontestables prouvent qu'aujourd'hui la phase industrielle absorbe maintenant toutes les autres. Ce qui la caractérise, c'est la puissance et la précision de l'outil.

L'homme tend à obtenir :

1º *Une appropriation d'agents naturels destinée à augmenter la satisfaction de ses besoins et à diminuer ses efforts.*

2º *Une appropriation d'agents naturels destinée à rendre postérieurement plus facile la satisfaction de ses besoins.*

II. — La force d'un cheval, calculée d'après des expériences faites pour déterminer la force du cheval-vapeur, équivaut à celle de sept hommes. La force d'un cheval-vapeur, dans la pratique courante, est évaluée à celle de trois chevaux de trait, soit de vingt et un hommes. .

Quatre chevaux traînent une charrue : ces quatre chevaux font l'ouvrage que feraient vingt-huit hommes. Pendant qu'ils tracent un sillon, ces vingt-huit hommes peuvent employer leurs forces, les uns comme menuisiers, les autres comme maçons, les autres comme professeurs : d'autres peuvent méditer, se reposer, ne rien faire. Au bout de la journée, la même quantité de travail n'aura été accomplie que si vingt-huit hommes avaient travaillé à cette tâche. Les chevaux, moteurs animés, outils vivants, ont fait l'effort pour eux.

Si ces quatre chevaux ont été remplacés par quatre chevaux-vapeur, au lieu des efforts de vingt-huit personnes, ce sont ceux de quatre-vingt-quatre personnes qui ont été suppléés.

L'outil a pour résultat de réduire l'effort humain à son minimum.

Il faut ajouter que ces hommes rendus disponibles peuvent agir sur d'autres outils : tenailles, cisailles, perforateurs, presses hydrauliques, métiers à filer et à tisser, dont chacun rend à son tour disponible l'effort de 10, 15, 20, 50, 100 hommes, etc.

Dans la production, l'*effort*[1] *est productif d'utilité en raison de la puissance de l'outil.*

Pour un produit égal, l'outil nécessite un effort en raison inverse de sa puissance.

---

1. Quand nous employons le mot *effort*, il s'agit de l'*effort* humain.

*Pour un produit égal,. l'outil laisse un effort dispo-
nible proportionnel à sa puissance.* ·

Mais ici intervient un nouveau facteur. L'homme
qui a appris à tailler le silex se sert du silex qu'il a
taillé pour tailler de nouveaux morceaux de silex.
Une fois la machine à vapeur inventée, elle est repro-
duite infiniment et sert à sa propre reproduction.

Je n'ai pas besoin de dire qu'une broche à filer le
coton ne se reproduit pas elle-même : seulement, on
sait comment la reproduire, et alors intervient
l'échange qui en assure la livraison à celui qui en a
besoin et qui a un pouvoir d'achat suffisant pour se
la procurer.

En France il y a 3.200.000 chevaux. Leur puissance
pour traîner, porter, transporter. des fardeaux ou
des personnes équivaut donc à près de 10 millions
d'hommes.

Mais voici à trente-quatre ans d'intervalle, un tiers
de siècle, la force des machines à vapeur employées
en France : ·

	1879.	1911.
Nombre des établissements industriels où il existe un ou plusieurs appareils à vapeur.	32.277	62.901
Nombre total des machines.	39.556	81.600
Puissance en chevaux-vapeur... . . . . ˙.	516.000	3.140.500
Pour les chemins de fer et tramways.	2.412.300	10.307.000

**Depuis la mise en application de la loi du 17 avril
1907 sur la marine marchande, le ministère des Travaux**

publics n'a plus à s'occuper que de la surveillance des bateaux à vapeur affectés à la navigation intérieure. Il ne nous donne donc que la quantité de la puissance des machines à vapeur employées par ce mode de transport, soit pour 1911, 684 machines représentant une force de 96.000 chevaux. Nous n'avons pas la statistique des appareils à vapeur employés par la marine marchande. Nous laissons de côté également celle des appareils employés par la marine de guerre.

La statistique du Ministre des Travaux publics donne, y compris divers appareils employés dans les chemins de fer et dans la navigation intérieure, un total de 13.759.000 chevaux-vapeur. Multipliés par 21, ils représentent la force de 288.939.000 hommes : conquête pacifique que, dans ses rêves, aucun guerrier ne peut espérer égaler.

En 1879, en chiffres ronds, il y avait 3 millions de chevaux-vapeur, l'augmentation a été de plus de 10.450.000 chevaux-vapeur, représentant une force de plus de 210 millions de personnes.

Il faut y ajouter les 630.000 donnés par l'utilisation des forces hydrauliques.

Le concours du cheval quadrupède et du cheval-vapeur est bien un équivalent d'une multiplication d'hommes.

Certains outils peuvent être des capitaux circulants : les explosifs, par exemple. Dans sa *Technologie*[1], Léon Lalanne cite avec admiration un résultat obtenu dans des carrières de pierre calcaire exploitées pour la construction du brise-lames de Plymouth. Avec une

---

1. *Un million de faits*, 1842.

dépense de 150 francs de poudre et 11 francs de main-
d'œuvre, on avait obtenu pour 1.150 francs de matière.
À côté des résultats obtenus aujourd'hui par la
dynamite, ce résultat paraît insignifiant. Elle constitue
un instrument de pénétration et de désagrégation
auprès duquel le pic semble un joujou.

IV. — Si évidents que soient ces truismes, cependant toutes ces nouvelles inventions se sont heurtées
au misonéisme le plus absurde et souvent le plus
passionné.

En 1812, les ouvriers de Bradford formèrent une
société appelée *Le Luddisme*, à la tête de laquelle
ils supposaient un général qui les commandait. Ils
s'engageaient par serment à détruire les machines.
Un acte spécial déclara ces serments illégaux et il
y eut dix-sept pendus. *Le Luddisme* prit fin, mais
quand, en 1822, M. Warbriek eut établi secrètement
un *power loom*, il fut détruit par la foule. Cette agitation continua et, en 1826, amena la mort de deux
hommes.

J'ai acheté en 1866 un petit volume intitulé : *Les
machines et leur influence sur le développement de
l'humanité*. Le petit volume contenait deux conférences
faites par Frédéric Passy, et il commençait la première
en disant de l'utilité des machines que « la question
était vidée, vidée sans retour pour tous ceux qui ont
étudié la science économique ». J'en étais convaincu
aussi, surtout à la suite de la lecture de ce petit
volume.

Mais comme la grande majorité des êtres humains
n'a pas étudié la science économique, il en résulte

qu'en dépit des inventions qui ont transformé le
monde, surtout depuis deux tiers de siècle, la machine
est encore discutée; non seulement elle est discutée,
mais elle est proscrite par certains groupes, par
des syndicats, constitués en France en vertu de la loi
de 1884 qui en donne comme objet la défense des
intérêts économiques, par certaines *trade unions* qui,
plus ou moins hypocritement, s'arrangent pour en
diminuer l'effet utile. Il en résulte que nous devons
avouer à notre honte que la question n'est pas
résolue.

Encore maintenant, dit M. S.-J. Chapman, un
ouvrier anglais imagine à peine qu'une machine
épargnant son effort peut lui être profitable. Simon
Newcomb fait la même constatation pour l'ouvrier
américain.

Près de cinquante ans après le livre de Frédéric
Passy, M. Bellet est obligé de faire les mêmes démons-
trations appuyées de nouveaux faits dans son livre :
La machine et la main-d'œuvre humaine.

M. Bellet cite des cas de misonéisme stupéfiants en
Europe. Dans une partie de la Sicile, on n'admet que
le travail de la terre à la pioche. La charrue enlèverait
de l'ouvrage aux ouvriers.

Quand Pierre-Frédéric Ingold voulut établir sa
première machine-outil pour l'industrie horlogère
dans la Grande-Bretagne, il échoua, et il dut aller la
porter aux États-Unis.

En 1909, à Concarneau, les ouvriers soudeurs
mettent à sac les usines qui employaient des machines à souder : et le ministre du Travail intervint
pour persuader aux fabricants de conserves de res-

treindre l'emploi de ce procédé indispensable pour
développer leurs débouchés.

Les pêcheurs de sardines ont obtenu en 1878 la pro-
hibition de la senne Bellot et autres filets tournants
et l'interdiction dure toujours, ce qui a pour résultat
d'envoyer en Portugal l'industrie des conserves ·de
sardines.

Le 20 octobre 1909, le Parlement britannique a voté
une loi destinée à protéger le tissage à la main, en
faisant insérer dans la bordure des pièces, par ceux
qui les produisent : « Linge damassé irlandais tissé à la
main ».

On en est toujours à Colbert, qui repoussait une
invention en disant : « Je cherche les moyens d'occuper
le peuple suivant ses facultés, afin de le faire vivre de
son travail, et non ceux de ravir au peuple le peu
d'occupations qu'il possède ».

« Le travail constitue la richesse d'un peuple »,
disait M. de Saint-Cricq, ministre du Commerce
sous la Restauration, immortalisé par Bastiat;
M. Cunin-Bridaine, ministre du Commerce sous Louis-
Philippe, s'écriait : « Inventez une machine qui augmente de moitié la main-d'œuvre, afin de donner de
l'ouvrage aux ouvriers .»

Sismondi avait fait, en 1820, l'hypothèse d'une machine dont la manivelle serait placée dans la main du
roi ou d'un ministre qui la ferait tourner sans effort.
Cette machine accomplirait toute la besogne que font
aujourd'hui si péniblement tant de millions d'hommes.
Ce résultat, d'après Sismondi, eût été la ruine du pays,
car les habitants « auraient manqué de travail ».

Cette thèse est celle que font triompher les protectionnistes, partout où ils sont les maîtres. En dépit des démonstrations si claires de Bastiat, ils prennent l'effort, la peine, le travail pour le but, tandis que c'est la satisfaction du besoin, avec un minimum d'effort, qui est le but économique.

M. Klotz essayait de justifier l'aggravation du tarif en 1910 en signalant le danger au point de vue de la stabilité économique des progrès réalisés par l'industrie. Il voulait empêcher ses compatriotes d'en bénéficier, comme les adversaires des machines veulent empêcher leurs contemporains de bénéficier des nouvelles inventions. Pourquoi? Pour défendre le travail national, pour garder aux ouvriers leurs positions acquises, pour protéger les industriels qui ont un vieil outillage contre l'outillage nouveau, pour les dispenser de le renouveler et pour les dégager du souci de l'amortissement!

Dans le Cambrésis, en 1908, on tissait encore à la main : les salaires, autrefois de 5 à 8 francs, étaient tombés à 2 francs. Des députés se lamentèrent sur cette déplorable situation et demandèrent des secours et du pain pour les malheureuses victimes du misonéisme.

M. Julien Hayem, qui connaît par expérience l'industrie de la lingerie, dit que pour confectionner 100 douzaines de chemises à la main, il fallait 1.200 journées; quand le travail s'est fait partiellement à la machine, on est descendu à 700 journées; et, actuellement, il n'en faut plus que 200.

Résultat : les gens peuvent avoir plus facilement des chemises en bon état et en changer plus souvent.

A ceux qui croyaient que les machines enlèvent de

l'ouvrage aux ouvriers, je rappelle l'expérience suivante qui est décisive :

En 1763, on ne produisait de fils qu'à l'aide du
rouet et du fuseau et on tissait à la main. Les Anglais
fabriquaient alors un tissu qui se composait en chaîne
de fil de lin et en trame de fil de coton qu'on appelait
la futaine. Un fabricant de peignes de Leigh, nommé
Higgs, inventa un métier à filer le coton auquel
il donna le nom d'une de ses filles, *Spinning Jenny*,
Jenny la Fileuse. Son métier ne filait que la trame. Il
inventa un métier à filer la chaîne auquel il donna le
nom de *Throstle* ou métier hydraulique, confondant le
métier avec son moteur.

Les deux machines furent combinées par Samuel
Crompton sous le nom de Mull-Jenny, ainsi nommée
ou parce qu'elle n'était qu'une jenny abâtardie, ou
parce qu'elle était primitivement mue par un mulet.
Quelques années plus tard, un filateur de Warrington
supprima presque entièrement le service de l'homme
sur cette machine qu'il rendit automatique et dont
il fit le mull-jenny *self acting*, connu dans les fabriques
françaises sous le nom de *métier renvideur*.

Il paraît qu'Arkwright déroba les inventions qui
portent son nom, monta une filature, fit fortune et a
accaparé l'honneur qui doit revenir à Higgs, mort
pauvre et méconnu[1].

Crompton était né à Bolton et Arkwright y
vécut quelque temps. Mais ils durent aller ailleurs
appliquer leurs inventions. Ce ne fut que plus tard
que les ouvriers se résignèrent à adopter, pour leur

1. M. RENOUARD.

plus grand bien, les machines qu'ils avaient d'abord repoussées. Bolton avait 5.300 habitants en 1776, 17.400 en 1801, 41.200 en 1831, 168.000 habitants en 1901, et 180.850 en 1911.

Hargreaves appartenait au voisinage de Blackburn. L'opposition contre sa *Carding machine* fut si puissante qu'on n'osa pendant longtemps y introduire les métiers à tisser qui ont fait sa fortune.

Un pasteur de Maltock, nommé Cartwright, pensa qu'il fallait compléter le filage mécanique par le tissage mécanique; en 1786, il prit un brevet et monta un tissage à Duncaster. Il s'y ruina, mais il enrichit l'Angleterre.

En 1760, il y avait en Angleterre 4.200 fileuses au petit rouet et 2.700 tisseurs, en tout 7.900 personnes employées à la fabrication des étoffes[1]. Des coalitions se formèrent contre Arkwright. La machine à vapeur qui devait généraliser l'emploi de la *Mull-Jenny* fut inventée en 1774.

En 1787, une enquête du Parlement constata que le nombre des ouvriers avait atteint le chiffre de 320.000, soit 4.400 pour 100 d'augmentation.

Manchester, dont la population, en 1744, n'était que de 40.000 habitants, passa à 95.000 en 1801 et 192,000 en 1834; Liverpool, principal marché de coton brut, passa de 5.145 habitants en 1701 à 20.000 en 1750, 40.000 en 1770, 77.000 en 1801, 118.972 en 1821 et 165.175 en 1831; Glasgow, qui ne renfermait en 1770 qu'un peu plus de 40.000 habitants, arriva en 1801 à 85.000 âmes et en 1831 à 200.000.

1. MICHEL CHEVALIER, t. I, p. 354.

MM. Cook et Stubbs ont présenté devant l'Association des Ingénieurs de Manchester le tableau suivant de l'industrie de la filature et du tissage, de 1856 à 1905. A la première date, le personnel était de 380.000 personnes; en 1880, de 486.000, et, en 1905, de 523.000 personnes. A ces trois époques, le salaire moyen, calculé sur l'ensemble des divers ouvriers, était de 14 sh. 6 d., de 19 sh. 10 d., de 26 sh. 2 d.

Les heures de travail étaient tombées de 60 heures à 56 1/2, puis à 55 1/2. La production des filés serait passée de 745 millions de livres anglaises à 1.194 millions et à 1.632 millions. La production des tissus, en millions de yards, calculée sur une largeur moyenne s'élevait à 3.600, à 7.734 et, enfin, à 11.550.

Ces résultats avaient été obtenus avec 28 millions de broches en 1856, 42 millions en 1880, 50 millions en 1905; avec 300.000, puis 550.000 et, enfin, 700.000 métiers. La production de filé par broche et par an (numéro moyen) était passée de 27 livres à 28,5, puis à 32,6; la production de yards d'étoffe par métier et par an, de 12.000 à 14.250 et à 16.500. Les résultats de la production, calculés par ouvrier et par an, avaient été les suivants : 20.580 et 37.740 yards, 3.367 et 7.736 livres. Le coût de la main-d'œuvre, qui était de 2,4 pence par livre de filé et de 0,55 penny par yard d'étoffe, était tombé, en 1905, à 1,06 penny et à 0,416 penny. Des augmentations de salaires s'étaient produites dans tout le personnel, mais surtout au profit de ceux qui, tout d'abord, gagnaient le moins.

En 1901, les ouvriers se mirent en grève parce qu'ils

reprochaient aux industriels d'avoir un outillage arriéré, et ils disaient avec fierté qu'ils n'étaient pas aussi fous que leurs ancêtres. Mais, quelque temps après, ils se mettaient en grève à propos de l'introduction du *Barber Knotter for Knotting ends;* et ils n'ont pas montré le moindre enthousiasme pour l'introduction du métier automatique[1].

Au Congrès international des textiles, tenu à Roubaix, au mois de juillet 1911[2], un ouvrier français, Victor Renaud, a proposé une résolution ainsi conçue :

« Le Congrès international estime que s'opposer à l'introduction des machines perfectionnées est aller à l'encontre du progrès et du but poursuivi par les organisations ouvrières ».

M. Marsland, au nom des Anglais, M. Andersen, au nom des Danois, Rœssel, au nom des Allemands, acceptèrent cette résolution qui fut votée à l'unanimité, mais toutefois avec une concession faite aux Suisses et aux Belges qui déclaraient qu'un ouvrier ne devait pas être mis à plusieurs métiers, et M. Ben Turner, au nom de la laine, déclara que le tissage de la laine devait se faire sur métier unique. Pour justifier cette restriction, il invoqua le surmenage.

On trouve chez les socialistes, comme M. Vandervelde, des récriminations contre les machines. Puis arrive la peur de la surproduction : et, chose stupéfiante, c'est un Anglais libre-échangiste, M. Chiozza Money, qui l'exprime : « La grande masse des hommes ne profite ni des progrès de la science, ni des inventions.

1. ARTHUR SHADWELL, *Industrial emergency*, 2e édit., p. 78.
2. *Annales du Musée social*, juillet 1911.

Toute nouvelle invention est bien accueillie par l'exploitant privé, comme un moyen, non de relever les salaires, mais de les abaisser. » M. Chiozza Money oublie que ce qu'on paye à l'homme, ce n'est pas l'effort, mais le résultat de l'effort. Un mécanicien de chemin de fer peut gagner 6.000 francs par an. Un terrassier, avec sa pioche et même sa brouette, ne peut rendre des services équivalents.

D'autres, comme M. Olphé Gaillard, prétendent en même temps : 1º qu'une partie des travailleurs sont chassés de la profession quand le machinisme y pénètre et que les ouvriers les plus habiles sont remplacés par les manœuvres; 2º que ce sont les ouvriers les moins capables qui sont chassés par la machine au profit des ouvriers les plus habiles; 3º que le machinisme fait des chômeurs; 4º que le machinisme multiplie les emplois. Ces propositions contradictoires se réduisent à ceci : l'introduction d'une machine nouvelle peut réduire momentanément le nombre des ouvriers dans une industrie, mais la crise ne sera que locale et transitoire. De plus, toutes les diligences n'ont pas été supprimées le même jour par les chemins de fer : et il y a plus d'employés de chemins de fer qu'il n'y aurait eu de conducteurs de diligences, de postillons et de rouliers, si nous en étions encore réduits à ce mode de transport.

V. — J.-B. Say, Michel Chevalier, Newcomb ont expliqué de la manière la plus claire pourquoi l'introduction des outils les plus perfectionnés augmente la demande de travail.

Supposons que 300.000 francs soient employés dans

une manufacture; — un tiers en matières premières et les deux tiers en salaires. Le manufacturier trouve une machine qui économise un tiers. Laissera-t-il improductifs les 100.000 francs économisés? Non. Il diminuera le prix de ses produits proportionnellement, par conséquent, en augmentera la consommation, et cette augmentation provoquera l'agrandissement de son usine. S'il ne peut employer cette somme à son usine, il la déposera dans une banque, il l'emploiera en commandite, et ce capital, rendu ainsi disponible, servira à provoquer de nouvelles entreprises qui réclameront une augmentation de l'effort humain.

Simon Newcomb [1], se plaçant au point de vue des consommateurs, suppose que l'outillage de la cordonnerie a épargné $ 5 à chaque habitant des États-Unis; chacun d'eux a donc 5 dollars disponibles qu'il emploiera à se procurer d'autres objets : et Newcomb donne cette formule confirmée par l'expérience universelle :

Une réduction du prix de revient ne peut jamais causer une diminution dans la demande totale du travail. Toute diminution qui peut se produire dans une direction est compensée par une augmentation dans une autre direction.

Les adversaires des machines n'en arrêteront pas plus le développement que les protectionnistes n'empêcheront leurs compatriotes de bénéficier des résultats des inventions faites au dehors de leur pays. Ils pourront seulement les retarder et les diminuer.

1. P. 389.

Les économistes recherchent, au contraire, les moyens économiques qui peuvent le mieux seconder les progrès techniques. Ils considèrent que le progrès est en raison de l'action de l'homme sur les choses. *Obtenir le maximum d'effet utile, avec le minimum d'effort, dans le minimum de temps :* voilà le but que cherche à atteindre tout inventeur, que doit chercher à atteindre tout producteur. Par quelle contradiction, des producteurs veulent-ils donc gêner la production des autres, ou, à l'aide de cartels, restreindre leur propre production? Vers 1820, Sismondi était épouvanté de la puissance productive du monde; depuis cette date, on a entendu constamment parler de surproduction dans les débats sur les tarifs de douane : et, en dépit des expériences acquises, il y a encore des gens qui invoquent ce danger; je les renvoie à J.-B. Say : « C'est la production, dit-il, qui ouvre des débouchés aux produits. Un produit terminé offre, dès cet instant, un débouché à d'autres produits pour tout le montant de sa valeur. Ce qui favorise le débit d'une marchandise, c'est la production d'une autre. »

Voilà ce qu'il appelait avec raison la « *loi des débouchés* ».

Il en résulte *qu'il ne peut y avoir de surproduction absolue; car plus la production est grande, plus il y a de moyens d'échange.*

Ce n'est pas *le désir de consommer qui fait défaut aux individus, c'est le pouvoir d'acheter; et ce pouvoir d'acheter est d'autant plus restreint qu'ils ont moins de produits à donner en échange des produits ou des services qu'ils désireraient.*

L'usage de la machine apporte de profondes modifications morales chez l'homme. Elle lui impose des habitudes de décision et de prudence : la sanction d'une batteuse est immédiate pour l'imprudent.

Les charretiers se donnent rendez-vous dans des auberges ou chez des marchands de vins, sous prétexte de faire souffler leurs chevaux. Après s'y être attardés, ils les criblent de coups de fouet pour rattraper le temps perdu. Ces mœurs disparaissent chez les conducteurs d'automobiles, qui savent qu'ils ne peuvent maltraiter leur machine pour essayer de réparer leurs fautes.

La machine donne des habitudes d'exactitude. Dans les pays d'Orient où l'usage des montres est peu répandu, on est exact à quelques heures près. Maintenant l'homme inexact peut de moins en moins rendre sa montre responsable de son retard.

En 1790, l'observatoire de Gênes offrit un prix de 20 louis à la meilleure montre, à la condition que l'erreur de sa marche n'excédât pas une minute par jour de repos et deux minutes au porté. Aucune montre ne remplit cette condition la première année; trois la remplirent l'année suivante. Aujourd'hui les variations données successives des très bonnes montres sont égales à moins de deux dixièmes de seconde.

Les ouvriers, dans les pays avancés en évolution, sont beaucoup plus mobiles qu'autrefois. Ils ne se considèrent pas comme attachés jusqu'à la mort au métier de leur père. M. Deïss, dans son livre *A travers l'Angleterre industrielle et commerciale*, raconte qu'un directeur d'usine à Birmingham lui a dit que, dans

1. CH. E. GUILLEAUME, p. 12.

cette ville, la diversité des industries et la division du travail permettaient à des ouvriers de passer d'une industrie à une autre, parce qu'ils trouvaient partout des machines dont ils devenaient facilement les directeurs. Quand l'industrie des bicyclettes a exigé un grand nombre de bras, les maçons ont manqué aux entrepreneurs de maçonnerie. Ils étaient devenus fabricants de bicyclettes. M. D. Bellet a signalé la révolution introduite dans les mœurs par la bicyclette. Un ouvrier qui, à pied, était obligé de dépenser une demi-heure pour rejoindre son travail à 2 kilomètres, peut maintenant le rejoindre, dans le même espace de temps, s'il en est éloigné de 10 kilomètres.

L'automobile transforme les conditions de la vie sociale.

Dans son enquête sur l'ouvrier dans le Yorkshire, M. Descamps a fait ressortir les qualités morales qu'exige et que forme la machine. De tous les ouvriers, l'Anglais est celui qui s'y adapte le mieux. Sa supériorité vient de sa capacité d'attention, de son aptitude à la direction, du sens de la responsabilité.

Cependant il serait encore dépassé par l'ouvrier américain.

En 1902, M. Mosley organisa à ses frais l'envoi aux États-Unis de 23 délégués de *trade unions* britanniques afin qu'ils pussent se livrer à une enquête méthodique sur la situation industrielle des États-Unis : ils en revinrent avec la conclusion suivante :

— L'ouvrier américain produit beaucoup parce qu'il travaille moins et dirige plus.

Le vieil adage « La victoire est aux gros bataillons » est remplacé aujourd'hui par celui-ci : « La victoire est au meilleur outillage. » L'ancien chef de l'État-major allemand, le général Von Schlieffen, dit : « Le traité de Francfort a mis fin à la guerre par les armes : elle a été remplacée par la guerre des armements[1]. »

Cette concurrence a développé l'outillage militaire : canons et fusils bien adaptés, avec un tir rapide et exact, commandent une vaste zone et ont été réduits au minimum de poids. La guerre devient de plus en plus une affaire d'ingénieurs. La science réglera la destruction comme la production.

1. *Deutsch. Revue*, janvier 1909.

CHAPITRE II

L'ÉCONOMIE DES MATIÈRES PREMIÈRES

SOMMAIRE. — *Les outils, capitaux fixes, ne peuvent produire de l'utilité qu'à la condition d'absorber des matières premières et de les transformer en produits ou en services. — Moins l'outil est perfectionné, et plus il consomme de matières premières à égalité d'effet utile. — La fumée. — Le remplacement de la houille par le pétrole dans la marine britannique. — La houille et la fonte. — Le ferro-manganèse. — La puissance du fer. — Conséquences de l'économie du coton en masse. — La multiplication des capitaux circulants est en raison de la puissance des capitaux fixes.*

Un outil est construit : il dure un an, deux ans, dix ans; un pont de pierre dure indéfiniment; un pont de fer peut durer plusieurs dizaines d'années; un tunnel peut durer des siècles; une route, une voie de chemin de fer, nécessitent des réfections, mais à la faculté de reproduction de l'outil, il faut ajouter la durée. Les nouveaux capitaux fixes ne détruisent pas forcément ceux qui existent déjà. De là l'accumulation des capitaux fixes.

Tous les outils producteurs d'utilités plus ou moins subjectives sont des *capitaux fixes*. Mais ils ne peuvent produire de l'utilité qu'à la condition *d'absorber des matières premières et de les transformer en produits ou en services.*

Chez l'homme de l'âge de la pierre, la dépense de matière première est considérable, relativement au produit. Avant qu'il ait pu se procurer sa hache de pierre, il doit pouvoir vivre pendant de longs jours; pendant ces jours, il doit manger : les aliments sont indispensables pour lui permettre de produire; la consommation est grande et a pour résultat un faible produit. Plus son capital fixe est faible, plus il lui est difficile de se procurer le capital circulant aliment. Mais quand, peu à peu, il est parvenu à obtenir un capital fixe qui lui permette d'obtenir les aliments excédant son besoin immédiat, il a du temps et des efforts disponibles pour essayer d'augmenter son capital fixe.

Dans notre civilisation, chez les peuples avancés en évolution, l'industrie consomme des capitaux circulants, sous forme d'aliments, pour des milliers d'hommes, sous forme de matériaux, de pierres, de fer, de houille, pendant un laps de temps plus ou moins long. Dans quel but? pour construire une maison, un navire, un chemin de fer, un tunnel, qui ensuite serviront à épargner des efforts humains, à économiser la consommation des aliments, des capitaux circulants pour faire telle ou telle œuvre.

Un kilogramme de houille représente x calories. Combien de ces x calories peuvent-elles être utilisées? le progrès industriel consiste à se rapprocher le plus près possible du chiffre théorique.

La machine de Newcomen consommait 30 kilogrammes de charbon par cheval et par heure. Avec Watt, la consommation tombait à 4 kilogrammes. Les machines à double détente l'ont abaissée à 2 kilogrammes; et on est arrivé à 700 grammes par cheval-vapeur.

Moins l'outil est perfectionné et plus il consomme de matières premières *à égalité d'effet utile.*

Le 25 juin 1913, je traversais la Manche avec M. J. Pierson, dont le gazogène est si connu; nous regardions les longues et lourdes traînées de fumée noire laissées par quelques navires, en constatant le gaspillage qu'elles représentaient.

Cependant, dans les tableaux à l'aide desquels les Compagnies de navigation essaient de séduire les passagers, on voit des torrents de fumée qui les écrasent; mais ils représentent du charbon perdu, et promettent aux voyageurs de la suie sur le visage et des escarbilles dans les yeux, singulière réclame!

Il y a environ quarante ans que les amiraux Fishburn et Selwyn avaient appelé l'attention sur la substitution de l'huile à la houille; mais l'Amirauté n'entreprit des expériences que vers 1900. En 1903, lord Selborn constatait les résultats obtenus et annonçait qu'une des conditions essentielles du remplacement du charbon de Cardiff par l'huile était la suppression de la fumée. Elle donne en outre une augmentation de vitesse et une augmentation du champ d'action.

Les expériences continuèrent avec un tel succès que, depuis 1906, à peu d'exceptions près, chaque navire a été aménagé de manière à lui permettre l'emploi de l'huile, comme combustible auxiliaire.

Au besoin, la houille pourrait être abandonnée complètement, même dans les plus grands cuirassés : déjà aux États-Unis, les cuirassés du type *Nevada* n'ont pas d'autre combustible que l'huile.

Le charbon a une valeur calorique inférieure de 36 p. 100 à l'huile : 16 tonnes d'huile suffisent là où il faut 25 tonnes de charbon. De plus, la combustion est parfaite. Il faut un personnel beaucoup moins nombreux, travaillant dans de meilleures conditions. L'huile peut être chargée à l'aide de tuyaux adaptés à des *tanks*, même par mauvaise mer. La télégraphie sans fil indiquera aux *tanks* où ils doivent se rendre et les navires n'auront plus besoin de rentrer dans le port pour renouveler leur approvisionnement de combustible.

La marine britannique est-elle certaine d'avoir toujours assez d'huile à sa disposition? Sur les 50 millions de tonnes métriques produites par an, le territoire britannique ne donne qu'un million, dont la presque totalité vient de l'Inde. On pourra développer cette production : mais la marine des États-Unis a cet avantage, d'avoir pu se réserver dans la région de Bakersfield 37.000 acres pour son approvisionnement.

Mais on a trouvé aussi de l'huile dans la Grande-Bretagne.

M. Winston Churchill a dit qu'il y a en Écosse des chistes qui pourront en fournir de 400.000 à

500.000 tonnes par an pendant cent cinquante ans.
Il y en a d'immenses dépôts qui paraissent s'étendre
du Dorsetshire au Lincolnshire[1].

Le pétrole ne se détériore pas à l'air comme la
houille. On peut donc en faire des approvisionnements pour un temps indéfini.

Des installations ont été préparées dans la Grande-
Bretagne et dans les dépôts de charbons qui jalonnent
les grandes routes maritimes.

Dans la séance du 17 juillet, M. Winston Churchill
a dit que l'Amirauté est convenue d'un contrat pour
la fourniture du pétrole avec le *Mexican Eagle Cº*,
dont lord Cowdray et lord Murray sont administra-
teurs.

Chaque tonne de charbon, convertie en coke à
une température modérée, peut fournir de 7 à 35
p. 100 d'huile de qualité semblable au pétrole. Ce
procédé pourrait assurer l'approvisionnement de la
flotte avec les ressources de la Grande-Bretagne.

En attendant, on a objecté l'élévation du prix du
pétrole : mais la puissance calorique du pétrole, la
diminution du nombre des chauffeurs et les autres
avantages compensent cet inconvénient.

On construit actuellement six navires transpor-
teurs d'huile, dont le premier, le *Carol*, a été lancé le
5 juillet. Chacun est pourvu d'un système différent,
afin de permettre de déterminer expérimentalement
le meilleur type à adopter pour les cuirassés et les
croiseurs.

Plus d'un million de livres sterling (25 millions

1. Chambre des Communes, 17 juillet 1913.

de francs) ont été prévues au budget 1913-1914, dans les crédits pour l'achat, le transport et l'emmagasinement du pétrole[1].

M. Mundella donnait la proportion de tonnes de houille employées pour produire 1 tonne de fonte (*pig iron*). Il en fallait 9 en 1787; en 1869, il n'en fallait plus que 3. En 1911, les 320 hauts fourneaux de la Grande-Bretagne ont consommé 23.712.000 tonnes de minerai et 19.218.000 tonnes de houille; ils ont produit 9.526.000 tonnes de gueuses de fer, soit une consommation de 2 tonnes de charbon par tonne de fer.

Actuellement, pour un haut fourneau de Meurthe-et-Moselle, la marche normale correspond aux chiffres suivants : production journalière de fonte, 100 tonnes; production des laitiers, 100 tonnes; consommation de 100 tonnes de coke. Elle peut s'abaisser jusqu'à 70 tonnes pour les hauts fourneaux à allure rapide. Les gaz des hauts fourneaux sont dirigés dans des appareils récupérateurs qui permettent d'échauffer l'air des souffleurs à 700°. La plus grande partie de la fonte est immédiatement transformée en acier.

Sir Robert Hadfield disait que l'intérêt qu'il a apporté aux alliages de fonte et d'acier avait été provoqué à l'Exposition de 1878 à Paris, par les produits de Terre-Noire[2]. Ce fut en partie grâce aux recherches de ces usines qu'on put arriver à produire dans les hauts fourneaux de riches ferro-manganèses qui, au lieu de coûter £ 90 (2.250 francs) la tonne,

1. *The Times*, 10 juillet 1911.
2. *The Times*, 16 juillet 1913.

coûtent aujourdhui £ 8 ou (200 francs) ou £ 10 (250 fr.) la tonne.

Il citait le proverbe chinois disant que celui qui tient le fer du monde doit gouverner le monde : et alors ce serait la Chine qui, paraît-il, en a les plus grands dépôts de minerai. Mais il le rectifiait en disant : « Ce sont ceux qui comprennent le mieux les propriétés de ce métal qui seront les maîtres du monde métallurgique. »

J'ai montré la faible consommation du coton par broche dans la Grande-Bretagne. J'appelle l'attention sur les conséquences qui en résultent, telles que les a dégagées sir Charles W. Macara.

Pour l'industrie du coton, le gros facteur des variations de prix est le prix du coton en masse. Dans la Grande-Bretagne, la consommation du coton par broche est inférieure à la moitié de celle du continent et aux deux cinquièmes de celle des États-Unis, quoique un cinquième des broches employées pour le marché intérieur dans la Grande-Bretagne soit astreint à filer de gros numéros.

La part du travail dans la production est d'autant plus grande que la broche consomme moins de matière première, et *vice versa*.

En voici la conséquence : la variation du prix du coton en masse est quelquefois d'une année à l'autre de £ 100.000.000 (2.500 millions de francs). Or, l'industrie britannique, avec ses 55 millions de broches, ne consomme qu'un cinquième du coton produit dans le monde : elle n'est donc obligée de payer que le cinquième des 100 millions d'augmentation de prix. Les autres pays, qui ont 88 millions de broches et qui consomment les 4/5 de la récolte doivent payer £ 60.000.000.

Le progrès industriel consiste à obtenir le rapport inverse le plus grand possible entre la consommation des capitaux circulants et le rendement des capitaux fixes.

Pour la multiplication des capitaux circulants, l'effort est en raison inverse de la puissance des capitaux fixes.

La multiplication des capitaux circulants est en raison de la puissance des capitaux fixes.

Donc le producteur peut donner le produit à plus bas prix, puisque son prix de revient est moindre.

CHAPITRE III

LES SOUS-PRODUITS

Sommaire. — *L'utilisation des sous-produits.* — *L'utilisation des pulpes de betteraves.* — *Le goudron de houille.* — *La fuchsine.* — *L'alizarine.* — *La ruine de la garance.* — *L'indigo naturel et l'indigo synthétique.* — *Les sels d'ammoniaque.* — *La Standard-Oil et les sous-produits.* — L'utilisation des sous-produits abaisse le prix de revient du produit principal. Dans certains cas, elle peut donner des profits qui permettent de livrer le produit principal à son prix de revient et même au-dessous de son prix de revient.

Non seulement le perfectionnement de l'outillage et les progrès de l'industrie ont pour résultat l'économie des matières premières, mais ils ont pour résultat d'utiliser des sous-produits négligés précédemment.

Les fabricants de sucre avaient dédaigné pendant

longtemps de s'occuper des sous-produits[1]. Les Allemands ont commencé par l'utilisation rationnelle des pulpes de bettraves, la fabrication des fourrages sucrés à base de pulpe sèche, de mélasse, de tourbe, de tourteaux oléagineux. En France, la fabrication des fourrages mélassés a pris un large développement.

Aux États-Unis, l'industrie du sucre de betterave a envisagé le problème de l'utilisation des sous-produits.

Les fabriques vendent aisément leur pulpe sèche à des prix variant de 12 à 20 dollars par tonne (61 fr. 70 à 103 francs). Dans quelques sucreries, la pulpe sèche est mélangée avec de la mélasse.

En sucrerie de canne, l'utilisation des sous-produits était limitée jusqu'à ces dernières années à la transformation des mélasses en alcool et à l'emploi des écumes de défécation comme engrais; maintenant, certains planteurs préparent, à l'aide de bagasse moulue et de mélasse, un fourrage de valeur. A la Trinidad, M. L. Bert de Lamarre a réalisé avec succès la fabrication de pâte à papier à base de bagasse. A Java, des recherches ont été entreprises sur le problème de l'extraction de la cire de canne des résidus provenant de la défécation.

Le goudron de houille est une substance noire, qui constitue le résidu de la distillation sèche de la houille, c'est-à-dire de la fabrication du gaz d'éclairage. On y trouve des hydrocarbures, puis des corps qui renferment de l'oxygène, du soufre, de l'azote, une centaine de composés de diverses classes.

1. *Journal des fabricants de sucre*, 18 août 1909.
Yves Guyot. — L'industrie et les industriels. 4

Une tonne de houille donne en moyenne, dans la fabrication du gaz à éclairage, à peu près 52 kg. de goudron renfermant :

Hydrocarbures de la série du benzène.	1-1.5 %	= 520 à 780 gr.
Phénols.	2 %	= 1040, dont
Acide phénique pur.	0.5 %	= 260
Naphtaline.	5.6 %	= 2600-3120
Anthracène.	0.5 %	= 260

Pour retirer ces produits qui servent à la fabrication des colorants, à celle du benzène, de la naphtaline, de l'anthracène, des phénols, de la pyridine, les appareils à distiller dans le vide sont nécessaires et il faut un certain nombre d'opérations délicates.

Le succès a été tel que, vers 1880, on craignit de manquer de goudron produit par les usines à gaz. On chercha alors à en retirer de la préparation du coke métallurgique. On en obtint 34 kilogs environ avec une tonne de houille de qualité moyenne des districts de la Westphalie et du Rhin.

La matière première qui sert à fabriquer la matière colorante rouge, connue sous le nom de fuchsine est le benzène, l'hydrocarbure aromatique le plus simple que renferme le goudron.

« Ce produit, dit M. Frédéric Reverdin, se présente, à l'état pur, sous la forme de beaux cristaux à reflet métallique vert, rappelant par leur éclat la couleur des cantharides, mais ses solutions sont rouges. La fuchsine était fabriquée déjà en 1859, à Lyon, par les frères Renard, qui traduisirent, dit-on, leur nom en allemand pour

baptiser leur produit. Elle a valu, au début, jusqu'à
1.200 francs le kilogramme, mais en 1867 elle ne valait
déjà plus que 40 francs, et actuellement elle vaut environ
8 francs. En faisant réagir sur la fuchsine, qui est un
chlorhydrate, ou sur sa base, la « rosaniline », diverses
substances chimiques, telles que le chlorure de méthyle,
l'iodure de méthyle ou l'aniline elle-même, on la transforme en un beau violet rouge, en un colorant vert ou en
un colorant bleu, qui se distinguent de la fuchsine, non
seulement par leur couleur, mais aussi, bien entendu, par
leur composition chimique.

« Au lieu de partir de la fuchsine pour préparer ces
colorants variés, on peut de même les obtenir en transformant d'abord l'aniline en d'autres produits, comme la
« diméthylaniline », ou la « diéthylaniline », qui sont
également des huiles, et en les oxydant on produira du
violet susceptible lui-même de se métamorphoser, sous
certaines réactions, en d'autres couleurs.

« Avant de quitter l'aniline, disons encore que c'est
aussi cette substance qui, oxydée à l'état de sel sur la
fibre même, fournit du noir, et que la teinture de la soie
en noir par ce procédé constitue une branche très importante de cette industrie d'application; c'est grâce à
cette manipulation qu'on *charge*, quelquefois trop au gré
de l'acheteur, les tissus de soie. On voit, par ces exemples, qu'en partant d'une seule matière première, le benzène, on peut, en lui faisant subir des réactions relativement simples, arriver déjà à toute une série de colorants. Ceux dont nous venons de parler ne représentent
cependant qu'une très petite partie des innombrables
composés utiles que peut fournir l'hydrocarbure en question, ainsi que les autres substances contenues dans le
goudron de houille.

« Les chimistes ont cherché aussi à reproduire les
colorants connus qu'offrait spécialement le règne végé-

tal. Ils ont obtenu l'alizarine qui a remplacé la garance.

« La production annuelle de l'Allemagne, qui est à peu près sans concurrence pour la fabrication de l'alizarine artificielle, était estimée, il y a quelques années (vers 1900), à 2.000 tonnes à 100 p. 100; elle a augmenté très rapidement, puisque dans l'une des premières années, en 1871, on notait 15 tonnes seulement et, en 1873, 100 tonnes. Les prix, en revanche, ont baissé continuellement : l'alizarine qui valait, en 1870, 250 francs le kilo et, en 1873, 150 francs, ne se payait déjà plus, en 1878, que 29 francs et, en 1903, 7 fr. 50 seulement.

« La consommation annuelle de la garance exigeait autrefois 50 millions de kilos de racines renfermant de 1 à 1/2 p. 100 d'alizarine, ce qui correspondait à 60 millions de francs; la matière première de l'alizarine artificielle, qui vaut environ 65 centimes le kilo, se vendait en 1874, 11 fr. 25, et encore la marchandise fournie à cette époque ne renfermait-elle que 25 p. 100 d'anthracène pur, tandis que le produit livré aujourd'hui en contient 50 p. 100. En résumé, on emploie actuellement pour 20 millions de francs d'alizarine artificielle, soit le tiers de ce que l'on dépensait autrefois en garance naturelle, et il faut encore tenir compte du fait que la consommation a beaucoup augmenté.

« Les consommateurs n'ont pas à s'en plaindre, mais l'alizarine a ruiné la culture de la garance dans le département de Vaucluse et elle donne des profits presque exclusivement aux fabricants allemands. C'est très fâcheux pour nos compatriotes, producteurs de garance; mais il n'y a pas de droits protecteurs qui puissent empêcher de pareilles transformations industrielles. »

La fabrication de l'alizarine a provoqué la découverte de toute une série de nouvelles couleurs. L'indigo synthétique a remplacé l'indigo naturel.

Voici quelle a été la production des sous-produits de la houille en Allemagne :

1900.	36.504	12.000	77.088
1905.	98.990	19.800	247.475
1911.	244.567	53.941	550.275
1912.	300.105	60.404	675.236

En 1900, un des directeurs de la *Badische Anilin und Soda Fabrik* disait à la Société Chimique :

« On évaluait jadis la production annuelle de l'indigo à 125 millions de francs, mais aux prix actuels, relativement réduits, la production doit atteindre de 62 1/2 à 75 millions. »

La baisse s'est accentuée. Tandis que l'on comptait dans les Indes, de 1901 à 1906, une surface plantée en indigo de 617.000 acres, elle n'était plus, en 1907-1908, que de 328.500 acres; la diminution avait donc atteint, dans cette période relativement courte, près de 50 p. 100. La valeur des exportations de Calcutta, Madras et autres ports des Indes diminuait, pendant cette même période, de 60 p. 100 environ. Le Japon, qui importait autrefois une assez grande quantité d'indigo naturel, a, d'après une récente statistique, consommé en 1907 pour plus de 15 millions de francs d'indigo, sur lesquels 95 p. 100 à peu près sont constitués par l'indigo artificiel. Enfin, pour ce qui concerne l'Allemagne, tandis que le prix de l'indigo synthétique baissait progressivement et rapidement, puisqu'il était, en 1898, de plus de 1.000 francs la tonne et, en 1906, de 312 francs seulement, l'exportation passait, de 9 1/2 millions qu'elle était en 1898, à près de 40 millions de francs en 1906.

4.

La fabrication de l'aluminium, il y a trente ans, coûtait 150 francs le kilogramme : maintenant, elle coûte 2 francs et même 1 fr. 50. En produisant le nitrure d'aluminium, on arrivera à réduire à zéro son prix de revient.

On obtient le sulfate d'ammoniaque en saturant par l'acide sulfurique les eaux ammoniacales provenant de la distillation des houilles, et tout le monde en connaît l'importance comme engrais. Les autres sels d'ammoniaque sont employés dans la teinture, la médecine, etc.

Certains membres de l'*Industrial Commission* des États-Unis s'acharnaient à demander aux représentants de la *Standard Oil* quel était le prix de revient du pétrole.

Ils voulaient prouver qu'en certains cas, ils avaient vendu à perte pour ruiner des concurrents. Mais les représentants de la *Standard Oil* répondirent : « Vous ne tenez pas compte des sous-produits qui nous donnaient un bénéfice là où vous supposez que nous subissions une perte. »

Aujourd'hui, l'huile servant à l'éclairage n'est plus considérée que comme un sous-produit.

L'utilisation des sous-produits abaisse le prix de revient du produit principal. Dans certains cas, cette utilisation peut donner des profits qui permettent de livrer le produit principal à son prix de revient et même au-dessous de son prix de revient.

CHAPITRE IV

PROGRÈS DE L'UTILISATION DES MATIÈRES PREMIÈRES

Les minerais de fer phosphoreux. — La Homestake Mining Cº. — La chloruration et les minerais pauvres.

Les minerais de fer phosphoreux sont les plus abondants. Ils ne pouvaient être utilisés, jusqu'à ce que M. Gruner, professeur à l'École Centrale de Paris, eût trouvé le principe de la déphosphoration. Malgré ses efforts auprès de grands métallurgistes, il ne put en obtenir l'application qui fut réalisée par deux Anglais, Thomas et Gilchrist. Un des métallurgistes au refus duquel s'était heurté M. Gruner racheta 800.000 francs le droit d'exploiter les brevets qu'il aurait pu avoir pour rien ou à peu près.

Actuellement, le plus gros centre producteur de la France est l'Est avec 3.455.000 tonnes sur une production nationale de 4.950.000 en 1912, ou 70 p. 100.

En 1908, la Homestake Mining Cº, la plus grande usine d'or du monde, situé dans le South Dakota, broyant avec 900 pistons, 1.400.000 tonnes de minerais, a pu réduire les frais de traitement par le cyanure à 8 fr. 50 la tonne.

En Californie, avec la méthode hydraulique, on a fait des réservoirs contenant jusqu'à 30 millions de mètres cubes, des conduites de 500 kilomètres de longueur, le tout coûtant plus de 12 millions de francs.

Cette méthode consiste à démolir des collines d'alluvions aurifères, à l'aide de jets d'eau débitant jusqu'à 150.000 mètres cubes d'eau par vingt-quatre heures. Le prix de revient descend jusqu'à 0 fr. 10 et 0 fr. 15 par mètre cube de terrain traité. Une mine retire 0 fr. 155 d'or par mètre cube avec bénéfice[1].

Depuis 1887, la chloruration a été remplacée par le procédé de la cyanuration, inventé par M. Mac Arthur Forest, pour séparer l'or des métaux auxquels il est mêlé, de l'argent qui, dans certains minerais, atteint une proportion de 36 ou 38 p. 100, du cuivre, du fer, etc. Dans une mine importante et largement ouverte, on peut traiter des minerais contenant 12 francs d'or par tonne.

. En 1910, dans les mines du Transvaal, le fléchissement de la teneur a été le résultat de l'entrée en ligne de nouvelles mines à teneur modérée comme la *City Deep* et la *Randfontein central*, et il s'accentuera encore. Le rendement par tonne en moyenne a été de 28 fr. 55 sur lesquels il est resté un bénéfice de 13 fr. 30.

1. FERNAND MEYER.

Depuis 1907, on traite des boues valant 4 fr. 50 la tonne à l'aide de filtres-presses.

Le progrès industriel permet d'utiliser des matières premières inutilisées ou imparfaitement utilisées.

CHAPITRE V

LES CAPITAUX FIXES, L'ESPACE ET LE TEMPS

SOMMAIRE. — *Les moyens de transport.* — La consommation des capitaux circulants est en raison inverse de la puissance des capitaux fixes. — *Tarifs de transport.* — *Conversion des capitaux circulants en capitaux fixes.* — *Définition du progrès industriel.*

Mettre en contact des matières premières diverses avec un outillage, telles sont les conditions pour obtenir le produit. Mettre le produit en contact avec les consommateurs : telle est la besogne courante de l'industriel. Pour la remplir, il doit surmonter deux obstacles : l'espace et le temps.

Perdonnet, qui s'était spécialement occupé des moyens de transport, a donné les chiffres suivants :

L'homme ne pourrait porter que 30 ou 40 kilogrammes au maximum. Le cheval en porte 100 : trois fois plus. Ce cheval a coûté un élevage, un entretien, de la nourriture; mais ces avances sont remboursées par le travail du cheval, qui remplace dans la proportion indiquée ci-dessus celui de l'homme,

Puis l'homme fait une route qui lui coûtera des efforts, mais qui lui permettra de tirer un bien plus grand parti de son premier capital fixe : le cheval; celui-ci, au lieu de porter 100 kilogrammes, en traînera 1.000. Effort de l'homme de moins en moins grand pour un effet utile de plus en plus grand.

En 1840, les voitures de roulage pour le transport des marchandises faisaient tranquillement 3 à 4 kilomètres par heure. Marchant pendant huit heures, elles arrivaient à faire de 24 à 30 kilomètres par jour. Le roulage accéléré, il est vrai, ayant des relais, accomplissait des trajets de 65 à 70 kilomètres.

Les frais de construction des routes en empierrement pouvaient être évalués en moyenne à 20.000 fr. par kilomètre, les largeurs étant de 10 à 12 mètres entre les fossés. L'entretien annuel de la même longueur était de 500 francs.

D'une manière plus ou moins consciente, l'homme continue ce système. Il arrive à jeter 500.000 francs par kilomètre de chemins de fer. Ces 500.000 francs représentent, pour la plus grande partie, la consommation de houille, de fer, d'aliments, capitaux circulants, qui sont devenus des talus, des terrassements, des tunnels, des rails.

Cette dépense paraît folle : cependant, elle est raisonnable, puisqu'elle a diminué proportionnellement l'effort de l'homme. Avec une *quantité finie de travail, l'homme supprime une quantité indéfinie de travail.*

D'après un calcul aussi favorable que possible, un homme porte 30 kilogrammes et parcourt 30 kilomètres par jour; si l'on admet que l'homme dépense

3 francs par jour, le prix du transport revient à 3 fr. 33 la tonne kilométrique.

Un muletier peut conduire deux mules, portant chacune un poids de 75 kilogrammes et faisant chaque jour 30 kilomètres.

Le coût du transport se règle de la manière suivante :

Dépense de l'homme.	3 fr. »	par jour.
— des deux mules.	3 fr. 50	—
Amortissement (bêtes et harnais). .	1 fr. »	—
Total.	7 fr. 50	par jour.

En supposant 300 jours de travail pendant l'année, soit pour 2 mules, 3.150 tonnes kilométriques, le prix moyen de la tonne kilométrique ressort à 87 centimes.

M. Jacqmin, d'après une étude faite sur les prospectus des commissionnaires de roulage, pendant la période de 1834 à 1846, est arrivé aux chiffres suivants : la tonne kilométrique coûtait de 43 à 45 centimes et demi par roulage accéléré et de 23 à 28 centimes par roulage ordinaire. La moyenne de l'expédition était donc environ de 25 centimes par tonne kilométrique.

D'après la *Statistique des Chemins de fer* pour 1910, le prix de la tonne kilométrique revient à 4 centimes 14 pour les grandes compagnies, et le voyageur de 3ᵉ classe paie 2 centimes 93 ; c'est donc, relativement au roulage, une diminution de 90 p. 100, des neuf dixièmes.

Nous voyons là encore la confirmation de cette loi.

Le progrès industriel consiste à obtenir le rapport inverse maximum entre la consommation des capitaux circulants et le rendement des capitaux fixes.

Les capitaux circulants ont une tendance à se convertir en capitaux fixes.

CHAPITRE VI

LA LOCALISATION DES INDUSTRIES [1]

SOMMAIRE. — *Les cours d'eau et les filatures de coton en Angleterre. — Dispersion le long des cours d'eau. — Concentration par la vapeur. — Puissance attractive de la houille. — Atmosphère humide du Lancashire. — Changements de condition et permanence de l'industrie. — Le voisinage de la mer. — Avantages de grandes villes. — Exemple de Baldwin à Philadelphie. — La houille blanche. — Traditions de famille : la brasserie Tourtel. — Énumération des causes de localisation.*

Pourquoi les industries se trouvent-elles en tel et tel lieu et pourquoi pas dans tel ou tel autre?

Les industries se placent dans telle ou telle localité pour des motifs divers. Un chantier de constructions navales ne s'installe pas sur une montagne.

Des industriels qui, ayant besoin de houille et de coke, et se placent loin des mines, se trouvent dans un état d'infériorité à l'égard de ceux qui les ont à portée.

En Angleterre, la première manufacture, pourvue

---

1. D. BELLET, Mémoire sur *La concentration et la décentralisation industrielles et sur le transport des usines hors des grandes agglomérations.*

de machines mues par la force hydraulique a été installée au commencement du xviiie siècle à Derby, par Sir Thomas Lombe pour le moulinage de la soie. Dans la seconde partie du xviiie siècle, Arkwright, Crompton, Hargreaves fondèrent des filatures de coton qui présentèrent ce double caractère : éparpillement le long des cours d'eau; concentration du travail dans le même local.

Quand la vapeur remplaça la force hydraulique, elle donna au travail une régularité affranchie des variations provenant des crues et des sécheresses; elle concentra ces manufactures dispersées à la portée de la houille et des matières premières.

L'intégration du travail dans l'usine fut complétée par l'intégration d'un grand nombre d'usines dans une même ville[1].

Levasseur avait fait de nombreuses et intéressantes cartes économiques dans lesquelles il a montré les diverses productions des divers pays. Il y a maintenant de nombreux atlas qui ont reproduit des indications du même genre. Je citerai les atlas Harmsworst et Philipps. M. Vidal-Lablache a, dans une carte (n° 93), montré les diverses régions industrielles de l'Europe. La puissance attractive de la houille, non seulement sur les industries métallurgiques, mais encore sur les industries textiles, se voit d'un coup d'œil. Une bande industrielle s'étend des charbonnages du Pas-de-Calais jusqu'à Liège, par Valenciennes, Mons et Charleroi.

M. Jean Brunhes a insisté, dans *La Géographie*

1. HERBERT SPENCER, *Principles of sociology*, t. iii, liv. III, ch. xviii, compound free trade, § 819.

humaine, sur les modifications que l'exploitation de la houille a apportées dans la répartition des populations. Elle a déplacé les civilisations et les influences. C'est elle qui fait l'Allemagne contemporaine, dont l'activité se concentre dans la Westphalie et dans la Province Rhénale.

Le succès de la filature de coton dans le Lancashire tient en grande partie à l'humidité de son atmosphère. Elle permet de filer à Bolton des numéros fins auxquels on n'atteint, dans d'autres pays, que par des saturations de vapeur; on calcule que l'avantage qui en résulte représente au moins 7 p. 100, relativement aux filatures de la Nouvelle-Angleterre.

On porte des États-Unis ou des Philippines du tabac en Égypte pour y fabriquer des cigarettes afin que la sécheresse du climat en préserve l'arome.

Telle industrie peut rester dans une localité alors qu'une des causes qui l'y ont fait installer a disparu. Birmingham s'est installée pour avoir à portée du minerai de fer et du charbon provenant des forêts qui s'étalaient dans la plaine arrosée par les rivières de Trent, de Severn et d'Avon. En 1607, Camben parle de la ville retentissant du bruit des marteaux sur les enclumes. Or la houille fut pour la première fois employée à la fonte par Dud Dudley, fils de lord Dudley, en 1619. Mais c'était un secret qui disparut avec lui.

La destruction des forêts n'a pas entraîné la disparition de Birmingham.

On a établi des minoteries à Minneapolis pour utiliser les chutes du Saint-Anthony sur le Mississipi. Cette force motrice manquant de régularité et les minoteries se développant, elle n'a plus joué qu'un rôle accessoire : mais l'agriculture du Minnesota et du Dakota, fournissant des blés, Minneapolis est resté un grand centre de meunerie, quoique la première cause qui avait déterminé sa formation ait disparu.

Tous les centres manufacturiers de l'Angleterre sont à proximité de la mer. Aucun n'est à plus de 120 milles. Cependant les établissements métallurgiques dans le West-Riding du Yorkshire, du Staffordshire, du Shropshire ont été transportés à la côte. Newport les a attirés du Midland.

Les usines de la Westphalie et de la Province Rhénale ont une magnifique voie navigable, le Rhin; mais elles sont à 3 ou 400 kilomètres de la mer. Cette distance est une surcharge.

On parle beaucoup de cités-jardins et de transportation d'industries à la campagne.

M. A. Shadwell raconte l'histoire d'une de ces mondaines qui, pour varier leurs occupations, s'engagent dans des œuvres sociales. Elle avait pris pour but de son activité les jardins ouvriers, la vie des ouvriers à la campagne, et, pour célébrer le succès de ses efforts, elle ne trouvait pas de terme plus caractéristique que de dire : « Nos groupements deviennent des villes[1]. »

On peut mesurer la civilisation d'un pays d'après le développement de ses villes.

Tout peuple parle avec admiration de l'augmentation de la population de ses villes.

1. *Industrial efficiency*, édit. 1909, p. 43.

En dépit des bucoliques, beaucoup d'industriels préfèrent les villes, quoique les frais de toute nature, y compris les salaires, y soient plus élevés; mais ils considèrent que le personnel qu'ils y trouvent est plus capable au point de vue technique et est plus susceptible d'un coup de collier que le personnel moins payé qui reste à la campagne.

Ce personnel est aussi plus mobile, et cette mobilité, qui peut avoir des inconvénients dans certains cas, a de grands avantages dans d'autres. Quand je visitais, en octobre 1904, les grands établissements de Baldwin, à Philadelphie, on me dit que depuis six mois ils n'avaient pas reçu une seule commande de locomotives et qu'ils avaient dû congédier 10.000 ouvriers sur 18.000. Ce renvoi avait pu s'opérer sans provoquer une crise dans le personnel ouvrier parce qu'il avait eu lieu dans une grande ville. Il en eût été autrement s'il avait eu lieu dans une campagne; à plus forte raison, s'il s'était appliqué à un personnel logé et plus ou moins propriétaire de ses habitations.

La houille blanche peut avoir de grands avantages; mais la force motrice ne suffit pas pour constituer une industrie : il faut que l'usine soit accessible aux matières premières, ait des débouchés faciles et de la main-d'œuvre à sa disposition. Des chutes d'eau en montagne ne remplissent pas ces conditions. Elles ne peuvent être surmontées, dans une certaine mesure, que par le transport de la force à distance.

Quelquefois le choix est inspiré par des traditions de famille. Le fondateur de la maison Tourtel n'était qu'un petit brasseur. Il était installé dans un endroit

sans eau que probablement il n'avait pas choisi. Au
fur et à mesure que la brasserie Tourtel a grandi, le
besoin d'eau est devenu plus impérieux. Elle a dû
faire des dépenses considérables pour en amener :
mais les messieurs Tourtel ont préféré les faire
plutôt que d'abandonner le lieu de fondation de la
brasserie.

La spécialisation de l'industrie conduit à la localisation, et c'est là un argument décisif contre le protectionnisme.

Les causes qui déterminent telle ou telle entreprise à s'installer ici plutôt que là sont :

1º Proximité des matières premières pouvant être
transformées en marchandises;

2º Proximité des forces motrices : moulins à vent ou
chutes hydrauliques;

3º Proximité de telle matière première plutôt que
de telle autre : haut fourneau situé sur le minerai
ou haut fourneau situé sur la houille;

4º Proximité de la main-d'œuvre : quantité, qualité
et prix;

5º Proximité du débouché;

6º Raisons psychologiques qui sont souvent des
facteurs perturbateurs des conditions économiques.

CHAPITRE VII

LES RENDEMENTS DÉCROISSANTS

SOMMAIRE. — *Loi subjective.* — *M. de Bœhm-Bawerk.* — *Les faits et la théorie.* — *Le maraîcher de Paris.*

On a donné le nom de « loi des rendements décroissants » à l'affirmation suivante :

« Des quantités croissantes de capital et de travail appliquées à une terre donnée ne procureront, au delà d'une certaine limite, que des augmentations de moins en moins fortes du produit, de telle sorte que ces augmentations deviennent inférieures aux augmentations correspondantes des frais de production. Si l'on consacre 100 francs de frais à la mise en valeur d'une terre, dont on retire ensuite 100 unités de produit, et que, doublant ensuite le capital, on y dépense 200 francs, le produit augmentera, mais il ne doublera pas ; il sera, par exemple, de 180 unités, non de 200. Si l'on porte le capital à 300 francs, on aura une augmentation du produit encore moindre, 70 unités par exemple, soit en tout 250 ; et ainsi de suite. »

Cette théorie a joué un grand rôle dans la théorie de la rente de Ricardo et dans la théorie de la population de Malthus.

« En 1909, la *Verein für Sozialpolitik* ayant mis à l'ordre du jour de son congrès à Vienne la question de la productivité de l'agriculture, les deux rapporteurs émirent deux opinions opposées. L'un d'eux, Ballod, était partisan de la preuve expérimentale, et comme celle-ci, d'après les recherches du Prof. Waterstradt, paraissait témoigner contre la valeur de la loi des rendements décroissants, il émettait à son égard des doutes sérieux. L'autre, Esslen, considérait au contraire la loi comme « irréfutable », en se fondant sur des déductions tirées des dernières données de la chimie agricole et de la physiologie végétale. »

Le célèbre économiste autrichien, M. de Bœhm-Bawerk demande : « N'est-il pas curieux qu'il faille, après des siècles d'expériences agricoles, douter et discuter sur un point aussi essentiel?[1] »

N'est-ce pas tout simplement parce que la question est mal posée? M. de Bœhm-Bawerk dit :

« Il n'est pas douteux que dans tout pays ayant une densité de population moyenne, on ne met pas seulement en culture les terres les plus productives, mais aussi des terres moins fertiles. Que conclure de ce fait? Ceci : ou bien la loi des rendements décroissants est vraie, ou bien tous les agriculteurs sont des insensés. Car si la loi des rendements décroissants n'était point vraie, ils auraient

1. *Quelques remarques peu neuves sur une vieille question* (*Revue internationale de Sociologie*, 1912).

avantage à accroître les dépenses faites sur les terres les
plus fertiles, et ils accroîtraient ainsi le produit dans la
même proportion que la dépense. Ou, sous une autre forme,
il serait incompréhensible, si les terres moins fertiles sont
déjà cultivées en fait, que les produits des terres plus fertiles, moins coûteux que les produits des premières,
n'éliminassent pas ceux-ci du marché, au cas de libre
concurrence, par leur moindre prix.

Or, M. de Bœhm-Bawerk part de cette idée que
l'humanité commence par cultiver les terres les plus
fertiles. Les observations de Carey ont démonté qu'il
en était autrement. Les terres les plus fertiles le sont
pour elles[1] : et l'homme faible et isolé ne peut songer
à les défricher.

En France l'extension des terres labourables est
insignifiante : cultiver des sous-sols imperméables,
c'est se ruiner inutilement. Il vaut beaucoup mieux
engager dans la culture des terres arables tous les
capitaux nécessaires. En France, la moyenne de la
production par hectare est de moins de 14 quintaux
de blé, et cependant nous avons des rendements de
35 quintaux à l'hectare et plus.

M. de Bœhm-Bawerk dit :

« Si la loi des rendements décroissants n'était point
vraie, il devrait être possible, en augmentant d'une
quantité quelconque la dépense sur un même fonds, d'augmenter aussi à volonté le produit d'une quantité quelconque, *ad infinitum.* »

1. V. YVES GUYOT, *La propriété. La Science économique,* 4ᵉ édit.,
p. 266.

Pas du tout. Il ne s'agit pas « d'augmenter une dépense » quelconque, il s'agit d'augmenter le rendement avec un minimum de dépense.

Pour tel maraîcher de Paris et des environs, le terrain n'est qu'un support. Il renouvelle plusieurs fois par an. le sol producteur. Sa dépense est limitée par le temps nécessaire aux plantes pour arriver à maturité; mais il peut dépenser dix fois plus que l'agriculteur qui obtient cependant ses 35 quintaux à l'hectare.

Cette loi des rendements décroissants n'est qu'une conception subjective.

LIVRE III

LE CAPITAL ET L'INDUSTRIE

CHAPITRE PREMIER

DU RÔLE DU CAPITAL

Sommaire. — Toute entreprise industrielle a pour origine et pour objet une opération financière. — *Terme générique de capital.* — *L'expression comptable.* — *Définition de Courcelle-Seneuil.* — *Le capitalisme.* — *John Stuart Mill : l'industrie est limitée par le capital.* — *La conception du gâteau.* — *Le fonds des salaires.* — *Le capital n'est qu'une avance.* — Tout établissement industriel qui vit sur son capital se ruine.

Toute entreprise industrielle a pour origine et pour objet une opération financière : car il n'y a pas de production sans dépense préalable. Tout producteur est d'abord consommateur, consommateur d'outillage, consommateur de matières premières; il doit faire l'avance de son temps et de son travail; il doit

faire l'avance des salaires qu'il paie aux employés
et ouvriers nécessaires.

C'est à ces avances qu'on donne le nom générique
de *capital* qui est employé dans la comptabilité et
qui exprime la somme des utilités existant au moment
de tout inventaire initial.

Dans le langage propre aux banques, le mot capitaux signifie, comme le dit M. Courcelle-Seneuil[1],
« une somme de valeurs qui peut changer de forme
sans peine et est complètement indépendante des
substitutions qui peuvent être opérées dans le cata-
logue des objets dont les valeurs particulières, ajou-
tées les unes aux autres, forment cette somme... Dans
le langage ordinaire des affaires, les valeurs exprimées
en monnaie sont considérées comme les capitaux
par excellence et prennent seules l'appellation commune de capitaux ». Mais il n'est nullement nécessaire que la monnaie intervienne elle-même directement ou immédiatement.

Les socialistes de la chaire donnent volontiers à
la phase industrielle actuelle le nom de « capitalisme ». Ils le caractérisent comme un certain état
des relations juridiques dans lequel les activités
économiques sont subordonnées au capital en quête
de profit[2]. Nous ne sommes pas encore arrivés à cette
phase : car nous voyons partout des activités économiques en quête de capital.

De la nécessité des avances dérive la formule à
laquelle John Stuart Mill a donné l'autorité de son

1. *Traité des opérations de banque*, p. 20 et 46.
2. BOURGUIN, *Le Socialisme*.

nom : « L'industrie est limitée par le capital » (ch. v).

Elle est exacte au début de toute industrie.

Un fonds est nécessaire pour faire l'avance des achats indispensables : terrains, constructions, travaux, outillage, achat de matières premières, paiement des salaires.

Mais John Stuart Mill et un certain nombre d'économistes ont eu la conception suivante : — Ils ont transformé le capital de l'industrie en une sorte de trésor, contenu dans la cassette d'un Harpagon social. Alors chacun en prenait sa part selon ses besoins. C'est ainsi qu'ils constituaient le fonds des salaires et qu'ils en arrivaient à cette idée que celui qui avait un fort salaire dérobait une partie des salaires des autres.

Cette conception du gâteau à partager est une transposition de la table de famille à la vie économique mobile de l'ensemble des individus.

Depuis le travail de Walker, en 1869, sur le fonds des salaires, elle a à peu près complètement disparu des discussions et des théories économiques.

Mais le capital entre pour une part de plus en plus grande dans la production au fur et à mesure que l'outillage remplace la main-d'œuvre.

Un capital est nécessaire pour constituer une industrie, mais ce n'est qu'une avance.

Tout établissement industriel qui vit sur son capital est condamné à la ruine.

Le consommateur du produit rembourse plus ou moins rapidement les frais de premier établissement; il rembourse les matières premières employées; il rembourse les salaires payés. Il y ajoute une rémuné-

ration qui constitue le profit : et souvent, c'est *la rémunération donnée par le consommateur qui constitue
le capital de l'industrie.*

Le capital peut avoir trois origines : Il peut appar-
tenir complètement â l'industriel. C'est le cas de la
petite industrie.

L'industriel a pu ajouter à son capital personnel un
capital prêté par des commanditaires.

Enfin, les grandes entreprises sont constituées par
des sociétés concentrant, sous forme d'actions et
d'obligations, des capitaux qui peuvent être répartis
entre de nombreux porteurs.

CHAPITRE II

LE CAPITAL DES CHARBONNAGES FRANÇAIS[1]

OMMAIRE. — I. Une concession de mine, c'est le droit pour celui qui l'obtient d'y engloutir des capitaux à ses risques et périls. — *Le capital de certaines houillères.* — *Comment s'est constitué le capital d'Aniche.* — *Évaluation du capital de l'industrie houillère.* — *40 francs par tonne.* — *Une concession payante sur quatre.* — *Lens et Bruay.* — *La constitution du capital par les bénéfices.* — *Des réserves au lieu de dividendes.* — *Les obligations.* — II. *Parallèle de la mine de Lens et de Harpener.* — *Différence de méthode.* — *Progression continue de Lens.* — *Variations de la Harpener.* — *Résultats.* — *Harpener et les banques.* — *De 900.000 fr. à 158 millions.* — *Le capital, c'est l'épargne.*

Dans les préjugés populaires, on s'imagine qu'une concession de mine est une fortune assurée à celui qui l'obtient : en réalité, c'est le droit pour celui qui l'obtient d'y engloutir des capitaux à ses risques et périls.

Les partisans de la confiscation partielle ou totale, de la nationalisation plus ou moins hypocrite des

1. H. de PEYERIMHOFF.

mines, ne cessent de comparer les bénéfices des mines à leur capital initial[1], qui, en effet, est insignifiant. Pour vingt mines ayant produit 28.941.000 tonnes de houille en 1908, il y en a huit : Aniche, Anzin, Dourges, Lens, Nœux, Montrambert, Grand'Combe, Carmaux, dont le capital n'a pas de valeur nominale.

Le capital de Béthune est de 3 millions; celui de Bruay, de 1.040.000 francs; celui de Courrières, de 6 millions; de Douchy, de 3.644.000 francs; de l'Escarpelle, de 2.887.000 francs; de Marles, de 9.916.000 fr.; de Liévin, de 2.100.000 francs; de la Loire, de 8 millions; de Roche-la-Molière, de 3.500.000 francs; de Saint-Étienne, 8 milions; de Blanzy, 15 millions; de Ferfay-Gauchy, 2.625.000 francs.

Dans un rapport, M. G. Vuillemin, administrateur de la Compagnie d'Aniche, a montré comment s'est constitué le capital des mines en France.

« Fondée en 1773 par le marquis de Trainel, la Compagnie des mines d'Aniche, après cinq ans de travaux infructueux, découvre enfin la houille en 1778. Cette découverte fait naître les plus grandes espérances; ses deniers sont vendus à 5.000 francs et à 8.333 francs, alors qu'il n'a été versé que moins de 1.000 francs.

« De 1773 à 1846, en soixante-treize ans, la totalité des profits ne s'éleva qu'à 636 fr. 57 par denier. Cependant l'exploitation produisit annuellement, de 1810 à 1838, de 230.000 à 370.000 hectolitres ou de 24.000 à 38.000 tonnes. Elle réalisait quelques

1. Yves Guyot, 4.

bénéfices qui étaient absorbés par l'entretien et le renouvellement des vieux travaux ou de l'outillage et par des explorations en dehors de la concession.

« L'extraction, qui était tombée à 19.000 tonnes en 1840, atteint le chiffre de 85.000 tonnes en 1846. On réalise des bénéfices qui permettent de faire face aux travaux de développement et de distribuer des dividendes.

« Les travaux, qui étaient restés concentrés à Aniche, s'étendent dans les environs de Douai où l'on avait découvert la houille grasse en 1852.

« En 1855, on adopte un vaste programme de travaux qui s'exécutent successivement et auquel on consacre des sommes considérables, mais qui sont prélevées entièrement sur les bénéfices[1]. »

Ainsi les actionnaires de la Compagnie d'Aniche se sont contentés pendant soixante-treize ans d'un dividende très faible : et quand ils sont arrivés aux grands bénéfices, au lieu de les répartir en dividendes, ils en ont consacré la plus grande partie à la mine. On peut dire que l'histoire d'Aniche est le type de presque toutes les compagnies houillères.

Quels chiffres représentent les immobilisations ainsi réalisées des compagnies houillères? « On peut évaluer à 40 francs les frais de premier établissement d'un charbonnage par tonne extraite[2]. »

C'est un chiffre qu'on ne peut évaluer que par des procédés indirects : car l'évaluation du capital de premier établissement est très difficile, pour plusieurs

1. E. VUILLEMIN.
2. M. COUVIOT (1904). L'industrie houillère, V. PEYERIMHOFF.

motifs, entre autres parce que toutes les mines n'ont pas adopté la même classification et les mêmes méthodes comptables.

En multipliant par 40 francs les 41 millions de tonnes extraites en 1912, nous avons 16 milliards et demi.

Mais ce chiffre est trop faible, car, à côté des concessions qui ont réussi, il y en a qui ont dévoré des capitaux sans jamais en tirer profit et qui ont dû renoncer à leur exploitation : sur 641 concessions françaises de charbonnages, au 31 décembre 1910, 298 étaient exploitées. Les autres avaient été abandonnées.

Jusqu'en 1908, la *Statistique de l'industrie minérale* distinguait entre les concessions en bénéfices et celles qui ne l'étaient pas. Comme ce tableau gênait la politique socialiste, il a été supprimé depuis cette époque. A cette dernière date, sur les 320 concessions exploitées, 172 seulement, soit 56 p. 100, un peu plus de la moitié, étaient en bénéfice. « Il y a, dit M. Peyerimhoff, une concession payante sur quatre » : ce qui confirme ce que je disais au commencement de ce chapitre : *une concession de mine est le droit, pour celui qui l'obtient, d'y engloutir des capitaux à ses risques et péril.*

La plupart des immobilisations ont disparu des écritures des compagnies au fur et à mesure de leur amortissement.

Si les compagnies avaient été prodigues, elles n'auraient pas fait de réserves. Les actionnaires auraient reçu en dividendes la plus grande partie des bénéfices au moment où ils se seraient produits. Quand ils auraient eu besoin de capitaux, ils auraient émis de nouvelles actions et grossi par conséquent leur capital; ils auraient émis des obligations, pratique suivie par certaines compagnies houillères depuis peu d'années.

Voici le tableau (V. p. 94 et 95) des compagnies qui ont émis des obligations. Il contient à la fois le nombre des obligations empruntées et celui des obligations remboursées, le chiffre du capital emprunté et le chiffre du capital restant à rembourser au 31 décembre 1912.

Les houillères suivantes n'avaient point d'obligations en circulation au 31 décembre 1912 :

Albi, Anzin, L'Arc, Prades et Sumène, Bert et Montcombroux, Bessèges, Blanzy, Bruay, Carmaux, Carvin, Champagne, La Chapelle-sous-Dun, Douchy, Épinac, Faymoreau, Gagnières, Gouy-Servins, La Grand'Combe, Haute-Loire, Lalle, Lens, Ligny-lez-Aire, Manosque, Messeix, Meurchin, Montigné, Montrambert, La Béraudière, La Mure, Notre-Dame-de-Vaulx, La Péronnière, Perrecy, Portes et Sénéchas, Le Reclus, Roche-la-Molière et Firminy, Saint-Chamond, Saint-Étienne, Valledonne, Villebœuf, Vimy et Fresnoy.

La Société des Mines de Lens a été fondée en février 1852, avec un capital social sur lequel il n'a été versé que 900.000 francs. Ce capital initial est un argument pour les partisans de la nationalisation des mines. Mais les Mines de Lens font connaître dans leurs rapports leur compte de premier établissement. Le rapport présenté à l'assemblée des actionnaires de Lens en 1910 disait :

COMPAGNIES	EMPRUNTS ÉMIS					REMBOURSE-MENT	RESTE A REM... au 31 décembr...	
	Date.	Nombre des obliga-tions.	Valeur nomi-nale.	Taux.	Capital emprunté.	Nombre des obligations remboursées.	Nombre des obliga-tions.	Valeur nominale.
Albi..............	{ 1891	2.100	500	5	1.050.000	2.100	»	»
	1906	5.000	500	4	2 500.000	5.000	»	»
Aniche.............	1898	8.000	500	4	4.000.000	2.800	5.200	2.600.000
	1904	12.000	500	4	6.000.000	300	11.700	5.850.000
	1906	12.000	500	4	6.000.000	»	12.000	6.000.000
Béthune.............	1877	10.000	500	3	5.000.000	3.181	6.819	3.409.500
	1903	8 500	500	4	4.250.000	826	7.674	3.837.000
	1905	16.750	400	3,75	6 700 000	»	16.750	6.700.000
	1912	20.000	500	4	10.000.000	»	20.000	10.000.000
Bouches-du-Rhône	1892	4.000	500	5	2.000.000	2.112	1.888	944.000
Bourbon–Saint-Hilaire...	1898	Emprunt hypothécaire.			319 500	(50.000°).		269.500
	1900	2.236	100	5	233.600	600°°	1.736	173.600
Charbonnages du Centre.	»	1.200	500	4,5	600.000	»	1.200	600.000
La Clarence............	1903	2.500	500	4	1.250.000	261	2.239	1.119.500
Courrières........	1910	16.000	500	4	8.000.000	»	16.000	8.000.000
Crespin-Nord.........	1895-6	2.999	500	5	1.499.500	60	2.939	1.469.500
Bourges..............	1907	11.500	500	4	5.750.000	»	11.500	5.750.000
	1909	2.500	500	4	1.250.000	»	2.500	1.250.000
	1911	10.000	500	4	5.000.000	»	10.000	5.000.000
Drocourt.........	1905	8.000	500	4	4.000.000	»	8.000	4.000.000
	1911	16.000	500	4	8.000.000	»	16.000	8.000.000
						2.197		
l'Escarpelle............	1892	4.000	500	4	2.000.000		1.803	901.500
	1904	12.000	500	4	6.000.000	»	12.000	6.000.000
	1906	8.000	500	4	4.000.000	»	8.000	4.000.000
	1909	4.000	500	4	2 000.000	»	4.000	2.000,000
Ferfay-Cauchy..........	1903	3.500	500	4,20	1.750.000	»	3.500	1.750.000
	1910	4.000	500	4	2.000.000	»	4.000	2.000.000
Flines-lez-Raches.......	1898	3.000	500	4	1.500.000	167	2.833	1.416.500
Graissessac............	1898	1.028	1.000	3,75	1.028.000	60	968	968.000
La Haute-Cappe..........	1905	1.000	500	5	500.000	150	850	425.000
Manon-Terrenoire........	1909	2.000	500	5	1.000.000	»	2.000	1.000.000
Liévin...............	1906	10.000	500	4	5.000 000	240	9.760	4.880 000
	1907	6.000	500	4	3.000.000	200	5.800	2.900.000

« Les travaux neufs de l'exercice 1908-1909 se sont élevés à 6.885.000 francs, amortis sur les bénéfices de l'exercice, ce qui porte le chiffre total des immobilisations effectuées depuis l'origine de la Société, grâce au versement initial des actionnaires et aux fonds constitués d'année en année, à la somme de 123 millions 44.000 francs. »

Le rapport pour 1911 évaluait le capital au 31 juillet 1911 à la somme de 141 millions, à laquelle il y a lieu de joindre 17 millions d'approvisionnements de toute nature. Sur ce chiffre de 158 millions, le dividende de 12.600.000 francs ressort à 8 p. 100.

La mine de Bruay fut fondée en 1852, avec un capital de 3 millions sur lequel il a été versé 1.040.000 francs par un banquier de Dinan, M. Fournier, qui tomba en déconfiture. Elle ne publie pas, comme Lens, son compte de premier établissement; mais elle a suivi le même système : ses actionnaires ont constitué leur capital avec leurs bénéfices au lieu de les distribuer au fur et à mesure. Proportionnellement au tonnage produit, Bruay doit représenter un capital de 120 millions, son dividende étant de 13 millions, il ressort à un peu plus de 11 p. 100. C'est le taux le plus élevé des charbonnages français.

II. — Dans son étude sur les charbonnages français, M. de Peyerimhoff met en parallèle la manière dont on comprend la direction des mines en France et en Allemagne. Il prend comme type les mines de Lens et *Harpener Bergbau Aktien Gesellschaft* pour la Westphalie. Chacune représente la plus forte production de son pays. Lens a été fondée en 1852, la *Har-*

pener en 1856. Les deux mines fournissent dans leurs rapports des renseignements plus complets que les autres. Voici le résultat :

Lens, avec son capital initial de 900.000 francs a produit en 1911 3.643.000 tonnes.

Harpener a dû appeler 85 millions de marks pour produire 7.537.000 tonnes.

Au début, la concession de Lens a été apportée gratuitement à la société exploitante : celle de Harpener a été achetée 1.350.000 marks, près de la moitié du capital initial.

La dépense de premier établissement semble avoir été proportionnellement la même. Le chiffre, environ 43 francs pour Lens et de 46 francs pour *Harpener*, ressort pour l'ensemble des dépenses de premier établissement et de fonctionnement.

Nous avons dit que le compte de premier établissement des mines de Lens s'élevait à 141 millions au 1er juillet 1911, auquel il faut ajouter 17 millions pour les approvisionnements divers. La *Harpener Gesellschaft* ne fournit les dépenses au compte de premier établissement que depuis 1893. Elles ont atteint à cette date 204.609.000 marks. Si l'on observe que la production de 1892 était de 2.900.000 tonnes, il peut être admis que le capital antérieurement engagé ne devait guère être inférieur à 80 millions de marks, soit 100 millions de francs : au total, il serait donc de 355 millions de francs.

Relativement à la production de charbon, les deux capitaux sont à peu près égaux. Seulement voici comment ils ont été obtenus.

Lens inaugura ses répartitions cinq ans après le

commencement de son exploitation, par 10 p. 100 du capital nominal et 33 p. 100 du capital versé. Depuis il n'y a pas eu une interruption dans les dividendes, il n'y a eu que trois reculs; celui de l'exercice 1870, ceux des deux grandes crises charbonnières de 1875-79 et de 1893-97, dont les chutes ont été de 50 p. 100 pour la première et de 20 p. 100 pour la seconde. Dans l'ensemble, une hausse de 4.000 p. 100 par paliers constants de 10 p. 100, un seul s'étant élevé de 50 p. 100. La répartition globale a été de 2 fr. 50 par tonne. Elle n'est jamais tombée au-dessous de 1 franc et ne s'est jamais élevée au-dessus de 5 francs.

Harpener fit également sa première distribution au bout de cinq ans; il distribua 2 p. 100, mais dut ensuite attendre deux ans pour faire une seconde répartition de 5 p. 100. De 1863 à 1871, la production double; mais le dividende (1864) passe de 165.000 marks à 1.980.000 (1872). Lens distribuait 5 francs par tonne, *Harpener* 7 marks. Mais au bout de trois ans, son dividende était suspendu. Il a subi quatre suspensions complètes, dont une de quatre ans. Mais de 450.000 marks en 1888 le dividende passa à près de 4 millions en 1889 et à 6 en 1890. Seulement de 1890 à 1893, le dividende tomba à 900.000 marks.

La politique prudente de Lens a obtenu les résultats suivants :

Pour une production de 125 millions de tonnes, supérieure d'un peu moins de 50 p. 100 aux 84 millions de Lens, *Harpener* a distribué 126 millions de marks, soit 25 p. 100 de moins que les 208 millions de Lens. C'est environ 1 fr. 25 la tonne au lieu de 2 fr. 50.

Harpener pour l'exercice 1911-1912 :

Harpen, pour l'exercice 1911-1912, a distribué	M.	7.650.000
Et réengagé		13.602.000
Ce qui fait ressortir un total de	M.	20.602.000
	ou fr.	25.750.000
Lens a distribué	Fr.	12.600.000
Et réengagé		10.000.000
Soit un total de	Fr.	22.600.000

Harpener, pour une production double de Lens, aurait gagné seulement 15 p. 100 de plus. L'écart est encore plus large si on en vient aux sommes distribuées. *Harpener*, avec sa production double, ne répartit même pas les trois quarts du dividende de Lens. Lens est sur le point d'avoir exécuté le plus important de son programme de mise en valeur, et sa réserve lui a permis de prendre des participations industrielles sans amoindrir la part de ses actionnaires.

Harpener dû procéder à dix-sept augmentations successives de capital pour s'élever de M. 3.300.000 à 85 millions. Il faut y ajouter plus de 20 millions d'obligations non amorties.

En admettant, conclut M. de Peyerimhoff, que l'actionnaire primitif eût voulu conserver sa part intacte dans l'affaire, il eût dû, les actions nouvelles supposées émises au pair, reverser les deux tiers des dividendes perçus : et comme ces émissions se sont faites en général à des époques favorables et à des cours supérieurs à la valeur nominale, il faut admettre que les

souscriptions ou achats correspondants auraient
absorbé et au delà, toutes les répartitions.

En fait, l'actionnaire primitif n'a pas eu cette constance. Il a fallu faire appel à de nouveaux capitaux. Les
récentes augmentations se sont réalisées sous la
forme d'émissions garanties : un consortium d'établissements de crédit a pris tous les nouveaux titres pour
les repasser au public à un taux dont l'écart avec le
prix d'achat (5 p. 100) représentait la commission.
Les actionnaires anciens ont joui d'un droit de préférence, mais au taux du public, non à celui des
garants. La compagnie est virtuellement sous le
contrôle des grandes banques.

Un tableau permet la comparaison complète de
l'histoire de Lens et de Harpen.

L'action de *Harpener* a coté, en 1873, 408 marks;
en 1874, 387. Elle n'a jamais revu ces cours. En 1877,
elle était à 83. Elle est actuellement à 186, à peine la
moitié du cours de 1872 et de 1873.

L'action de Lens dont 300 francs ont été versés
valait en 1911 121.800 francs; elle vaut actuellement
160.000 francs.

Premier établissement, fonds de roulement, travaux neufs, réserves, participation, tout a été pré-
levé sur les bénéfices. Le calcul des intérêts composés nous enseigne comment une somme initiale de
900.000 francs a pu former le capital de 158 millions,
actuellement engagé dans la mine. Il suffit qu'elle
ait été enrichie, pendant tout le cours de cette
période, du produit capitalisé de ses intérêts à 9,895
p. 100. Un tel prélèvement réduirait à coup sûr forte-
ment son dividende de 12 millions et demi. Il a été

certainement dépassé dans les périodes favorables
du début, où l'exploitation se faisait à moindres frais;
et il a été exercé avec une prévoyance et une énergie
qui apportent à ses actionnaires une rémunération
très supérieure aux sacrifices qu'ils ont consentis.

Il est vrai que ce ne sont plus les mêmes. Il y a peu
de survivants parmi les actionnaires du début : mais,
probablement, on trouve, parmi les actionnaires
actuels, un bon nombre de leurs descendants. Au lieu
de vouloir jouir immédiatement de leurs bénéfices,
les actionnaires de la première heure les ont laissés
dans l'affaire, il les y ont accumulés : c'est au capital
des mines françaises que s'applique la définition : « Le
capital, c'est l'épargne. »

CHAPITRE III

LE CAPITAL ET L'INDUSTRIE MÉTALLURGIQUE

SOMMAIRE. — *Situation de quelques usines métallurgiques.—*
Amortissements et réserves. — *Capital constitué avec les*
bénéfices. — *Déclaration de M. Cavallier.* — *Nancy.* —
La succursale de la Banque de France.

Par industrie métallurgique, nous n'entendons que
les producteurs de fonte, de fer et d'acier, matières
premières, pour d'autres industries, de rails et de
quelques autres produits très simples.

Voici la situation financière de quelques établissements.

On voit les réserves considérables de tous ces établissements. (V. tableau, p. suiv.)

Mais ce tableau est loin de faire ressortir tous les
amortissements et réserves auxquels ont procédé ces
établissements dans le but de supprimer les comptes.
On ne trouve pas les amortissements prélevés anté-

SOCIÉTÉS	DATE DU BILAN	CAPITAL	OBLIGATIONS	RÉSERVES ET AMORTISSEMENTS
Aciéries de France. Constituée le 19 juillet 1881.	30 juin 1912.	Initial.... 15.000.000ᶠ Porté en juin 1913 à.... 20.000.000ᶠ	29.436 obligations de 500 fr... 14.568.000ᶠ 12.000 bons décennaux émis en juill. 1913.. 6.000.000ᶠ Total.... 20.568.000ᶠ	Bilan au 30 juin 1912 : 30.737.457 fr.
Schneider et Cⁱᵉ, Le Creusot. Constituée le 21 oct. 1836.	30 juin 1912.	Initial.... 4.000.000ᶠ Ensuite.... 27.000.000ᶠ Porté en 1913 à... 36.000.000ᶠ	30.000.000 de fr. L'assemblée du 11 juin 1913 a permis d'émettre 25.000.000 de fr. d'obligations.	Réserve statutaire : 12.000.000 de fr. Compte de dépôts de fonds et d'épargne : 12.657.725 fr.
Forges et Aciéries de la Marine et d'Homécourt. Constituée le 14 nov. 1854.	30 juin 1912.	Initial.... 13.000.000ᶠ Porté à.... 28.000.000ᶠ	20.879.000 fr.	23.341.900 fr.
Châtillon, Commentry et Neuves-Maisons. Constituée le 10 juillet 1862.	31 déc. 1912.	Initial.... 12.500.000ᶠ Porté à.... 18.500.000ᶠ	15.000.000 de fr.	17.238.473 fr.
Commentry, Fourchambault et Decazeville. Constituée en sept. 1874.	31 août 1912.	Initial.... 25.000.000ᶠ Au 31 août 1912, il reste en circulation 28.386 actions de capital représentant 14.193.000ᶠ	8.000.000 de fr.	Réserves.. 10.748.972ᶠ Provisions. 8.799.000ᶠ 19.547.972ᶠ
Hauts Fourneaux, Forges et Aciéries Denain et Anzin. Constituée en avril 1849.	31 déc. 1912.	Initial : 20.000 actions sans désignation de valeur. En 1888, fixé à.... 40.000.000ᶠ En 1909, porté à.... 12.000.000ᶠ	Obligations amorties.... 2.005.000ᶠ Emprunt de 1898. 5.995.000ᶠ	16.000.000 de fr.
Aciéries du Nord et de l'Est. Constituée en mai 1881.	30 juin 1912.	Initial.... 2.000.000ᶠ En 1906.... 15.000.000ᶠ Porté en déc. 1912 à... 30.000.000ᶠ	14.165.000 fr.	13.224.000 fr.

rieurement pour les dépenses faites pour travaux neufs.

Ces sociétés n'ont pas besoin de concours financier et se développent au moyen de prélèvements effectués chaque année sur leurs bénéfices.

Si elles ont besoin de capitaux, elles les demandent à leurs actionnaires qui les souscrivent et les gardent. Quand le capital des Forges et Aciéries de la Marine et d'Homécourt fut porté de 20 à 28 millions, on créa 16.000 actions : 10.125 furent attribuées à la Société anonyme de Vezin-Aulnoye; les 5.875 autres furent prises par les actionnaires anciens au prix de 1.015 fr., et, par suite du prix d'émission, elles constituèrent à la Compagnie une réserve de 3.613.125 francs; ayant de grosses réserves, de grosses disponibilités, ces sociétés se suffisent le plus souvent à elles-mêmes.

Elles ont rarement besoin des sociétés de crédit; mais quand la Compagnie des Forges et Aciéries de la Marine et d'Homécourt a émis 48.000 obligations 4 p. 100, les établissements de crédit, dont le Comptoir National d'Escompte de Paris, les ont offertes au public à 497 fr. 50 et le public n'a point refusé de les accepter.

M. Cavallier, directeur général des Forges de Pont-à-Mousson, lors de la visite, au mois de juillet 1909, de la Société des ingénieurs civils, leur fit les déclarations suivantes (*Bulletin* n° 3) :

« L'argent n'est pas rare en France et nos industries inspirent aux bas de laine une confiance sans borne, dont on peut se faire une idée en calculant le taux auquel le public capitalise nos valeurs métallurgiques. »

Les capitaux ne font pas défaut, en France, à l'industrie métallurgique.

« Nancy, dit M. Robert Pinot[1], est devenue une place financière de premier ordre. En faisant entrer en ligne de compte les capitaux qui subissent l'attraction de son marché, sans être cependant investis dans le département, on a calculé que la Bourse de Nancy régnerait sur un ensemble de titres dont la valeur atteint un milliard.

« La Banque Renauld vient de porter son capital à 40 millions.

Cependant M. Robert Pinot exagère un peu quand il dit : « En 1900, Nancy, classée la neuvième parmi les succursales de la Banque de France, est depuis 1909 classée la première. » Il oublie de dire que c'est au point de vue des bénéfices seulement.

Dans le compte rendu de la Banque de France de 1912, les succursales sont classées (p. 53) selon l'importance de leurs opérations et de leurs bénéfices nets en 1912. Comme d'habitude, celle de Lyon vient en tête pour le montant des opérations, 1.368.337.000 francs. Mais en 1911 elle n'arrivait qu'au huitième rang au point de vue des bénéfices et en 1912 qu'au cinquième rang, celle de Lille vient après en 1912, mais n'occupe que le quatrième rang au point de vue des bénéfices, tandis que celle de Nancy qui est régulièrement classée au septième rang pour l'importance de ses opérations est toujours classée, au moins depuis 1910, au premier rang pour les bénéfices : 1.974.826 francs tandis que Lyon n'en n'atteint que 1.091.320 francs. Pourquoi?

1. ROBERT PINOT.

C'est la preuve que les banquiers de Nancy donnent
« du papier chaud » à la Banque de France. Ils sont
pressés de l'escompter; et le chiffre de l'escompte
atteint 1.804.406 francs à Nancy tandis qu'il n'atteint
que 979.750 à Lyon.

CHAPITRE IV

LE CAPITAL ET L'INDUSTRIE TEXTILE

I. — Dans mes articles de L'*Information* (1909-1910), du *Journal des Économistes* et dans une communication à la *Société de Statistique*[1], je m'étais servi comme document des cinq volumes de l'*Enquête sur l'industrie*

1. *Journal de la Société de Statistique*, février 1911.

textile faite par une commission de la Chambre des députés pendant la législature 1902-1906.

A ce document, j'ajoute l'enquête faite par *Finance Univers* à laquelle ont répondu 2.500 chefs d'établissements textiles[1].

L'industrie textile a un caractère spécial ainsi défini dans la réponse de l'Union des Syndicats patronaux des industries textiles en France :

« Tandis que dans la métallurgie et dans l'industrie des mines on se trouve en présence de sociétés anonymes, dans l'industrie textile les entreprises dirigées par des particuliers sont la règle, la société anonyme est l'exception ». (T. I, p. 53).

Un père de famille installe un fils dans une filature montée à son intention avec les capitaux et le crédit de la famille.

Le rapport des deux juges de paix de Tourcoing montre bien la constitution de l'industrie textile dans le Nord :

« La gestion directe par des particuliers propriétaires des usines est la plus usitée. C'est peut-être la cause principale de la prospérité de Tourcoing, l'œil du maître.

« Il y a bien deux grandes sociétés anonymes, mais ces sociétés ont été constituées pour rendre les partages de famille plus faciles. Les actions de chacune de ces deux sociétés appartiennent à des membres de chaque famille. »

En 1913[2], M. E. Touron, de Saint-Quentin, dit :

1. *Finance Univers*, 15 mars 1913, p. 26.
2. 15 mars, *Finance Univers*.

« Nos entreprises passent, pour la plupart, de père en fils. Elles sont conduites avec la plus stricte économie, sous le contrôle le plus vigilant, avec le minimum de moyens, et fournissent le maximum de rendement.

« Il y a, dans l'industrie textile, beaucoup d'établissements qui peuvent fonctionner avec un faible capital. »

Il est vrai que dans la région de Rouen le Syndicat normand de la filature de coton dit :

« 1º Que la société anonyme se substitue de plus en plus à la propriété individuelle; mais là même où la société revêt la forme anonyme, il y a un patron qui représente les actionnaires. » (T. IV, p. 19).

II. — Toutes les réponses à l'enquête de *Finance Univers* concordent :« Les capitaux ne manquent pas à la filature de coton. Leur abondance lui a permis de se développer d'une manière trop rapide et trop importante pour le marché intérieur, qui est le seul auquel elle puisse s'adresser.

D'autres ajoutent :

« L'industrie textile de l'Est a trop de capitaux et en trouvé trop facilement, puisque l'augmentation inconsidérée du nombre des broches et des métiers à tisser, depuis quelques années, a pour conséquence d'en rendre la marche extrêmement précaire. »

M. Max Rogier, Lyon[1] :

« Les droits protecteurs sur les matières premières

1. *Finance Univers*, 15 mars 1913.

de nos tissus coton écru nous obligent à cuire dans notre
jus : nous avons besoin d'ordres et non de capitaux. »

Sur la question des capitaux, *Finance Univers* dit :

« De Paris, d'Armentières, de Belfort, de Saint-
Étienne, de Remiremont, de Lyon, de Cholet, de Saint-
Quentin, de Fresse (Haute-Saône), de Sotteville-lès-
Rouen, nous parviennent des réponses identiques quant
au fond et presque quant à la forme : « Nous n'avons pas
« besoin de capitaux », ou bien : « Notre maison travail-
« lant avec ses propres capitaux n'a pas besoin de s'en
« procurer ». Le taux moyen que paye notre industrie
pour les fonds qu'elle se procure est de 4 à 5 p. 100, ou
encore de 1/2 ou 1 p. 100 supérieur à celui de la Banque
de France. La forme de la société anonyme ne convient
pas à notre industrie. »

Très peu de déclarations sont en contradiction avec
celles-là.

III. — Dans sa réponse, M. A. Isaac, président honoraire de la Chambre de Commerce de Lyon, déclare
nettement [1] :

« Les capitaux font si peu défaut que l'on a pû, non
sans raison, critiquer la gestion d'un assez grand nombre
de maisons, dont les frais généraux étaient excessifs,
notamment parce qu'elles avaient trop d'intérêts d'argent
à payer et des capitaux de parents ou d'amis en dépôt
chez elles. Pendant longtemps, il a été d'usage, pour un
capitaliste rentier, d'avoir une partie de ses fonds placés
ainsi en fabrique.

1. *Finance Univers*, 15 mars 1913.

« A côté des maisons de tissage, il y a celles qui font le finissage des étoffes : teinture, apprêt, impression. Quelques-unes sont en sociétés anonymes : leurs capitaux se sont formés avec ceux des anciennes maisons fusionnées pour les fonder, à quoi sont venues se joindre les souscriptions de quelques clients ou amis.

« Quant au commerce de la soie, matière première, Lyon est, avec Milan, le plus gros marché de soie. C'est Lyon qui finance Milan dans bien des cas, ce qui suffirait à prouver que les capitaux ne font pas faute à Lyon. »

La plupart des maisons lyonnaises ont fait à *Finance Univers* des réponses analogues : « Nous trouvons des capitaux, à un taux très variable, mais assez modique », écrivent plusieurs correspondants.

Le moulinage se plaint : mais il ne se plaint pas du défaut de capitaux. C'est une industrie travaillant exclusivement à façon. Le capital nécessaire à l'exploitation de l'usine se trouve facilement.

La filature de soie, malgré les primes, est en décadence; mais ce n'est pas faute de capitaux. Les marchands de soie de Lyon lui en fournissent.

Tel est le résumé des réponses reçues par la Revue *Finance Univers* de Cacomb (Vaucluse), de Doulet, par Dumières (Ardèche), de Largentière, de Suze-la-Rousse (Drôme), de Le Mazel (Gard), de Lasalle (Gard), d'Anduze (Gard) de Meyrac (Ardèche), de Saint-Étienne, de Mandragon (Vaucluse), de La Chapelle (Ardèche), d'Ouvèze (près Privas), de Montélimar, de Pont-de-la-Baume (Ardèche), de Turre, d'Antraigues (Ardèche), etc.

Il y a quelques dissidents; mais les dissidents protestent contre les soies du Japon et, non contents des primes, ils voudraient des droits protecteurs.

Relativement à l'industrie de la rubanerie de Saint-Étienne, les réponses reçues ont porté *Finance Univers* à conclure : « Il faudrait une organisation du crédit aux artisans et une vingtaine de millions pour leur venir en aide et leur permettre de renouveler leur outillage. »

Or, la véritable explication de la crise de la fabrication du ruban à domicile me paraît différente de celle qu'indiquent les déclarations des fabricants. Elle n'est pas due au défaut de capitaux, elle est due à un progrès industriel. M. Gillet, homme plein d'initiative et de dévouement, entreprit de doter de la force électrique les petits ateliers de famille des rubaneries de Saint-Étienne. Je l'ai vu à l'œuvre vers 1894. Il dépensa beaucoup de temps, d'énergie et fit des travaux considérables. Maintenant la lourde barre du métier n'est plus maniée à la main : elle est maniée mécaniquement. La barre exigeait l'intervention d'un homme, maintenant la rubanerie n'exigeant plus de force musculaire, mais du soin, de l'attention, de la dextérité, est un métier de femme. Ce métier serait rémunérateur à la condition que les hommes, le laissant aux femmes, cherchassent des occupations ailleurs. Par conséquent, la crise de la rubanerie dans les petits ateliers ne vient pas du défaut de capital, elle provient d'un perfectionnement de l'outillage; et les hommes ne doivent pas s'entêter à faire un métier où la force électrique rend maintenant leur présence inutile.

IV. — L'industrie de la laine est aussi une industrie de famille, comme le prouve cette phrase du rapport du Syndicat des filateurs de laines de Tourcoing (Vol. II, p. 413) :

« L'accroissement qui a pu se produire dans l'industrie de la filature de laine provient de l'importance des familles patronales qui doivent procurer du travail à leurs enfants. »

Dans l'enquête de *Finance Univers*, M. Henry Pollet, de Roubaix, Président de l'Union des filatures des laines peignées, dit :

. « Dans notre région, où l'industrie textile a pris un grand développement, les capitaux font rarement défaut et les banques en général en apportent aux entreprises sérieuses. »

MM. Dautigny, Melere et Cie de Sous-Châtillon, par Marle (Aisne) :

. « La plus grande partie des établissements de l'industrie lainière peuvent marcher avec leurs seuls capitaux ou ceux des membres des familles associées. Quant à nous, nous travaillons avec nos seuls capitaux, largement suffisants, qui nous ont rapporté de 5 à 8 p. 100 par an depuis dix ans. »

Nombre de filatures de diverses localités du Nord, Wignehies, Rieux, Roubaix, Fourmies, etc., ont envoyé des déclarations analogues. Il y a très peu de restrictions.

Dans le rapport de la délégation de l'Union des Syndicats patronaux des industries textiles de France, le 15 janvier 1904, M. Seydoux a fait l'importante déclaration suivante. Il s'exprime ainsi :

« Chez nous, deux industries seulement sont exportatrices, celles de la laine et de la soie. Celles du coton,
du jute et du lin exportent peu ou pas du tout. Or, la
laine et la soie sont des matières premières chères; par
suite, les industries emploient beaucoup de capitaux et
proportionnellement distribuent peu de salaires. Si donc
les industries de la laine et de la soie peuvent exporter,
c'est qu'elles ont à leur disposition des capitaux à meilleur marché en France qu'à l'étranger. »

M. Seydoux ajoutait :

« Et ce qui tend à le confirmer, c'est que beaucoup de
capitaux vont à l'étranger et concourent à la fondation
d'établissements où l'on travaille la laine et la soie, tandis
que, depuis dix ans, aucun établissement de même
genre n'a été créé en France par les étrangers; donc la
rémunération du capital est moindre en France qu'à
l'étranger. » (T. I, p. 18).

En disant que l'industrie du coton n'exportait pas,
M. Seydoux entendait qu'elle n'exportait pas dans
les pays étrangers, ce qui est bien la véritable exportation.

M. Seydoux continuait : « Tenant pour établi
que ce sont les industries françaises qui, employant
beaucoup de capitaux, sont les seules à pouvoir
exporter, je voudrais, de plus, prouver que, dans
l'industrie que je connais plus particulièrement,
l'industrie de la laine, ce sont les articles qui nécessitent le moins de travail et le plus de capital qui se
prêtent le mieux à l'exportation. »

Pour justifier sa thèse, M. Seydoux invoquait les
chiffres de douane de 1883 à 1902. En tissus de laine,

les exportations françaises sont tombées entre ces deux
années de 370 millions de francs à 218 millions de francs.

Il ajoutait : « Si je prends le fil, industrie qui
emploie la même somme de capital pour acheter la
matière première, mais qui économise les salaires du
tissage, je vois que les exportations ont pu se maintenir ou à peu près; de 35 millions elles sont descendues
seulement à 32 millions en 1902. Mais si je passe aux
laines peignées, la situation est bien différente. La
façon y est presque nulle et le capital est énorme, car
la matière coûte fort cher et est immobilisée pendant
longtemps; or, l'exportation de laine peignée, qui
n'était, en 1882, que de 6 millions de kilogrammes,
représentant une valeur de 41,576,000 francs, s'est
élevée, en 1902, à 29.088.000 kilos, dont la valeur se
montait à 112 millions. »

Les chiffres de douane depuis 1902 justifient la thèse
de M. Seydoux :

Exportation de France.

	Fils de laine.	Laines peignées ou cardées.	Tissus de laine.
1902.	34,3	112,6	220,3
1903.	35,3	95,4	218,8
1904.	30,9	118,8	211,7
1905.	41,5	105,7	193,4
1906.	53,3	109,9	223,9
1907.	70,1	109,9	245,5
1908.	58,4	104,8	211,0
1909.	64,9	153,3	212,0
1910.	71,9	144,2	205,0
1911.	74,7	135,2	178,0
1912.	79,1	173,8	177,0

La laine consommée en France était en 1902
de 135 millions de kilos; en 1908, elle était de
150.600.000 kilos. La soie consommée en France était
de 4 millions de kilos en 1902; la valeur était de
184 millions de francs; le chiffre des exportations des
soieries atteignait 310.700.000 francs. En 1908, le
chiffre des kilogrammes de soie était de 4.300.000 et la
valeur de l'exportation de 337 millions de francs.

M. Seydoux donnait cette conclusion : « Tous ces
chiffres prouvent que, lorsqu'une industrie emploie
beaucoup de capitaux et distribue peu de salaires, elle
est dans de bonnes conditions pour exporter. Et c'est,
me semble-t-il, une preuve que l'industriel français se
contente pour son capital d'une faible rémunération. »

L'Union des Syndicats patronaux et des industries
textiles de France s'associait à l'opinion de M. Seydoux dans les termes suivants : « M. Seydoux faisait
remarquer que les industries textiles françaises qui,
seules en France, peuvent exporter sont la laine et la
soie. Or, ce sont précisément celles dont les matières
premières coûtent le plus cher, qui emploient un
chiffre très important de capitaux, alors que, proportionnellement à la valeur de la matière première, elles
distribuent relativement peu de salaire (T. I, p. 71).

« Ce sont les articles qui nécessitent le moins de
travail et le plus de capitaux qui se prêtent le mieux à
l'exportation : c'est la preuve que, contrairement à ce
qu'on prétend en France, le capital industriel se contente en France d'une rémunération modique » (T. I,
p. 72).

Donc la prospérité de l'industrie de la laine et

spécialement de la laine peignée tient à ce que les capitaux en France sont à bon marché.

S'ils sont à bon marché, ils sont donc abondants, et « l'argent français » ne manque ni à l'industrie de la laine ni à l'industrie de la soie, ni aux autres industries textiles.

Le rapport de M. George Seydoux, cité dans le rapport de M. Gaston Grandgeorge sur l'industrie textile en 1909, dit : « L'année 1909 a été, en France, pour la filature de la laine peignée, une année de grande production. ». Le capital n'a pas manqué; mais « la main-d'œuvre a fait quelque peu défaut », dit le rapport (p. 63).

Dans l'enquête de *Finance Univers*, les réponses des fabricants de drap de laine de Fourmies, de Reims, de Tourcoing, d'Elbeuf, de Vienne, de l'Ariège, concordent :

« Les capitaux ne manquent pas ».

V. — M. Louis Guérin, secrétaire général de l'Union textile, président du Syndicat des filateurs de lin, de chanvre et d'étoupe de France, dit[1] :

« Dans le Nord, les capitaux sont très abondants. Ils ont été accumulés par des bénéfices successifs, souvent considérables, qu'une longue pratique industrielle a produits sous des formes multiples.

« Dans le Nord, les familles industrielles tiennent à honneur de se perpétuer dans l'exercice de leur industrie, quelle que soit, par ailleurs, la fortune qu'elles ont acquise.

---

1. *Finance Univers*, 15 mars 1913.

.Tous les autres correspondants tiennent le même langage.

De même les fabricants de toile.

VI. — L'industrie des tulles et dentelles est répartie entre Calais, Caudry et Lyon.

M. Henri Henon, président de la Chambre de commerce de Calais, dit :

« En principe, les capitaux ne manquent pas sur notre marché aux hommes d'expérience et de volonté, assez nombreux, et pour la plupart contremaîtres, dessinateurs ou metteurs en carte, ayant réalisé quelques économies, pour s'installer fabricants ou négociants, d'abord modestement et ensuite d'une façon plus étendue, suivant le résultat des affaires. »

A Caudry, les réponses sont du même genre, sauf quelques exceptions.

La bonneterie, dont le siège principal est à Troyes, ne se plaint pas non plus de manquer de capitaux. Il en est de même pour le blanchîment, les teintures et apprêts, l'impression, disséminés dans les groupements de fabrication de soieries, de draps et de toiles.

VII. — En 1910, j'ai eu sous les yeux une statistique comprenant 98 sociétés françaises textiles ayant chacune un capital supérieur à 500.000 francs. Elles représentent un capital-actions de 247.954.000 francs. Le capital des sociétés qui ne publient pas de bilan est de 147.462.000 francs, tandis que le capital des sociétés qui publient leur bilan est seulement de 100 millions 492.000 francs.

Les sociétés qui publient leur bilan avaient 85 millions 590.000 francs d'obligations et 17.940.000 francs de réserves et d'amortissements. Leurs immobilisations représentaient un capital de 89.555.000 francs.

Dans ce tableau, il n'y avait pas de chiffre d'obligations pour les sociétés qui ne publient pas leur bilan; mais on sait que dans beaucoup il y a des capitaux, que les exigences du fisc empêchent d'y placer en comptes courants, mais, qui, sous forme de prêts, en augmentent le capital dans une grande proportion. Une partie des bénéfices, employée à les rembourser, est ainsi dissimulée, dans les écritures. C'est un artifice de comptabilité tout à fait légitime, nul n'étant tenu à élargir l'assiette de l'impôt à son détriment.

On sait que l'année 1907 fut d'une activité exceptionnelle jusqu'à la fin d'octobre, moment où éclata la crise américaine. J'emprunte au rapport de M. Grandgeorge, pour 1908, fait au nom de la commission des valeurs de douanes sur les industries textiles, les observations suivantes :

« En ce qui concerne la filature de coton, le nombre des broches fut augmenté presque partout, mais en Angleterre notamment, dans des proportions tout à fait anormales et imprudentes. De même, on peut dire que le nombre des métiers nouveaux montés à Calais, pour la fabrication des dentelles, a dépassé la mesure raisonnable. Il y aurait à citer maint autre exemple. De là l'effondrement des prix au commencement de 1908, quand, les moyens de production ayant augmenté.la consommation diminua par suite de la crise. »

Cependant il n'en résulta pas de ruines profondes. « La cause principale qui permit, dit M. Grandgeorge, à l'industrie textile de sortir à son honneur de tant de difficultés est la bonne situation financière de la plupart des commerçants et des manufacturiers au moment où ces difficultés se produisirent. Tous avaient réalisé de grands bénéfices depuis plusieurs années, il y avait partout d'importantes réserves de capitaux, et la haute banque put, sans compromettre le marché général, soutenir de son crédit, les maisons momentanément embarrassées, mais capables de supporter, sans fléchir, les pertes résultant de la liquidation des affaires engagées avant la crise. »

M. Grandgeorge a montré comment l'industrie textile put supporter la crise, grâce à ses réserves; mais il ajoutait que « la haute banque put soutenir de son crédit les maisons momentanément embarrassées ».

Pour 1909, examinant les causes de la crise de l'industrie du coton, M. Grandgeorge les attribuait « au manque d'élasticité du marché français. C'est la conséquence du système protecteur », ajoutait-il.

CHAPITRE V

LE CAPITAL ET LES INDUSTRIES DIVERSES

L'industrie des travaux publics, l'industrie du bâtiment trouvent très facilement des capitaux[1].

La tannerie répond : « Nous n'avons nul besoin de capitaux. La tannerie est généralement exploitée par des maisons anciennes, transmises de père en fils, et dont la fortune s'est plutôt constituée par l'économie que par les bénéfices réalisés; généralement, ces maisons ne recourent pas à des emprunts ».

Pour les industries chimiques, M. Poirrier, sénateur, ancien président de la Chambre de Commerce de Paris, dit : « Si les industries chimiques n'ont pas pris le même développement qu'en Allemagne, le manque de capitaux n'y est pour rien. »

L'industrie du caoutchouc a pu trouver tous les capitaux dont elle a eu besoin.

De même pour les industries du papier et les industries polygraphiques.

1. *Finance Univers*, 15 mai 1913.

CHAPITRE VI

LE CAPITAL ET L'INDUSTRIE ÉLECTRIQUE

SOMMAIRE. — *Distribution d'électricité, petits capitaux inconnus. — Capitaux engagés dans chaque spécialité électrique. — L'inspection de M. Domergue et les faits. — Capital de sociétés électriques.*

Il n'est pas facile de connaître exactement les capitaux engagés dans les entreprises de distribution d'électricité. « La plus grande partie des concessions, disent MM. Eschwège et Legouet[1], accordées dans les trois mille cinq cents communes actuellement pourvues de réseaux électriques (1912), ont été attribuées à des particuliers, ou à de petites sociétés locales, qui ont pu les mettre en valeur à peu de frais, car il est facile de commencer en petit une distribution électrique et de la développer au fur et à mesure. Les renseignements d'ordre financier et relatifs à ces entreprises ne sont publiés nulle part. »

1. Ap. *Les grandes industries françaises*, un vol. in-8°. (Bibliothèque de *Finance Univers*, F. Alcan, édit., 1913). *L'industrie électrique*, par PAUL ESCHWÈGE et LEGOUET, p. 137.

MM. Paul Eschwège et Legouet les laissent donc de
côté dans le tableau suivant des capitaux engagés
dans l'industrie électrique pour chaque spécialité.

Voici, d'après l'étude publiée par deux présidents
de syndicat professionnel des industries électriques,
les capitaux engagés pour chaque spécialité :

Construction de matériel électrique...	150 millions.
Fabrication des câbles et fils.......	50 —
— d'appareils télégraphiques et téléphoniques......	20 —
— d'accumulateurs et piles..	20 —
— d'appareils d'éclairage (lampes)............	10 —
— de compteurs et appareils de mesure.........	5 —
— d'isolants..........	2 —
— d'appareillage........	10 —
Installations................	40 —
Production et distribution de l'énergie électrique................	800 —
Total..........	1.107 millions.

« Si on ajoute, disent les auteurs, les 500 millions
de capitaux engagés, soit dans les industries similaires à l'étranger, soit dans l'électro-chimie et l'élec-
tro-métallurgie, on arrive à un total de 1.600 millions. »

Les expériences de transport de la force à distance
de Marcel Desprez ont affirmé leur succès à Creil et
à Grenoble en 1883. Cette industrie ne date que d'une
trentaine d'années.

A propos de l'industrie électrique, M. J. Domergue a émis l'assertion suivante :

« Nos entreprises d'électricité, par exemple, doivent la majeure partie, sinon la totalité de leurs ressources financières, au concours de la Banque belge ou de la Banque suisse, alors que les caisses des sociétés de crédit établies en France regorgent d'argent français. »

Loin que les établissements de crédit français se soient désintéressés de l'électricité, ce sont eux qui ont créé ou patronné et développé les plus inté-ressantes entreprises électriques du pays, tant pour la traction que pour le transport de la force.

En voici quelques exemples :

Énergie électrique du Littoral méditerranéen cons-tituée en 1900 (capital-actions : 38 millions, dont 1.250.000 francs d'apports; obligations : 37.150.150 francs. Elle a constitué, en 1905, la Société du Sud électrique.

Compagnie Générale de Distribution d'Énergie élec-trique (capital : 12 millions; obligations : 14 millions). Elle a comme filiale : la Société d'Énergie électrique du Sud-Ouest (capital : 22 millions, dont 1.550.000 francs d'apports; obligations : 14 millions).

Société Générale Électrique et Industrielle (capital : 5 millions). Société dissoute en 1911.

Compagnie Française pour l'Exploitation des Pro-cédés Thomson-Houston (capital : 60 millions, dont 15.985.000 francs d'apports; obligations : 30 millions), laquelle a fondé ou réorganisé un grand nombre d'entre-prises électriques et de tramways (Compagnie Générale Parisienne de Tramways, Chemins de fer Nogentais, Tramways et Omnibus de Bordeaux, Tramways de Nice et du littoral, Tramways de Rouen, d'Amiens, de Versailles, Galleways algériens, etc.)

Société Méridionale de Transport et de Force (capital : 8 millions; obligations : 7 millions).

Compagnie Générale d'Électricité (capital : 18 millions; dont 3.740.000 francs d'apports; obligations : 25.123.000 francs).

Compagnie Parisienne de Distribution d'Électricité (capital nominal : 100 millions; 75 millions versés).

Il a été souscrit à raison de 50 millions par l'Union des Secteurs.

Maison Bréguet (capital : 4 millions, dont 1 million d'apports; obligations : 2 millions).

Compagnie Générale Française de Tramways (capital : 50 millions, dont 10.200.000 francs d'apport; obligations : 60 millions).

Compagnie Générale Parisienne de Tramways (capital : 45 millions; obligations : 12 millions).

Compagnie des Tramways électriques et Omnibus de Bordeaux (capital : 25 millions, dont 13.025.000 francs d'apport; obligations : 10 millions).

Chemins de fer Nogentais.

Tramways Algériens (capital : 2.600.000 francs, dont 647.000 francs d'apports; obligations : 2 millions).

Tramways de Tunis (capital : 10 millions).

Société Grenobloise de Force et de Lumière (capital : 10 millions; obligations : 20 millions), etc.

Forces motrices du Rhône (capital : 30 millions; obligations : 2.500.000 francs). Les établissements de crédit ont émis :

10.000 actions de 500 francs en			1911
10.000	—	—	1901
8.000	—	—	1898
8.000	—	—	1896

Les établissements de crédit ont aussi placé des obligations du Secteur de la place Clichy (aujourd'hui remboursées); Compagnie Électrique de la Loire devenue Compagnie Électrique de la Loire et du Centre (capital : 22 millions, dont 9.400.000 francs d'apport; obligations : 10 millions); Compagnie d'Électricité de Fure et Morge et Vizille (capital 3.754.000 francs, dont 2.125.000 d'apport; obligations : 6.360.000 francs).

Le Comptoir National d'Escompte et la Société Générale ont fondé, en 1909, sous le nom de Société Centrale pour l'Industrie électrique, une compagnie au capital de 20 millions, ayant pour objet de contribuer au développement électrique en France. Elle a participé à la création, en 1910, de la Compagnie Centrale d'Énergie électrique, qui a une concession à Rouen et dans la région : elle est au capital de 15 millions et a émis un même montant d'obligations.

Déduction faite des apports, voilà 351 millions de capital-actions placés par les établissements de crédit. Il y a dans ces sociétés des entreprises de tramways.

Mais des entreprises de transport mues par l'électricité ont certainement des rapports avec l'électricité. Et ces entreprises de tramways sont des entreprises industrielles.

Ces faits prouvent que les entreprises d'électricité, pour s'établir en France, ont eu d'autres ressources que de s'adresser à la Banque belge ou à la Banque suisse.

CHAPITRE VII

LES VALEURS INDUSTRIELLES ET LES GRANDS ÉTABLISSEMENTS DE CRÉDIT

Les grands établissements de crédit ont aidé à la fondation et au développement de la plupart des grandes entreprises françaises.

Dans son livre : *Le Rôle des Établissements de crédit en France*, en réponse aux articles de M. Letailleur, intitulés « *Les Propos de Lysis* », Testis en a donné une énumération approximative que je reproduis :

Messageries Maritimes, Compagnie Transatlantique, Magasins du Printemps, Compteurs et Matériel d'Usines à gaz, Thomson-Houston, Énergie électrique du Littoral Méditerranéen, Compagnie Générale de Distribution d'Énergie électrique, Compagnie Générale Française de Tramways, Tramways Sud, Tramways de Bordeaux, Société d'Éclairage, Chauffage et Force Motrice, Société du Gaz de Paris, Compagnie Générale d'Électricité, Établissements Bréguet, Gaz pour la France et l'Étranger,

Aciéries de France, Aciéries de la Marine et d'Homécourt, Dyle et Bacalan, Denain-Anzin, Ateliers et Chantiers de la Loire, Chantiers et Ateliers de la Gironde, Mines de la Loire, Compagnie Générale des Voitures, Nouvelles Galeries, Magasins Généraux de Paris, Eaux de la Banlieue de Paris, Société Immobilière Marseillaise, Chemins de fer Économiques, Tréfileries du Havre, Union des Gaz, Lits Militaires, Société Foncière Lyonnaise, Chemins de fer Départementaux, Compagnie Continentale d'Échange, Grands Moulins de Corbeil, Chemin de fer de la Camargue, Raffinerie Say, Compagnie Industrielle des Pétroles, Compagnie Nantaise de Navigation à vapeur, Mines d'Anderny-Chevillon, Chemin de fer, Tramways du Var et du Gard, Chemin de fer Nord-Sud, etc.

On peut ajouter à la liste extraite du livre de Testis :

Société Centrale d'Énergie électrique, Société des Forces Motrices de la Haute-Durance, Énergie électrique du Sud-Ouest (Société anonyme), Compagnie Parisienne de Distribution d'Électricité, Compagnie Parisienne de l'Air comprimé, Compagnie Générale des Omnibus de Paris, Sud Électrique (Société anonyme), Gaz de Lyon (Société anonyme), Compagnie du Chemin de fer Franco-Éthiopien de Djibouti à Addis-Abeba, Société Française de Constructions Mécaniques (Ancien établissement Cail), Hauts Fourneaux et Aciéries de Caen, Compagnie Française des Câbles télégraphiques, Société anonyme de Commentry, Fourchambault et Decazeville, Société anonyme des Usines de l'Espérance, à Louvroil, Usines Métallurgiques de la Basse-Loire, Compagnie du Chemin de fer Métropolitain de Paris, Société anonyme des Hauts Fourneaux, Forges et Aciéries de Pompey, Société Générale de Transports Maritimes à vapeur, Compagnie des

Tramways de Paris et du Département de la Seine, Société anonyme des Galeries Lafayette, Compagnie de Navigation Sud-Atlantique.

En province les institutions locales ont également acclimaté dans leurs régions des valeurs industrielles que leurs clients pouvaient apprécier.

Parmi les affaires locales dont les Établissements de crédit se sont occupés, on peut signaler entre autres :

Nord : Chemins de fer économiques du Nord (Société anonyme), Société des Établissements Arbel, Ateliers de construction du Nord de la France et Nicaise et Delouve.

Centre : Compagnie Lyonnaise de Navigation et de Remorquage, Société anonyme des Ateliers et Chantiers de la Loire, Mines et Fonderies de Pontgibaud, Gaz de Lyon (Société anonyme), Société de Distribution d'Énergie Électrique du Rhône, Omnibus et Tramways de Lyon, Société Lyonnaise de Lumière et de Force, Forges et Ateliers de la Chaléassière (Société anonyme), Société d'Électricité de la Vallée du Rhône, Compagnie des Tramways électriques de Clermont-Ferrand, Compagnie d'Éclairage et de Chauffage par le Gaz de la Ville de Saint-Étienne.

Est : Japy frères et Cⁱᵉ (Belfort), Eaux Minérales d'Évian-les-Bains (Société des), Chemins de fer de la Banlieue de Reims et Extensions, Usines Ch. Vermot, Mabille et R. Pelgrims, Papeteries de Brienne, Société Électrique du Toulois.

Midi : Compagnie de Navigation Mixte, Compagnie des Produits Chimiques d'Alais et de la Camargue, Compagnie d'Électricité de Marseille, Société Méridionale de Transport et de Force.

Sud-Ouest : Gaz et Électricité de Gaillac, Tramways et Omnibus de Toulouse, Brasseries et Malteries Alsaciennes (Angoulême), Papeteries de Brienne.

Ouest : Mines de fer de Segré, Ateliers et Chantiers de Bretagne, Grands Bazars et Nouvelles Galeries du Havre.

Dans la liste des Valeurs industrielles « acclimatées en province par les banques locales », on relève un certain nombre d'affaires dont se sont occupés les grands Établissements de crédit, savoir :

Omnibus et Tramways de Lyon : Émission de 6.000 actions de 250 francs (du 26 février au 15 mars 1912).

Société Lyonnaise des Eaux et de l'Éclairage : Émission de 16.000 obligations à 4 p. 100 en mai 1892.

Gare de Lyon :
Émission de 10.000 obligations 4 % le 1er mai 1911.
—   10.000   —   du 15 au 20 nov. 1911.
—   13.000   —   en juin 1912.
—   7.000   —   en mai 1913.

Société foncière Lyonnaise :
Émission de 25.000 obligations 3 % en 1881.
—   44.000   —   depuis 1893.

Forces motrices du Rhône : Émission de 10.000 actions de 500 francs en février 1911.

En outre des deux places de Lyon et de Marseille, on peut citer comme valeurs industrielles locales acclimatées en province par les banques locales :

Nancy : Société Métallurgique de Senelle-Maubeuge, Hauts Fourneaux et Fonderies de Pont-à-Mousson, Société des Hauts Fourneaux et Fonderies de Brousseval, Filatures de la Vologne, Société des Mines de Murville, Brasseries de l'Union, Société Générale des Eaux minérales de Vittel, Compagnie des Tramways Suburbains (de Nancy), Société du Grand-Hôtel (de Nancy), Société Le Granit (de Nancy), etc.

Bordeaux : Compagnie Bordelaise de Produits chimiques, Pont à Transbordeur, de Bordeaux, Société d'Éclairage électrique de Bordeaux et du Midi, Société Pyrénéenne d'Énergie électrique.

Ces faits prouvent qu'il y a des capitaux pour « les affaires françaises ».

CHAPITRE VIII

LE CRÉDIT A L'INDUSTRIE

Dans la séance du 5 janvier 1910 de la Société d'Économie politique, M. A. Raffalovich fit une communication ayant pour titre : « Le Crédit à l'industrie ».

Le crédit à l'industrie s'étend de celui qui est nécessaire à l'achat des machines, à la construction d'ateliers nouveaux, aux travaux d'agrandissement et de remonte. Il en faut pour traverser la période de transformation quand elle est longue. Il y a des besoins qui varient, mais qui peuvent être intenses lorsque les affaires vont extrêmement bien, que les prix sont élevés, que l'on croit avoir besoin de grands approvisionnements de matières premières; dans les périodes de crise aussi, lorsqu'on vend peu ou mal, que les stocks sont considérables et encombrants. Il peut arriver que l'industriel ait besoin d'un crédit qui se prolongera pendant deux, trois, quatre, même cinq ans. Évidemment ce crédit n'est pas sans risques; il exige une connaissance approfondie de la situation de l'emprunteur, de ses affaires, des raisons certaines du crédit.

Ici le crédit personnel joue forcément son rôle. Le crédit de l'industriel n'a pas pour limites les fonds ou titres déposés en son nom. Il est gagé sur son caractère; car, dans les banques, mieux qu'ailleurs, on sait que les bénéfices ne viennent ni du capital ni du travail : *ils viennent de la direction de l'entreprise.*

La société de crédit fait confiance plus largement à un industriel qui a fourni ses preuves comme habileté, comme sûreté de relations, qu'à un autre qui n'a pas de passé, ou qui a un passé un peu cahoté, ou qui présente des garanties intellectuelles et morales d'un niveau moins élevé.

Par conséquent, dans l'établissement de crédit, aussi bien à Paris que dans les agences des départements, le crédit personnel joue un rôle de premier ordre.

Non seulement les établissements de crédit accordent des crédits à la grande industrie, mais ils en ouvrent à la moyenne et à la petite industrie. Les crédits s'étagent depuis 5.000 francs jusqu'à plusieurs millions. Les découvers de 1 à 6 millions sont assez fréquents. Dans ces dernières années, une industrie a joui, à Paris pendant assez longtemps, auprès des établissements de crédit, d'un crédit de 15 millions. Seulement, quand les crédits dépassent un certain chiffre, les établissements de crédit en France ne se font pas concurrence, comme le font les banques de Berlin. Les uns ou les autres forment un groupe et ils ne sont pas exposés à cumuler, chacun de leur côté, des crédits à la même entreprise.

En vertu d'un secret professionnel, dont il n'est pas difficile de comprendre l'importance, les établissements de crédit ne peuvent pas publier la liste des industriels auxquels ils ont ouvert des crédits.

Mais, si je ne puis fournir la preuve directe de ce que j'avance, je puis en fournir une preuve indirecte et décisive. Si les industriels et les négociants n'avaient pas trouvé auprès d'eux des avantages et des facilités, pourquoi donc seraient-ils venus à eux? Pourquoi leur resteraient-ils fidèles?

Dans le rapport présenté à l'assemblée ordinaire du 9 avril 1907, le conseil d'administration du Comptoir National d'Escompte s'exprimait ainsi :

« Nous prêtons un concours incessant, non seulement aux maisons de premier et de second ordre, mais encore à beaucoup de très modestes commerçants, *quand nous nous sentons assurés de leur esprit de prudence, de leur amour du travail et de leur droiture.* Et ce n'est pas là un des moindres services que nous rendons au pays. Combien en voyons-nous, au cours de notre vie commune avec la clientèle, de ces ouvriers, partis des occupations les plus infimes, qui, grâce à notre appui, deviennent de petits patrons, puis, peu à peu, parviennent à des situations enviées. »

CHAPITRE IX

L'EXPORTATION DES CAPITAUX

De cette étude résulte la fausseté des assertions portées par certains publicistes et par certains hommes politiques dénonçant « les capitalistes comme des ennemis de la France », répétant à tous les échos : « Il n'y a plus d'argent en France pour les affaires françaises ».

Cependant le préjugé est tellement ancré qu'au mois de juillet 1910, la *Ligue du Libre-échange* recevait une lettre d'un industriel qui déclarait que « 10 milliards » avaient été dérobés en 1909 à l'indus-

trie française au profit des concurrents étrangers.
Et cet industriel était habitué à mesurer des gran-
deurs! il était fabricant de certains instruments
de précision.

Il est vrai que les ministres les plus éminents
ont bravement endossé la responsabilité des assertions qu'un journaliste financier, M. Letailleur,
a mises en circulation sous le nom de *Lysis*.

En 1909, dans un discours à Périgueux, le Président du Conseil disait :

« L'or de notre pays ruisselle sur le monde entier et si
l'on peut exprimer une inquiétude ou un regret, c'est
qu'il n'en reste pas assez dans le pays lui-même. »

Au mois de novembre de la même année, un député,
M. Henri Michel, reprenant cette thèse, disait :

« De 1892 à 1907, la France a prêté au monde 16 milliards. La belle métaphore de M. le Président du Conseil :
« L'or de ce pays ruisselle sur le monde », est donc aussi
exacte que satisfaisante. »

Et elle n'est ni l'une ni l'autre. Mais trois ans après, le
21 décembre 1912, M. Jules Delahaye, à la Chambre
des députés, dénonçait « les milliards, les milliards et
les milliards que les grands établissements ont dévo-
rés au profit de l'étranger ». Le Ministre des Finances lui demanda la permission de l'interrompre ;
mais ce ne fut pas pour protester. Au contraire, le
Ministre des Finances, avec orgueil, cita des chiffres.

« En 1910, les admissions à la cote des valeurs étrangères s'élèvent à 3.829 millions et les admissions à la cote des valeurs françaises à 731 millions. En 1911, il n'y a déjà plus que 2.784 millions de valeurs étrangères et 620 millions de valeurs françaises admises à la cote. En 1912, il n'y a plus que 1.635 millions de valeurs étrangères pour 1.782 millions de valeurs françaises admises à la cote pour des entreprises françaises. »

Le Ministre des Finances triomphait de la diminution du marché!

En même temps, dans les propres discours du Ministre des Finances, dans des articles officieux, dans des rapports officiels, on trouve ces phrases répétées avec emphase :

« La France est le banquier du monde. La France est créditrice partout et n'est débitrice nulle part. »

Or, si la France n'est créditrice que pour elle, des Français ont fait des placements à l'étranger et si « de bonnes lois » et l'intervention arbitraire des ministres des Finances avaient empêché ces placements, la France « ne serait pas créditrice partout et ne serait pas le banquier du monde ».

M. Asquith, premier ministre du Royaume-Uni, montrait une conception autrement large des facteurs économiques du monde, quand, loin de se plaindre de l'exportation des capitaux britanniques, il exposait comment ils devenaient un facteur de sa grandeur.

Le 20 décembre 1910, M. Georges Paish, directeur du *Statist*, a fait à la *Royal statistical Society* de

8.

Londres une communication dans laquelle il évaluait les capitaux exportés de la Grande-Bretagne aux chiffres suivants :

	L. st.
Total des placements dans les pays étrangers (41 milliards de francs). .	1.638.000.000
Dans les colonies et l'Inde (39 milliards de francs).	3.554.152.000
	3.192.152.000

Soit 80 milliards de francs en chiffres ronds.

Ces capitaux ont contribué à l'outillage de pays neufs, et ces outillages, ces chemins de fer, ces ports, qui leur ont permis de produire et qui leur permettent de transporter leurs produits, fournissent à l'industrie britannique des matières premières et à sa population des grains et de la viande.

En même temps, ils sont des débouchés pour les industries britanniques; ces pays deviennent des consommateurs de ses produits, quoique les Anglais ne réclament aucun privilège pour eux.

Supposez que la Grande-Bretagne n'ait point placé 688 millions de livres sterling, 18 milliards de francs, aux États-Unis, 269 millions de livres sterling (6.720 millions de francs) dans la République Argentine, etc., ces pays seraient en retard et il en résulterait un état de malaise pour toute la population européenne qui aurait à sa disposition moins de blé moins de viande, moins de coton, moins de laine.

II. — Cependant on peut, se plaindre qu'il y a beaucoup trop de capitaux détournés de l'industrie, avec la complicité de ceux qui les prêtent. Non seulement les gouvernements, mais des États faisant partie de fédérations, comme ceux du Brésil, les municipalités ne cessent pas d'absorber des capitaux : une partie de ces capitaux est dépensée en armements, d'autres en dépenses somptuaires, d'autres à faire faire concurrence par des corps constitués à l'initiative privée, au mépris de ce principe que les collectivités politiques ou administratives ne doivent faire rien de ce que peut faire l'initiative privée[1].

L'épargniste français veut des capitaux à revenus fixes, parce qu'il vit de ses revenus; mais il a trouvé que les capitaux français ne lui donnaient pas un revenu suffisant pour vivre : il a vu la rente menacée par l'impôt sur le revenu; il s'est éloigné des valeurs de chemins de fer, parce qu'il n'a plus confiance dans le respect de l'État pour les contrats qu'il a signés et qu'il a constaté sa faiblesse pour prévenir et pour réprimer les grèves de chemins de fer. Il cherche des placements à l'étranger. Il consent même à sacrifier un peu de la sécurité à laquelle il tenait tant à un chiffre plus élevé de revenu.

Les établissements de crédit, les banquiers ne couvrent pas les émissions avec leurs capitaux. Leurs capitaux n'interviennent que comme garantie. Ils les placent dans leur clientèle et ils se conforment au goût de leur clientèle, comme le Bon Marché, le Louvre ou le Printemps se conforment au goût de leurs clients.

Leurs clients désirent des valeurs à revenu fixe.

---

1. V. Yves Guyot, *La gestion par l'État et les Municipalités.*

Ils s'en procurent et leur en offrent, au lieu de leur offrir des actions d'établissements industriels à revenu variable. Cette passion pour ce genre de revenus arrête évidemment beaucoup d'initiatives.

De plus, tous les établissements, même quand ils ne sont pas très grands, disent : — « Une petite affaire demande autant d'études, souvent des négociations plus difficiles qu'une grande. En vertu de l'économie de l'effort, nous laissons les petites affaires de côté et nous ne voulons nous occuper que des grandes. »

Un capitaliste achète d'autant plus facilement un titre qu'il a plus de certitude qu'il pourra le vendre quand il lui conviendra.

Or, pour les petites entreprises, le titre n'a pas de marché.

M. Émile Mercier croit que cet inconvénient pourrait être pallié par des bourses de province dont le marché serait alimenté par des titres d'affaires locales, restant sur le marché d'origine. Lille a donné cet exemple.

M. Neymarck a posé en 1892[1] une question qui mérite attention. Nous prêtons au dehors, nous proscrivons par nos tarifs de douanes les produits des peuples emprunteurs. « Ne diminuons-nous pas, par cela même, le gage de nos rentrées? » La réponse est évidente. Londres a des recouvrements à faire en Russie. Il les opère en faisant venir du blé. Cette opération est interdite au créancier français.

Les capitaux ne manquent pas en France. Ce qui manque :

C'est la liberté économique;

1. *Le Siècle*, 14 avril 1892.

C'est la main-d'œuvre;

Ce sont les débouchés;

C'est la sécurité à l'intérieur et à l'extérieur.

L'esprit d'entreprise se développe d'autant plus que chacun a la liberté de ses actes et la certitude d'en recueillir tout le profit possible.

LIVRE IV

LE TRAVAIL

CHAPITRE PREMIER

CARACTÈRE DU SALAIRE

Sommaire. — *M. Ashley : nécessité d'une doctrine des salaires et des profits.* — *Actes d'échange.* — *Éléments du prix de revient.* — *Le salaire est bas ou haut selon la quantité des objets ou des services qu'il peut procurer à l'ouvrier.* — *Comment est fixé le salaire.* — Le salaire ne paye pas l'effort, mais le résultat de l'effort, le service ou le produit. — *Contestation par l'évêque Pottier.* — *Salaire minimum et juste salaire.* — *Préjugé que le salariant est maître de la fixation du salaire.* — *Les décrets Millerand de 1899.* — Le salaire est bas ou haut selon la productivité du travail. — *L'ouvrier à 5 francs et l'ouvrier à 5 sous.* — *Prix de revient de l'ammoniaque dans trois pays.* — *Brassey : Le coefficient résultant de la division du travail accompli chaque jour par le salaire quotidien est à peu de chose près le même dans tous les pays.* — *Les facteurs de la productivité.*

La question des salaires a déjà été traitée dans la *Bibliothèque économique de l'Encyclopédie scientifique,*

par Levasseur. Je me placerai au point de vue du
aractère du contrat de travail.

W. J. Ashley, *professor of commerce in the university of Birmingham, late professor in Harvard university*, formule, dans son livre *The Adjustment of
wages*, la question dans ces termes :

« Dans le monde industriel, comme dans le monde
de la politique internationale, le dernier mot appartient à la force. Le conflit s'exprime dans les termes
suivants : — Nous pouvons obtenir du travail
pour un prix de X. — Vous ne pouvez obtenir du travail
pour ce prix. — Nous ne consentirons pas à une réduction de bénéfices. — Vous devez consentir à cette
réduction. Actuellement c'est la bataille avec la
misère pour les ouvriers, la faillite pour les industriels, et il en sera ainsi, dit M. Ashley, tant que
nous ne posséderons pas une doctrine acceptée de
ce que doivent être les salaires et les profits. »

Nous croyons, en effet, qu'il est fort utile que les
intéressés dans les conflits aient une autre doctrine
que les notions arriérées qu'ils professent réciproquement.

Quant aux désintéressés incompétents, qui forment
ce qu'on appelle l'opinion publique, ils poussent l'in-
conscience jusqu'à prendre souvent parti en faveur
de réclamations dont le succès doit avoir pour résultat
d'augmenter le prix des produits que chacun, à
part soi, tache d'obtenir, dans les usages de sa vie
quotidienne, au meilleur marché.

M. Ashley oublie, en posant de cette manière la
question des rapports entre salariants et salariés,
qu'ils échangent réciproquement des produits ou des

services; que, comme dans tous les actes d'échange, les parties contractantes essaient d'en tirer chacune le meilleur parti; que cependant le contrat n'est conclu que lorsque chacune y trouve son avantage.

Établir le prix de revient le plus bas possible : telle est la préoccupation de tout industriel.

Plus le prix de revient est bas et plus l'industriel peut soutenir la concurrence, agrandir ses débouchés.

Mais quels sont les éléments de ce prix de revient? 1º l'intérêt et l'amortissement du capital; 2º l'organisation de l'outillage; 3º l'achat des matières premières; 4º la part du salaire; 5º les frais de vente.

Pour l'ouvrier, le *salaire est bas ou haut selon la quantité des objets ou des services qu'il peut lui procurer.* A Pittsburg, les salaires sont très élevés, mais la vie est chère. Cependant, comme le disait un ouvrier à M. Arthur Shadwell, « il est agréable de manier une poignée de monnaie ».

Mais le salaire, comme tous les autres prix, est fixé par l'action et la réaction de l'offre et de la demande, par la concurrence des vendeurs et des acheteurs.

Nulle part, le travail n'est une quantité fixe. Pour des raisons multiples, les uns le quittent, les autres prennent leur place. M. John Burns disait[1] que, sur les 220.000 membres qui font partie de la *Heart of oak Society*, il y en avait 120.000 qui s'étaient déplacés en 1898, soit 500 par jour. « Le travail mobile est la règle et le travail immobile l'exception », confirmait M. Asquith.

Le véritable salaire économique est celui qui est

1. Chambre des Communes, 7 avril 1899.

nécessaire pour attirer un nombre suffisant d'ouvriers nécessaires à un travail.

Toute tentative pour écraser les hommes les plus faibles et réduire les salaires aboutirait à un déficit d'hommes et, par conséquent, à un relèvement de salaires pour les ramener.

Quand on dit : « Le salaire est la rémunération du travail », on en donne une définition inexacte. Le travail, c'est l'effort nécessaire que fait l'homme ou une machine pour fournir un produit ou un service. Dans le régime du travail libre, le salaire ne paye pas l'effort, mais le *résultat de l'effort,* le *service* ou le *produit.*

Cependant M. Pottier, évêque de Versailles, dit dans la *Semaine Sociale de Versailles :*

« L'objet du contrat étant l'acte subjectif de l'ouvrier; ce qu'on paie c'est l'effort, non les produits du travail, contrairement à la thèse de M. Yves Guyot. »

J'en suis fâché; mais si la thèse de M. Pottier était juste, moins l'outillage serait productif, plus le salaire devrait être haut, puisque le même objet exige un plus grand effort. Le manœuvre qui brouette de la terre serait plus payé que le mécanicien de chemin de fer qui se contente de diriger sa locomotive. C'est le contraire. Le salaire est d'autant élevé que l'ouvrier a un meilleur outil à sa disposition.

Le tisseur de soie façonnée ne reçoit pas un salaire aussi élevé que le surveillant d'un outil automatique américain.

M. Pottier continue :

« Mais l'objet du contrat, étant l'acte subjectif de

l'ouvrier, est inséparable de sa personne. D'où le devoir de satisfaire les exigences imprescriptibles de cette personne. Pour remplir son devoir, à ce propos, l'employeur doit : 1º un salaire minimum, qu'il ne peut restreindre pour augmenter ses bénéfices : et ce salaire doit être établi de manière que l'ouvrier puisse vivre honnêtement; — 2º le juste salaire calculé d'après l'habileté professionnelle, la quantité de la main-d'œuvre, la prospérité du moment, etc... Le patron doit le juste salaire au même titre que le salaire minimum. »

Il suppose que le salariant est le maître du salaire; et qu'il peut varier à son gré ses bénéfices en diminuant ou en augmentant le salaire. Il ne réfléchit pas qu'une légère augmentation de salaires, de 0 fr. 25 par jour, peut mettre en perte une affaire qui était en gain. Le salariant doit rattraper cette augmentation par l'un des moyens suivants : augmenter l'efficacité du travail en substituant un travail mécanique au travail humain; substituer une nouvelle organisation du travail à l'organisation existante; diminuer la quantité ou la qualité des produits ou des services qu'il livre ou en augmenter le prix.

Le salaire minimum et le juste salaire sont réglés par la loi de l'offre et de la demande. Quand M. Millerand rendit ses décrets de 1899, les badauds admirèrent. Qu'est-ce qu'ils impliquent? que les entrepreneurs des travaux publics, départementaux ou communaux devront payer des salaires égaux à ceux de la région. Ces entrepreneurs n'avaient pas attendu les décrets pour se conformer à cette règle. S'ils avaient voulu l'éluder, ils n'auraient pas trouvé d'ouvriers ou n'auraient trouvé que des ouvriers de rebut, tandis que leur intérêt est de payer cher pour avoir des ouvriers de choix.

Cependant, on entend encore invoquer le péril jaune, à propos des bas salaires de la Chine et du Japon.

M. Émile Faguet qui, en sa qualité de critique littéraire, traite de toutes les questions, présente comme « un argument de bon sens irréfutable », cette sentence : « L'ouvrier à 5 francs ne peut lutter contre l'ouvrier à 5 sous ».

L'expérience est faite depuis longtemps et en voici le résultat.

En 1888, la Chambre de commerce de Manchester, dans une enquête sur l'industrie du coton dans l'Inde, constatait que, malgré des salaires de 5 d. à 1 sh. d. par jour, un travail de 80 heures par semaine, sans repos hebdomadaire, le prix de revient des filés était beaucoup plus onéreux que dans le Lancashire avec des salaires beaucoup plus élevés, 56 heures de travail par semaine et 306 jours de travail par an [1].

Un filateur allemand déclarait que, dans les filatures anglaises, 91 et 95 p. 100 du temps étaient occupés, tandis qu'en Alsace il ne fallait compter que sur 80 p. 100. Un ingénieur américain, M. Bacon, écrivait : « Si bas que soient les salaires en Russie, le travail russe est, relativement à son efficacité, le plus cher que j'aie pratiqué [2] ».

Voici un exemple de l'influence que peut avoir le salaire sur le prix de revient d'un produit.

1. S.-J. CHAPMAN, t. I, p. 156.
2. *Present condition of Russia* (*Yale Review*, août 1903).

Le prix de revient pour une même quantité d'ammoniaque se chiffre de la manière suivante[1] :

	Hommes.	Salaires.	Prix par tonne.
Angleterre.	100	100	100
Allemagne.	131	78	102
États-Unis.	110	135	148

Le prix de la tonne, en Allemagne, n'est pas compensé par le bas taux des salaires parce qu'il faut pour la produire un plus grand nombre d'hommes qu'en Angleterre. Aux États-Unis, l'élévation des salaires, qui n'est pas compensée par la productivité du travail, donne un prix de revient beaucoup plus élevé.

Lord Brassey, fils du grand constructeur de chemins de fer, lui-même grand industriel, dit : « Le prix d'exécution d'un travail ne peut être estimé par les salaires quotidiens des ouvriers. Le travail peut être cher avec des salaires bas, et bon marché avec des salaires élevés. » Et il ajoute que « son père, avec une expérience sans égale, disait que le *prix de la main-d'œuvre,* ou, en d'autres termes, *le coefficient résultant de la division du travail accompli chaque jour par le salaire quotidien, était à peu de chose près le même dans tous les pays* ». M. Siemens, le grand constructeur, dans un discours présidentiel à l'Institut du fer et de l'acier, rappelait cette opinion et s'y associait.

Pour le salariant, le coût n'est donc pas en raison de la somme de monnaie qu'il représente; il *est en raison de la productivité du travail.*

1. ARTHUR SHADWELL, vol. II, p. 123.

Cette productivité dépend de deux facteurs :

1° Le premier est subordonné au milieu. Si un établissement industriel est situé dans le lieu le plus propre à son développement eu égard aux matières premières et à l'écoulement de ses produits; s'il a un outillage donnant le maximum de rendement, le travail y a une efficacité plus grande que dans les établissements mal situés et mal aménagés. La part du travail dans le prix de revient peut donc être élevée et le produit bon marché.

2° Le second facteur dépend de la capacité du salarié ; cette capacité est représentée à la fois par son habileté et par sa morale professionnelle.

Si son habileté lui permet de donner, avec l'outillage qu'il a à sa disposition, un chiffre x de produits, reste la question de savoir s'il les donne.

Or, de même que l'industriel n'a qu'un objet : le gain, l'ouvrier, en travaillant, ne peut pas en avoir un autre. Il pratique son métier avec le désir de toucher le salaire le plus élevé possible.

L'ouvrier ne donne le maximum de rendement que s'il est incité à le produire par l'accord de son intérêt et de la morale professionnelle.

L'intérêt de l'industriel est que les salariés soient incités à toucher toujours de plus hauts salaires, si son prix de revient est diminué dans une proportion qui lui permette d'étendre ses débouchés et d'assurer un renouvellement plus rapide de son capital circulant.

CHAPITRE II

LE CONTRAT DE TRAVAIL

I. — La question se réduit à ces termes : — Le contrat de travail est-il un contrat privé, régi par le principe de droit, formulé par l'article 1134 du Code civil (les conventions sont la loi des parties) ou doit-il être réglé par des arrangements d'autorité?

Le contrat de travail est très moderne. En Angleterre, les rapports entre salariants et salariés étaient déterminés par les règlements d'Édouard IV et d'Élisabeth.

En France, jusqu'en 1789, il n'y avait pas de contrat de travail. Le régime des corporations qui a été détruit en 1791 était basé sur la justice distributive des jurés et des maîtres. J'ai entendu avec étonnement vanter ce bon vieux temps où le travail de nuit paraissait inconnu, sauf pour les fabricants de cercueils. Mais on oubliait que l'ouvrier devait son temps entier au maître, depuis le lever jusqu'au coucher du soleil. Pas moyen pour l'ouvrier de se dérober à sa tyrannie, il était ramené chez lui comme un esclave.

Le contrat de travail n'existe que depuis 1789. Il s'appelle actuellement louage de services et est réglé par l'article 1780 du Code civil. Cependant, je lui ai donné le titre de Contrat de travail; car, en réalité, il relève aussi de l'article 1710 du Code civil qui règle le louage d'ouvrage. C'est le contrat intervenant entre une personne qui livre des matières premières à une autre en échange du produit.

En réalité, dans le travail aux pièces, l'entrepreneur livre des matières premières, le plus souvent l'outillage, en échange d'un produit. Ce n'est pas là un louage de services. C'est l'achat d'un objet. Le mot contrat de travail est plus large, quoiqu'il ne soit pas non plus rigoureusement exact.

L'acheteur de ces services ou de ces produits, l'entrepreneur, l'industriel, l'exploitant, l'employeur, celui que, dans un vieux langage qui n'a rien de juridique ni d'économique, on appelle le patron, paye une somme déterminée : c'est le salaire.

Ce n'est pas le travail qui se vend et qui s'achète. L'employeur le supprime chaque fois qu'il le peut. Il remplace l'effort humain autant que possible par la machine.

Des machines remplacent des ouvriers. On ne dira pas que c'est le travail de ces machines que paye le salariant, c'est le produit de ce travail.

De même, lorsque vous payez un salaire à un ouvrier, c'est le service rendu par lui ou le produit qu'il vous livre que vous payez : ce n'est pas son travail. *Le contrat de travail n'est qu'un contrat d'échange.*

II. — Outre les socialistes les plus exaspérés jusqu'aux plus sentimentaux, nombre de personnes disent qu'il n'y a pas d'égalité entre l'acheteur des résultats du travail et le vendeur, et elles demandent à l'État d'intervenir sous prétexte de rétablir cette égalité. Elles disent que le salarié a toujours plus besoin de vendre son travail que l'employeur de l'acheter; et, règle générale, c'est vrai; c'est vrai non seulement pour le vendeur de travail, mais pour tout indnstriel, pour tout producteur.

Mais y a-t-il jamais égalité entre deux contractants? est-ce qu'il n'y en a pas toujours un qui a plus besoin de vendre ou d'acheter? l'un plus habile que l'autre? Est-ce que tout contrat ne commence pas par un conflit d'intérêts et une discussion? est-ce que chacun ne cherche pas à tirer parti de sa position? Si l'État se mêle de cette discussion, il supprime le contrat. Les pouvoirs publics ne doivent intervenir que pour en garantir l'exécution si une des parties veut s'y dérober.

Le contrat implique deux conditions : liberté avant, sécurité après.

L'expression « conflits du travail et du capital » est inexacte.

Au point de vue du contrat de travail, le capital ne joue qu'un rôle secondaire : celui qui a le dernier mot, c'est le consommateur, c'est l'acheteur, car c'est lui qui rembourse les avances faites par l'industriel pour le prix des résultats du travail.

Souvent on entend répéter cette phrase : « Ils pourraient bien payer un peu plus, ils sont riches ». Eh bien, non! Le capital d'une industrie n'a qu'un rôle insignifiant dans le taux du salaire. Si un industriel riche peut payer plus cher, ce n'est pas parce qu'il peut donner une plus grande part de son capital à des salariés, c'est parce qu'il peut avoir un outillage supérieur et acheter les matières premières dans des conditions plus avantageuses; mais, s'il paye sur son capital, si riche qu'il soit, il aboutit à la ruine. Celui qui paye les salaires en dernier ressort, c'est le consommateur, et si les salaires trop élevés renchérissent les produits, les débouchés se ferment, c'est la dépression, c'est la crise, c'est la déconfiture ou la faillite.

Vous voyez, dans les comptes rendus des grèves, le langage officiel lui-même se servir de cette expression : « Telle grève a réussi. » Cela veut dire que, pour le moment, les grévistes ont obtenu ce qu'ils réclamaient; mais cette réussite peut n'être que momentanée; car si leurs prétentions aboutissent à un renchérissement de leurs produits tel que l'écoulement soit supprimé, c'est la fermeture de l'atelier ou de l'usine. C'est la ruine pour l'employeur et pour eux.

La grève est le meilleur démenti à cette assertion que le salarié est toujours dans une position d'infériorité à l'égard du salariant, le premier représentant un estomac et le second un sac; car, si les ouvriers ont recours à la grève, c'est qu'ils se disent que leur employeur a besoin de livrer des marchandises, qu'il a besoin de payer des échéances, qu'il a plus besoin de la main-d'œuvre qu'ils n'ont besoin de lui. Ce calcul, absolument fondé, suffit pour réfuter le prétendu écrasement du salarié dans le contrat de travail.

III. — Le contrat du travail n'est qu'un contrat d'échange, liberté de discussion avant, garantie d'exécution après. J'ajoute qu'en vertu des principes de 89, il doit y avoir égalité juridique entre les contractants. L'article 1781 du Code civil avait donné un privilège à l'employeur : « Le maître est cru sur son affirmation pour la quotité des gages, pour le payement du salaire de l'année échue, pour les acomptes donnés dans l'année courante ». Cette inégalité entre « le maître » et le salarié était une survivance de l'ancien régime : et c'est avec raison que la loi de 1868 l'a supprimée.

Le contrat de travail est un contrat d'échange, telle est la doctrine qui doit être établie et propagée : et le Code civil français a assimilé le contrat de travail à un acte commercial.

Que les créances des salaires aient les privilèges stipulés par l'article 2101 du Code civil, l'article 549 du Code de commerce, dans les cahiers des charges des entrepreneurs de travaux publics, cela n'en change pas le caractère.

La loi de 1891, qui ne rend le salaire saisissable que jusqu'à concurrence du dixième, a certainement diminué le crédit des ouvriers chez leur logeur, leur boulanger et leur épicier; elle n'a pas changé le caractère du contrat de travail.

Mais toutes les lois qui ont pour tout objet la réglementation des heures de travail et la fixation du taux des heures de travail et la fixation du taux des salaires *remplacent le contrat par le statut, substituent des arrangements d'autorité à la volonté des parties.*

Le parti socialiste, en 1848, fit prendre par le gouvernement provisoire le décret du 2 mars 1848, ainsi rédigé : « 1º La journée de travail est diminuée d'une heure. En conséquence, à Paris, où elle était de onze heures, elle est réduite à dix, et en province, où elle avait été jusqu'ici de douze heures, elle est réduite à onze. » Le décret fut abrogé par la loi du 9 septembre 1848, qui limita solennellement la journée de travail à douze heures, alors que ce décret constatait que ce chiffre était supérieur à celui du travail à Paris et que les mœurs l'avaient adopté dans les départements.

Des décrets de 1851, de 1866, de 1889 ont criblé cette loi d'exceptions. Du reste, jusqu'en 1883, personne n'était chargé de l'appliquer. La loi du 16 juillet 1888 en a chargé les inspecteurs du travail des enfants dans les manufactures.

Enfin, en 1900, la loi Millerand-Colliard a subordonné le travail des adultes au travail des enfants et l'a réduit à dix heures.

La limitation des heures de travail a pris un nouveau caractère. Comme considérant à son décret de

1848, le Gouvernement provisoire se bornait à dire :
« Un travail manuel trop prolongé ruine non seulement
la santé du travailleur, mais encore, en l'empêchant de
cultiver son intelligence, porte atteinte à la dignité de
l'homme », maintenant, les socialistes invoquent
comme argument la théorie du surtravail de Karl
Marx[1].

Tout le bénéfice du patron vient du surtravail. Un
ouvrier travaille douze heures par jour. Pendant six
heures il incorpore du travail à la marchandise, et
cela représente la véritable valeur de la marchandise;
mais pendant les autres six heures qu'il travaillera, ce
sera le bénéfice du patron, le profit du patron. C'est
ainsi que Karl Marx justifie cette accusation : « Le
patron est un exploiteur du travail de l'ouvrier. » Par
conséquent, si, au lieu de travailler douze heures,
l'ouvrier réduit son travail à six heures, par exemple,
le patron n'aura plus de profit; il n'exploitera plus
l'ouvrier, et alors le prix de revient représentera exactement la valeur du travail qui y a été incorporé.

Si cette théorie de Karl Marx était juste, il serait
facile à un patron de faire des bénéfices. Si l'ouvrier travaillant douze heures par jour gagne deux
francs dans les six premières heures, et que les deux
autres francs soient le bénéfice du patron, il suffirait que le patron portât son salaire à six francs pour
assurer à tous les deux une satisfaction réciproque; il
donnerait trois francs à l'ouvrier, et il augmenterait
son bénéfice en touchant, lui, également trois francs.
Si le bénéfice du patron ne provenait que du surtravail

1. V. Yves Guyot, 4.

de l'ouvrier, rien ne serait plus facile. Il suffirait de puissantes associations de capitaux qui feraient travailler le plus grand nombre de personnes possible le plus longtemps possible pour s'assurer des bénéfices.

Mais dans la troisième partie de son livre : Le Capital, publiée seulement en 1895 par Engels, Karl Marx reconnaît que le travail, pris comme mesure de la valeur, est une conception subjective purement théorique et jamais réalisée en pratique.

Et cependant c'est cette question du surtravail, reléguée par son auteur post mortem, il est vrai, dans la catégorie des chimères, qui sert actuellement de point de départ à toutes les campagnes socialistes.

Je sais bien que beaucoup de ceux qui demandent que l'État intervienne pour limiter le travail à huit heures se préoccupent fort peu de Karl Marx et de ses théories, mais les docteurs du socialisme ont voulu donner une apparence scientifique à leurs déclamations. C'est sur la question du surtravail qu'ils font reposer la limitation des heures de travail. De cette manière, ils prétendent diminuer l'exploitation du travailleur jusqu'au moment idéal où ils auront obtenu l'abolition du salariat. En attendant, ils présentent comme objet immédiat la diminution, sinon la suppression, du profit du patron.

Dans les questions de ce genre, les surenchères arrivent toujours. Si les Trade Unions anglaises demandent huit heures, les Trade Unions d'Autriche demandent six heures, M. Hyndman a demandé quatre heures, M. Paul Lafargue trois heures, et à New-York le docteur Joynes, au nom des Chevaliers du Travail, a demandé une heure et demie.

Il n'y a qu'une surenchère qui ne sera pas dépassée, ce sera zéro.

Si on demande à l'État d'intervenir pour la limitation des heures de travail, il doit établir aussi un minimum de salaire, car l'ouvrier a le droit de dire : — « Vous assurez que vous allez m'empêcher d'être exploité par mon patron en restreignant mon travail à huit, à six heures, à trois heures, à une heure et demie, à zéro. Mais si le patron diminue mon salaire dans la même proportion, il ne continuera peut-être pas à abuser de mon travail ; mais s'il me paie moins ou s'il ne me paie pas du tout, je ne vois pas ce que je gagnerai et je vois très nettement ce que je perdrai. » Et alors arrive, comme la contre-partie du maximum des heures de travail, la question de minimum de salaire.

On a introduit hypocritement la question de la protection du travail des adultes par la protection des femmes.

Mais comment? en 1862, les ouvriers typographes de Paris s'étaient mis en grève contre la maison Paul Dupont parce qu'elle employait des femmes. Tous les artifices de langage en leur faveur se traduisent en ce fait que les hommes veulent conserver le monopole du plus grand nombre de métiers possibles. Le congrès socialiste de Tours à la fois proscrivait la femme mariée de l'atelier et proclamait à travail égal salaire égal : la femme doit toucher le même salaire que l'homme. C'était très généreux. En réalité, cette belle proposition n'avait pour but que de les exclure.

On y est parvenu pour les compositrices de journaux en leur interdisant le travail de nuit : mais on l'a laissé aux plieuses. L'on s'est basé sur la morale pour exclure les compositrices du travail de nuit et cependant il est toléré pour les plieuses. Enfin, il y a un certain nombre de métiers où le travail de nuit est toléré pour les femmes pendant soixante jours par an, avec autorisation de l'inspecteur.

Le travail de nuit est déclaré immoral le reste de l'année, il devient moral pendant ces soixante jours.

Les hommes qui, pour limiter le travail des femmes, ont parlé de leur incapacité de se défendre par elles-mêmes ont proclamé leur propre incapacité, quand ils ont demandé à leur tour à être protégés. Ils se servent de la liberté politique pour réclamer la tutelle économique. Quoi! ils ne peuvent agir par eux-mêmes pour leurs intérêts immédiats, et ils entendent cependant prendre part à la direction de la nation. La réglementation du travail des adultes est la négation du suffrage universel.

On est entré dans l'engrenage, et on a multiplié les interventions par la loi sur l'hygiène des ateliers, par la loi sur les accidents de travail, par la loi sur les retraites ouvrières, la loi sur le repos hebdomadaire, etc.

IV. — Le grand inspirateur de la politique socialiste de M. Millerand, des divers ministres du travail, des interventionnistes de tout genre a été et est toujours M. Raoul Jay, professeur à la Faculté de droit de Paris, membre du Conseil supérieur du Travail, de la Société internationale pour la

protection des travailleurs, catholique social et l'un
des orateurs ordinaires des *Semaines sociales*.

Il est au mieux avec les socialistes unifiés quand
il demande l'appui du bras séculier pour restreindre
le travail et faire mettre le chef d'industrie à la porte
de l'atelier par l'inspecteur du travail et les délégués
qui espionnent pour son compte et pour celui des
Bourses du travail.

En 1913, à la semaine sociale de Versailles[1], il
a invité les catholiques à commencer une campagne
pour « l'amélioration de la loi sur le repos hebdomadaire » qui, si vexatoire qu'elle soit, ne lui donne pas
encore complète satisfaction. Sur 104.353 établissements de Paris et de Lyon, le repos du dimanche
n'est normalement respecté que par 11.248.

Les commerçants qui peuvent suffire seuls ou avec
leurs femmes, leurs enfants ou des extras au service de leur clientèle, restent insolemment ouverts,
tandis que ceux qui ont un besoin indispensable
de leurs employés sont contraints de fermer bou-
tique et ne le font qu'en protestant contre ce qu'ils
appellent une intolérable injustice.

J'en conclus que la loi est absurde et inique ;
M. Raoul Jay reproche au Sénat de n'avoir pas
fait une « loi de fer » qui condamne chacun au repos :
seulement l'oisiveté est la mère de tous les vices,
et M. Raoul Jay ne dit pas comment il forcera à
l'employer vertueusement les individus qu'il y condamne.

1. *Journal des Débats* du 4 août 1913.

V. — Toute cette législation est ramenée à la
question suivante :

Le contrat du travail doit-il être privé ou doit-il
être un acte de l'autorité publique?

Dans ce dernier cas, le salariant se trouverait
dans la situation des Curiales de l'empire romain.
C'étaient des officiers municipaux qu'on investissait
de toutes sortes d'honneurs, mais qui étaient responsables des impôts. La législation dite ouvrière
fait exactement le même sort aux industriels. On
leur dit : Vous aurez l'obligation d'assurer la prospérité de la nation, de payer des salaires, de ne pas
laisser en chômage les ouvriers, de leur garantir du
travail : vous supporterez leurs exigences, vous ne
pourrez refuser de les embaucher. Une fois entrés
chez-vous, ils seront inamovibles. Des inspecteurs,
sous toutes sortes de prétextes, auront une entrée
permanente dans vos ateliers et jusque dans votre
domicile; à tout instant ils pourront vous envoyer
en prison. Vous aurez toutes les charges en échange
du nom de patron que nous vous donnons à titre
honorifique.

CHAPITRE III

LE PATERNALISME PATRONAL

SOMMAIRE. — *Mépris réciproque du contrat de travail. — Définition du rôle du patron par Pecqueur. — L'ouvrier pupille. — Le Play. — Direction du salarié par le salariant. — Traitement individuel. — Complication des rapports entre salariants et salariés. — L'objet du contrat doit être nettement déterminé donc restreint. — Effet régressif du patronat sur les salariés. — M. Jean Dolfus et M. Cruppi. — Conséquences socialistes. — Inconséquences des chefs d'industrie. — Un exemple.*

Personne ne considère que le contrat de travail est un contrat d'échange comme un autre : le salariant croit volontiers encore qu'il rend une sorte de service à celui auquel il le consent; il ajoute qu'il n'a nulle sanction pour le faire exécuter si le salariant s'y dérobe, et le salarié considère que ce contrat oblige le salariant, mais ne l'oblige pas lui-même.

En 1838, l'Académie des Sciences morales et politiques couronnait un ouvrage de M. Pecqueur intitulé *Économie sociale. Des intérêts du commerce, de l'industrie et de l'agriculture.* On y trouve le passage suivant :

« L'exemple de La Rochefoucauld dans ses établissements de Liancourt, celui de MM. Kœchlin en Alsace, d'Owen en Écosse et de nombreux philanthropes qui, sur tous les points de la France, en Angleterre, en Belgique et même aux États-Unis, se donnent le rôle charitable de veiller à la moralité des classes qu'ils font travailler, et qui savent les rendre sensibles à leur blâme, à leurs exhortations et à leurs éloges, ne peut que se généraliser et devenir finalement une règle, un trait de mœurs, une forme réglementaire de l'industrie, et remplacer en quelque sorte les avantages nombreux des anciennes corporations, maîtrises et jurandes du moyen âge, sans en avoir aucun des inconvénients.

« Tous commencent à comprendre qu'ils doivent considérer leurs ouvriers comme des pupilles et exercer auprès d'eux un patronage au bout duquel l'ouvrier sente la charité et la fraternité. »

Ce système devait être repris et poursuivi avec une remarquable persévérance par Le Play.

Il avait un idéal catholique, et non seulement catholique, mais biblique.

Il avait cru qu'un chef d'industrie devait représenter un être conforme aux traditions patriarcales de la Bible, devait ressembler à Jacob se promenant, lui, ses troupeaux, sa tribu, dans les plaines de Judée. Et comme cette conception répondait à un vieil idéal féodal qui avait survécu à la Révolution, le grand industriel s'est considéré volontiers comme un « patron ». Le mot est impropre ; il a pour étymologie le terme « pater familias », qui ne répond à aucune espèce de vérité économique.

Rien que ce mot indique une question de prédominance, de supériorité, de protection à l'égard des salariés.

Le Play voulait que l'employeur fût « un père pour ses ouvriers ». C'est la vieille théorie monarchique qui a fait son temps aussi bien au point de vue économique qu'au point de vue politique. Il voulait qu'il y eût un lien personnel entre le salarié et le salariant. Il exigeait de ce dernier beaucoup de vertus, une préoccupation constante du bien-être matériel et de la santé morale de ses employés.

Le salariant devait prévoir pour le salarié. Il devait s'occuper de sa femme, de ses enfants, et par extension de sa morale et de sa religion.

Cette sollicitude se transformait en tutelle.

Le grand patron, considérant qu'il avait charge d'âmes, en concluait qu'il avait des droits de police et de surveillance morale, politique et religieuse sur ses ouvriers, qu'il devait les conduire au bonheur dans cette vie et dans l'autre.

Ce despotisme bienveillant dévoilait une prétention excessive, empruntée aux vieilles traditions du patriarcat biblique et de la tyrannie féodale. Il reposait sur l'idée de la supériorité morale du salariant : et on a vu des salariants commettre des escroqueries, des fraudes et sombrer dans des banqueroutes. Il reposait sur ce faux principe économique que *celui qui paye est supérieur à celui qui est payé.*

Or, c'est la négation même du contrat de travail. Celui qui reçoit un salaire n'est pas plus l'obligé de celui qui le paye que le négociant qui vend n'est l'obligé de celui qui lui achète. Et entre les services ou les produits fournis par le travail et le salaire, il y a une équivalence qui établit l'égalité entre celui qui est payé et celui qui paye.

Dans la conception de Le-Play et des autres paternalistes, le salaire revêt toujours un certain caractère de bienfaisance. Le patron semble faire une sorte d'aumône à l'ouvrier. De là les prétentions à protéger et à surveiller celui qu'il oblige.

C'est le vieux régime patriarcal et domestique. Les rapports personnels d'un industriel, d'un agriculteur, d'un patron, avec une ou deux douzaines de personnes sont déjà difficiles; mais la familiarité des rapports, une grande bienveillance et de bonnes intentions de la part de ce patron et de sa femme peuvent en atténuer les inconvénients. Ces rapports deviennent, cependant, d'autant plus délicats que l'instruction a donné aux subordonnés une conscience plus nette de leur individualité et de leur valeur.

Mais, qu'est-ce donc, quand il s'agit d'industries comprenant cent, deux cents, cinq cents, mille, deux mille, trois mille, cinq mille, dix mille ouvriers?

Est-ce que ces patrons peuvent connaître individuellement chacun de leurs ouvriers? Est-ce qu'ils peuvent se préoccuper de leur caractère, de leurs idées, de leurs besoins, être initiés aux détails de leur vie privée pour que leur bienveillance puisse s'étendre utilement à chacun d'eux.

J'ai eu occasion de m'entretenir de cette question avec des « patrons » férus de l'idée de Le Play, qui

avaient plusieurs milliers d'ouvriers sous leurs ordres.
Chacun de ces ouvriers avait une fiche individuelle.
Bien. Mais comment était établie cette fiche? En
dehors de l'état civil, de la capacité professionnelle,
elle contenait d'autres renseignements. Or, comment
ces renseignements étaient-ils obtenus? L'industriel
ne pouvait se les procurer directement. Il avait donc
dû recourir à l'organisation d'une police dans ses
ateliers.

Cette police avait forcément les inconvénients de
toutes les polices; on me parla de cette organisation
dans une ville où se trouvait une usine soumise à
ce régime et l'on m'apprit que des ingénieurs avaient
dû quitter l'établissement parce qu'il leur répugnait
de risquer d'être à la fois les instruments et les objets
de cette surveillance.

L'industriel, qui agit de cette manière, se donne
un rôle tutélaire, incompatible avec le caractère
économique du contrat de travail. Qu'arrive-t-il?
D'abord la complication des rapports entre salariants et salariés.

Or quel est l'idéal à poursuivre dans les affaires
commerciales et industrielles? *C'est de simplifier les
rapports et de faire des contrats dont l'objet est aussi
nettement déterminé que possible, par conséquent restreint.*

En 1891, dans une interpellation à propos des
grèves des mineurs du Pas-de-Calais, je dis que je
reprochais aux compagnies houillères « leur excès
de philanthropie ». Le mot surprit : elles ont dû voir
combien il était exact. Par leurs caisses de secours,
leurs institutions variées et onéreuses, elles n'avaient

pas conquis leurs ouvriers, elles avaient multiplié les causes de conflit. En même temps, elles, d'un côté, les législateurs de l'autre, sont arrivés à faire du mineur un grand enfant comme le marin en tutelle depuis Colbert. La régression qu'ils ont subie est caractéristique. Chez le mineur, comme chez l'Hindou, toute augmentation de salaire entraîne une augmentation de paresse et une diminution de production.

Cependant le préjugé que l'industriel n'est pas un simple contractant, mais doit être un bienfaiteur, subsiste avec une telle force, qu'en 1908, dans un banquet, un industriel ayant répété cette parole de Jean Dolfus : « Le patron doit à l'ouvrier plus que son salaire », M. Cruppi, alors ministre du Commerce et de l'Industrie, s'empressa de reprendre :

« Le patron, loyal débiteur qui reconnaît devoir à l'ouvrier plus que son salaire, n'agit pas seulement en bon républicain, il agit en homme intelligent. »

Logiquement M. Ernest Lesigne, dans une brochure socialiste, aboutit à la conclusion suivante :

« Ainsi, tout le monde avoue qu'il est encore dû au travailleur, même après paiement du salaire, fût-ce au tarif syndical, lequel restant toujours un salaire, ne constitue jamais, comme tel, qu'un acompte d'entretien, et ne représente aucunement la valeur réelle du travail accompli par le travailleur. »

CHAPITRE IV

LE CONTRAT COLLECTIF DE TRAVAIL
ET LES SYNDICATS

SOMMAIRE. — *Les syndicats. — Congrégations laïques. — Association de combat. — La Confédération générale du Travail. — Le syndicat n'a pas qualité pour établir et exécuter le contrat collectif de travail.*

Des industriels répètent la formule de Le Play : « Nous ne voulons pas traiter avec la collectivité. »

Une grève éclate. Ce jour-là, ils devaient déclarer que les ouvriers ayant rompu le contrat de travail, ils ne pourraient être réintégrés qu'individuellement. Or, habituellement, ils entrent alors en pourparlers avec des délégués des grévistes, et ils font un contrat collectif dans les plus mauvaises conditions, puisqu'il constitue d'abord une concession de leur part.

Tous les projets relatifs au contrat collectif de travail instituent le syndicat comme devant être le cocontractant.

Ces tentatives ne peuvent aboutir qu'à la reconstitution de la vieille corporation. *Les syndicats en*

France, les unions professionnelles en Belgique, *sont des congrégations laïques.*

La personne y est inféodée. Veut-elle se retirer du « syndicat »? Elle ne peut dans ce cas emporter sa quote-part de l'avoir social. La loi belge prévoit que, même en cas de liquidation de l' « union profession- nelle», jamais la propriété ne redeviendra indivi- duelle. Elle sera affectée à d'autres unions profes- sionnelles.

Nous arrivons ainsi à la constitution de biens de main-morte perpétuelle.

En France, la loi sur les syndicats de 1884 a été triomphalement appliquée par les industriels et les agrariens qui ont réclamé des droits protecteurs. Ce n'étaient pas des salariés, c'étaient des propriétaires, c'étaient des industriels qui trouvaient que la défense, la protection de leurs intérêts professionnels, consis- tait à arracher aux Chambres des tarifs de douanes écrasants pour le consommateur.

L'objet de ces « syndicats » et « unions » est, aussi bien dans la loi belge que dans la loi française, très vague, très mal défini : «l'étude et la défense des inté- rêts économiques, industriels, commerciaux et agri- coles ». Et il n'est rien de dangereux comme de con- stituer des associations dont le but à poursuivre n'est pas plus clair ni mieux délimité. Il peut y avoir des unions ou syndicats de salariants : il y en a de salariés. Mais je suppose qu'une grève éclate, qu'un conflit à propos de salaires survienne. Voilà les deux syndicats en présence, les voilà dans une attitude de combat!

Les deux syndicats sont en état d'antagonisme, leurs représentants cherchent à défendre les intérêts professionnels de leur groupe respectif. L'expérience prouve que le syndicat est un détestable intermédiaire entre salariants et salariés.

En effet, quand ils se trouvent l'un en face de l'autre, c'est toujours dans la posture de belligérants.

Les *Trade unions* anglaises, américaines, et les *Syndicats* français, allemands, belges, sont des associations de combat qui ont pour objet d'emporter les avantages de haute lutte avec la grève pour *ultima ratio*.

M. Emmanuel Levy, professeur de droit à l'Université de Lyon et socialiste unifié, a démontré l'incapacité économique des syndicats en donnant à leurs chefs le conseil suivant :

« Je dis aux syndiqués : « Que votre syndicat ne possède « rien ! Qu'il soit un milieu de lutte antipatronale, mais « que le patron ne puisse pas le tenir, le lier, le saisir sur « un patrimoine. Servez-vous en comme d'un outil de « combat, et, à l'occasion, s'il le faut, de grève! Mais « servez-vous en impunément, sans risques, sans obli- « gations, sans dettes! Donc, que vos capitaux soient « placés dans des organisations collectives autres que le « syndicat. »

Les *Labor unions* des États-Unis suivent cette méthode. Dans le but d'échapper à toutes responsabilités, elles ne se font pas reconnaître.

La plus nette expression de la politique des syndicats est la Confédération générale du Travail. Elle est constituée sur le type militaire. Des chefs dirigent et ordonnent sans s'occuper de la majorité des membres plus ou moins passifs des groupes qu'ils prétendent représenter. Ils préconisent et ils emploient l'action directe en déclarant que leur intérêt fait le droit. Ils acceptent qu'on qualifie leur politique de politique de brigandage.

Le syndicat, association de combat, est impropre à établir le contrat collectif de travail. M. Waldeck-Rousseau avait formellement reconnu cette incapacité[1].

1. V. Yves Guyot, 6.

CHAPITRE V

LES SOCIÉTÉS COMMERCIALES DE TRAVAIL

Sommaire. — I. *M. G. de Molinari.* — *Les Bourses de travail.*
— II. *Le salaire est un achat de produits ou de services.* —
Acheter en gros au lieu d'acheter en détail. — III. *Généralisation du marchandage.* — IV. *Expériences.* — *Exposé
de M. Gouttes.* — V. *Objections.* — *Associations de combat
et sociétés ayant le gain pour objet.* — VI. *De l'avenir des
sociétés commerciales de travail.*

I. — En 1842, M. G. de Molinari, qui a jeté sur les
questions économiques tant de vues profondes, publia
un article intitulé *L'Avenir des Chemins de fer,* dans
lequel il disait : « Le travail deviendra un objet de
trafic régulier, il sera coté selon la demande qu'on en
fera, et sa valeur s'accroîtra comme s'est accrue la
valeur des capitaux à l'époque de l'ouverture des
premières bourses. On pourra l'acheter en gros au lieu
de l'acheter en détail. » M. G. de Molinari avait com-

plètement raison de vouloir commercialiser le travail.

Il essaya d'organiser une Bourse du travail en Belgique et M. Max Wirth tenta, en 1850, de réaliser la même idée en Autriche. Les deux entreprises ne réussirent pas.

La première Bourse du travail fut ouverte à Paris le 28 avril 1887 et beaucoup de villes en ont fondé; mais elles mettent à la porte les acheteurs de travail, ce qui est une manière originale d'en augmenter les cours. Elles ne sont que des agences, entretenues, aux frais des municipalités, pour préparer des candidatures socialistes, ou, sous la direction de la Confédération du Travail, des grèves insurrectionnelles. Elles se proclament elles-mêmes des agences de la Révolution sociale.

II. — En raison de l'économie de l'effort, tout industriel achète ses matières premières en gros : il ne peut continuer d'acheter les produits du travail en détail, et c'est ce qu'il fait, quand il n'entend traiter, selon le conseil de Le Play, qu'avec des individus. Par une singulière contradiction, on le voit dans la grande industrie, au moment d'une grève, renoncer à cette prétention, quand, au contraire, si elle était basée sur une conception exacte, il faudrait la maintenir.

L'industriel ne fait qu'une série d'actes de commerce : il achète un outillage, il fait construire ses usines par les entrepreneurs, il achète des matières premières et il vend des produits.

Quel rôle joue l'ouvrier? L'industriel lui fournit un outillage et des matières premières; en échange des produits qu'il en reçoit, il lui donne une certaine

somme qu'on appelle salaire. C'est toujours un acte
d'achat, quelque nom qu'on lui donne.

Au lieu de traiter avec chaque ouvrier, ne serait-il
pas beaucoup plus simple de traiter avec une Société
commerciale de travail qui s'engagerait dans un délai
fixé à rendre un produit spécifié? Ce serait l'achat en
gros au lieu de l'achat en détail.

III. — La solution du problème de l'organisation
du travail, dans l'industrie, c'est la constitution de
Sociétés anonymes de travail ou, si l'on préfère ce nom,
de *Coopératives de travail*. Ces sociétés seraient des
sociétés par actions, de manière que chacun de leurs
membres fût copropriétaire de l'avoir social. Elles
n'auraient d'autre objet que de traiter pour les produits
ou les services résultant du travail de leurs membres et
de garantir l'exécution du contrat de travail.

La société vendeuse des produits ou des services du
travail ne réclamerait pas une participation aux bénéfices d'une autre organisation qui traite avec elle. Ce
qu'elle essayerait, ce serait de s'assurer des bénéfices à
elle-même.

Elle aurait exclusivement à garantir à l'industriel un
approvisionnement de certains produits ou de certains
ervices pour un laps de temps et un taux déterminés.

1º Achat en gros du travail substitué à l'achat en
détail;

2º Garanties de qualité et de durée pour un temps
déterminé, permettant à l'industriel d'établir son
prix de revient;

3º Opérations simples dégagées de tous les détails
accessoires;

4° Responsabilité effective de la société contractante pour retard, malfaçon, etc. ;

5° Assurance directe de ses associés par la société commerciale de travail.

C'est la substitution du louage d'ouvrage au louage de services. C'est un contrat réel qui ne s'applique qu'aux choses, tandis que le second a un caractère personnel ; et une des caractéristiques du progrès économique est *la séparation toujours de plus en plus grande de l'homme et de la chose.*

Le travail aux pièces est une petite entreprise individuelle, mais l'individu ne peut le plus souvent agir seul. Il s'agit de faire faire le travail aux pièces en gros au lieu de le faire faire en détail.

Je m'adresse aux industriels et je leur dis que l'idéal d'un chef d'industrie est de faire une série d'entreprises à forfait des détails desquelles il n'ait point à s'occuper.

Il y a un côté neuf dans cette proposition, mais, d'autre part, elle n'innove pas autant qu'on pourrait le supposer tout d'abord.

L'article 1710 du Code civil dit que le « louage d'ouvrage » est un « contrat par lequel l'une des parties s'engage à faire quelque chose pour l'autre, moyennant un prix convenu entre elles ».

L'article 1779 distingue trois espèces de louage d'ouvrage et d'industrie :

1° Louage des gens de travail qui s'engagent au service de quelqu'un ;

2° Celui des voituriers, tant par terre que par eau, qui se chargent du transport des personnes ou des marchandises ;

3º « Celui des entrepreneurs d'ouvrages par suite de devis ou marchés ».

Et tous ces articles sont régis et complétés par la section 3, du chapitre III, du titre VIII du Code, par les articles 1787 à 1789.

Devis et marchés. — Art. 1787. — « Lorsqu'on charge quelqu'un de faire un ouvrage, on peut convenir qu'il fournira seulement son travail ou son industrie, ou bien qu'il fournira aussi la matière première. » (Voir aussi articles 1788 et 1789.)

Et la caractéristique de la réforme que je propose est la « Substitution de l'entreprise au louage de services ».

Tout homme qui travaille à la journée se trouve sous la dépendance directe de l'employeur, qui peut toujours venir lui dire : « Vous ne travaillez pas assez! Vous ne faites qu'une besogne infime! »

Le louage de services comporte un caractère de servitude personnelle.

Avec le travail à la pièce, au contraire, l'ouvrier est indépendant. Du moment qu'il livre son produit, il est son maître. Le travail aux pièces est donc la substitution du travail libre au travail servile dans lequel l'ouvrier doit tout son temps au patron. Dans le cas du travail aux pièces, l'ouvrier devient un entrepreneur; il produit tant, il gagne tant, il travaille comme il l'entend. L'employeur lui règle son compte au prorata de ce qu'il produit, et il n'a pas à le traiter de paresseux ou à le frapper de punition.

Avec l'organisation des Sociétés commerciales de

travail, nous substituons le travail aux pièces au
louage de service : et nous allons plus loin.

Le décret du 2 mars 1848, renforcé par les décrets
Millerand du 10 août 1899, a interdit le marchandage
excepté pour les associations d'ouvriers. Les *Sociétés
commerciales* de travail seront la généralisation du
marchandage.

Les entreprises individuelles doivent se composer de
plus en plus d'une série de sous-entreprises. *Le marchandage doit devenir la règle.*

IV. — Légalement les sociétés commerciales ne trouvent en France aucun obstacle. Quelques-unes ont déjà
été constituées, et l'une l'a été d'accord avec M. Fal-
lières, alors ministre de l'Intérieur. C'est la Société
anonyme à capital variable de composition, impression, expédition et distribution des *Journaux Officiels*
de la République française. Elle fonctionne depuis
1881; j'en ai publié les statuts modifiés en 1900, qui
peuvent servir de modèle[1]. Cette expérience qui continue est décisive.

J'avais formulé la théorie des *Sociétés commerciales*
de travail, qui complétait celle qu'avaient élaborée les
deux célèbres industriels belges, MM. Eugène Baudoux
et Henri Lambert, dans leur étude sur les *Syndicats professionnels et l'Évolution corporative*, quand
M. Gouttes me fit part d'une expérience tentée par lui
à Toulon, en 1878, dans l'usine Mouraille et Cie pour
la construction de quarante wagons destinés à la
marine militaire. Il avait su persuader à M. Mouraille

1. YVES GUYOT, p. 337.

de les laisser faire par les ouvriers constitués en
Société de travail. — Il m'écrivait : « Nous avons fait
dans trois mois les quarante wagons, alors qu'il avait
fallu dix mois pour en faire trente. Le prix consenti
était le prix de revient antérieur, moins mes appoin-
tements, 250 francs par mois. Les résultats furent tels
que tous les comptables voulurent être participants
par la suite, ce qui n'était pas possible, la comptabilité devant être comprise dans les frais généraux, le
patron devant contrôler la distribution des matières
devait conserver ses agents ».

M. Gouttes ne voulut pas accepter cette combinaison. Il fit comprendre à M. Mouraille que s'il en était
autrement, il pouvait gâcher de la matière première ;
car les comptables seraient plutôt portés à satisfaire ses demandes qu'à défendre les intérêts du
chef l'industrie. L'industriel n'avait, pour tout conci-
lier, qu'à accorder à ces agents des gratifications à
prendre sur les économies réalisées dans les frais généraux.

M. Mouraille aurait voulu avoir aussi quelque
chose dans les bénéfices réalisés : or, il avait eu pour
lui l'économie de six mois sur neuf, par conséquent la
disposition de son outillage, et il pouvait rentrer plus
rapidement dans ses capitaux. Bref, M. Gouttes quitta
M. Mouraille parce que son expérience avait trop bien
réussi. Rappelé un peu plus tard, il avait trouvé une
autre position avantageuse ; et il ne revint pas.

Mais en 1879 il fit au Congrès socialiste de Marseille
un remarquable exposé de la question que je n'ai
connu qu'en 1901, mais que j'ai reproduit dans mon
volume: *Les Conflits du travail* (p. 327 et suiv.).

Il opposait « les associations ouvrières de production n'ayant ni outillage ni capitaux d'exploitation » aux sociétés coopératives avec outillage et capitaux d'exploitation. Il montrait avec raison l'incapacité pour les ouvriers de constituer et de gérer des associations financières, tandis qu'ils pouvaient constituer et gérer des associations de travail. Les faits, depuis trente-cinq ans, ont confirmé la justesse de ses prévisions. Il disait :

Quatre parties composent toute opération industrielle ou agricole, savoir :

1º Matières premières; 2º frais généraux; 3º bénéfices; 4º main-d'œuvre.

Garantir au capital la main-d'œuvre, c'est lui assurer un bénéfice certain, c'est assurer la responsabilité d'exécution des travaux.

Par leurs traités avec les sociétés de travail, les industriels pourront :

2º Simplifier la comptabilité de la suppression de tout ce qui a trait à la main-d'œuvre; par suite, suppression des ouvriers chargés du pointage des feuilles de journées, etc.

3º Diminuer le rapport existant entre les frais généraux et la main-d'œuvre, c'est-à-dire diminuer le compte des frais généraux;

4º Se décharger sur la société ouvrière des accidents survenus pendant l'exécution des travaux.

M. Gouttes établissait le compte suivant :

Un armateur traite avec les Forges et Chantiers de la

Méditerranée pour la construction d'un navire dans lequel il entre actuellement :

Matières premières. . . . . Fr.   150.000
Main-d'œuvre. 75.000
Frais généraux : 75 p. 100 de la main-.
   d'œuvre. 56.250
Bénéfices : 10 p. 100 des sommes ci-
   dessus. 28.125
      Prix de revient total. . . Fr.   309.375

Durée du travail : trois mois.

Si nous considérons le même travail exécuté par une association ouvrière, sans tenir compte de la diminution des frais généraux, résultant de la suppression de certains employés, nous trouvons en première ligne que la production de l'ouvrier intéressé étant double, non seulement parce qu'il redouble de zèle, mais parce que ses collègues plus intelligents que lui l'aident de leurs conseils, le temps employé pour l'exécution sera de un mois et demi au lieu de trois mois. Le devis deviendra donc :

Matières premières. . . . . Fr.   150.000
Main-d'œuvre. 75.000
Frais généraux : 37,5 p. 100. . . . .   28.125
Bénéfices : 10 p. 100 sur les sommes
   ci-dessus. 25.312
      Total. . . . . Fr.   278.437

Cette différence entre ce prix de revient et celui précédemment établi s'élevant pour le même travail à 309.375 francs, constitue un bénéfice de 30.737 francs pour l'armateur. Cette valeur augmente pour lui si le

producteur des matières premières emploie aussi une
association ouvrière.

Si nous considérons la production annuelle de l'industriel, dans le premier cas, nous trouvons :

Matières premières. .	Fr.	150.000 × 4 =	600.000
Main-d'œuvre.		75.000 × 4 =	300.000
Frais généraux.		56.250 × 4 =	225.000
Bénéfices.		28.125 × 4 =	112.500
Total.		Fr.	1.237.500

Dans le cas où il traiterait avec une association ouvrière, la production serait :

Matières premières. . .	Fr.	150.000 × 4 =	1.200.000
Main-d'œuvre.		75.000 × 4 =	600.000
Frais généraux.		56.250 × 4 =	450.000
Bénéfices.		28.125 × 4 =	225.000
Total.		Fr.	2.475.000

En comparant ces divers produits, on trouve que,
dans le premier cas, les bénéfices annuels sont de
112.500 francs; dans le second cas, il touchera 225.000 fr.,
soit 98.000 francs en plus. Ce sera pour lui une prime
que toutes les protections des tarifs de douane ne pourront
compenser. Je rappelle pour mémoire qu'il ne court plus
de risques de perte et que les frais généraux sont toujours
couverts comme par le passé.

Les ouvriers employés dans l'établissement avec le
salaire ne toucheraient qu'une somme de 300.000 francs,
tandis qu'avec l'association ils toucheraient 600.000 francs.

V. Voici les principales objections présentées à ce
système :

1º Quelle garantie donnent les ouvriers à l'exécution de leur contrat?

Réponse : Quand ils auront constitué un capital, ils pourront fournir un cautionnement. En cas de non-exécution ou de malfaçon, leur société peut être condamnée à des dommages-intérêts. Actuellement, les garanties sont nulles : il faut en proposer.

2º Il y a avantage à s'adresser à un groupement qui a le gain pour objet. Il craint la perte.

3º « Le patron ne sera plus le maître chez lui. » L'est-il aujourd'hui avec les syndicats, les secrétaires de Bourse de travail, les inspecteurs de travail et leurs espions?

4º « Si un industriel renonce à une fabrication pour laquelle il aura contracté. »

Toute personne, d'après l'article 1142 du Code civil français, a le droit de rompre un contrat, mais l'article 1794 déclare que « la personne qui résilie un marché à forfait, quoique l'ouvrage soit commencé, doit dédommager l'entrepreneur de toutes ses dépenses et de tout ce qu'il aurait pu gagner dans cette entreprise ». L'objection ne résiste donc pas devant les dispositions du Code.

5º Un tisseur m'écrivait ceci : « J'ai besoin de gardes de nuit, de chauffeurs, d'emballeurs, de débardeurs, ajusteurs, dessinateurs, manœuvres, surveillants, filateurs, etc... Est-ce une collectivité qui pourra me fournir les ouvriers qui me manquent? »

Oui! ce sera une collectivité! La raison est bien simple. Il n'y a pas qu'une manière de constituer ces sociétés! Et je dis à cet industriel : — Vous

devez être enchanté de vous adresser à cette collectivité. Actuellement vous employez tous les travailleurs que vous venez de me citer, et comment les
recrutez-vous? Par information personnelle, au petit
bonheur. Au contraire, quand vous vous adressez
à une Société commerciale de travail, qui comprend,
elle, un de ces genres d'ouvriers, cette Société vous
envoie l'ouvrier qui vous manque, avec la garantie
qu'il est cautionné par cette Société! Que faites-vous
aujourd'hui? Vous embauchez des ouvriers à peu près
au hasard, et si l'un d'eux brûle votre chaudière ou
détraque votre machine, tant pis!

6° Une autre objection prévoit que, le système
d'organisation des sociétés commerciales de travail
étant établi, les mêmes difficultés qui existent déjà
pour les syndicats persisteront.

Une société qui a le gain pour objet, comme une
Société commerciale de travail, n'envisage pas la
question comme une société de combat telle que les
syndicats. Elle a pour première préoccupation de
ménager son capital, de l'augmenter, d'obtenir et
de grossir ses dividendes. Elle a un but précis et
net auquel elle subordonne les autres considérations.

Un chef de syndicat d'une ville belge me disait un
jour : — « Nous avons un million en caisse : il nous
faut une grève. Je ne tiens même pas à ce qu'elle
réussisse; car un échec resserre les rangs des syndi
qués. »

Un gérant d'une *Société commerciale de travail,
ayant le gain pour objet*, m'aurait dit : « Nous avons
un million en caisse, nous l'augmenterons. »

7° On a avancé que si les sociétés commerciales
de travail deviennent trop riches, elles ne seront pas
accessibles aux ouvriers plus modestes. Les actions
seront trop chères. Cela peut arriver, je le veux bien,
mais remarquez que la prospérité des sociétés
dépend du recrutement des travailleurs, et si ces
sociétés ont besoin de membres nouveaux, elles
seront forcées de dédoubler les actions trop élevées!
Il n'y a pas à craindre qu'une société commerciale
de travail ferme la porte aux ouvriers dont les moyens
seront plus restreints, mais dont le recrutement sera
indispensable à sa prospérité.

8° On a encore soutenu que cette organisation
aurait pour résultat de former un *prolétariat* dans le
prolétariat. Mais que se passe-t-il actuellement?
Est-ce qu'il y a égalité dans les salaires de tous les
ouvriers d'une même ville ou d'une même usine. Les
uns sont bien payés, d'autres le sont moins. Le même
phénomène pourra se produire entre les sociétés commerciales de travail. Certaines d'entre elles pourront
acquérir plus de prospérité que leurs voisines; les
premières qui s'organiseront auront une administration supérieure, un personnel meilleur, et par
conséquent, l'avantage sur les autres. Mais auront-
elles dépouillé celles-ci de la moindre chose? Nullement! Elles leur auront même apporté le bénéfice de
l'exemple, en leur montrant ce qu'on peut faire, et
celles qui feront preuve de la plus grande initiative
ne manqueront pas d'entraîner les autres.

Le syndicat est une association de personnes. La
Société anonyme de travail est une association d'intérêts; c'est la forme de groupement qui assure en

même temps l'organisation du travail collectif et l'indépendance de l'individu.

Quand la personne, engagée dans la société, a fourni la qualité et la quantité de travail convenues, elle en est aussi indépendante qu'un actionnaire d'une société anonyme, qui a payé son action, est indépendant d'elle.

Dans le syndicat, société de biens de main-morte à titre perpétuel, quand un membre s'en retire ou est exclu, il perd toute sa quote-part de l'avoir social. Dans la société anonyme, il y a toujours droit.

Depuis 1899, époque où j'ai donné la formule des Sociétés commerciales de travail, il y a eu quelques expériences dans l'industrie du bâtiment à Paris. Les porteurs de Calais sont constitués en société de travail et ceux de Boulogne ont adopté le même système. Les Anglais qui font fréquemment la traversée vantent volontiers la supériorité du service de Calais sur celui de Douvres.

Au moment de certaines grèves, j'ai trouvé des industriels disposés à tenter l'expérience de sociétés commerciales de travail. La grève passée, ils ont trouvé plus simple de maintenir le vieux système.

Quelques-uns étaient effrayés de ce que gagneraient les ouvriers sous ce nouveau régime. Ils disaient que, si, pour la même industrie, d'autres industriels ne l'adoptaient pas, il provoquerait des grèves et des conflits et que leurs concurrents les en rendraient responsables.

J'ai exposé complètement le système des sociétés commerciales de travail dans une série d'articles parus dans *Le Siècle* en février et mars 1900 et dans une conférence que je fis à Liège le 27 mars 1904.

Ce système a donné lieu à deux thèses remarquables, l'une de M. Achille Richard : *Essai sur la Coopération de main-d'œuvre*[1], l'autre de M. Fernand Jack : *Les Sociétés commerciales de travail*[2].

M. C. Pellegrini, ancien président de la République Argentine, en visitant les États-Unis, eut aussi la conception de la constitution de *sociétés de travail*, et il exposa cette idée dans *La Revue parlementaire* du 10 janvier 1906. M. Maurice Lewandowski a fait un exposé très complet de la question en juin 1906 dans une revue dont je ne retrouve pas le titre.

Un important industriel belge, M. Vilain Hans, disait dans la *Gazette de Charleroi*, du 3 mai 1904 :

« La « Société de Travail » est une des idées les plus fécondes qui aient été mises en avant de nos jours. Elle est simple, pratique et doit indiscutablement aboutir à la pacification industrielle. »

M. Arthur Shadwell, dans son important ouvrage : *Industrial Efficiency*, signale cette combinaison à ses lecteurs en disant : « L'idée est ingénieuse et séduisante et mérite plus d'attention qu'elle n'en a reçu. » Elle supprime les causes ordinaires des conflits (T. I, p. 139).

En dépit de la méfiance des industriels, d'un côté, de l'hostilité des chefs politiques des syndicats, de

1. Un vol. in-8°, Guillaumin, édit. 1904.
2. Un vol. in-8°, 1908 (Pédone, édit.).

l'autre côté, quel sera l'avenir des sociétés commerciales de travail? La première société anonyme ne fut fondée qu'au xv⁰ siècle. Il a fallu arriver jusqu'en 1867 en France, jusqu'en 1873 en Belgique, pour que des sociétés anonymes pussent se constituer sans l'autorisation du gouvernement et, depuis un demi-siècle, elles ont transformé la face du globe. Les premières sociétés de travail se sont établies modestement; quelques-unes ont montré qu'elles étaient viables. D'autres viendront.

En France, aucune modification n'est nécessaire à la législation actuelle. Le Code civil suffit.

On sait les services que la méthode expérimentale a rendus en ce siècle à la science moderne et à l'industrie. Il y a des expériences qui ne doivent pas être faites, si ces expériences ont déjà été démontrées absurdes par des essais précédents, comme les machines à mouvement perpétuel, par exemple. Mais ici, au contraire, toutes les expériences acquises sont en faveur de celle que je demande.

L'égalité des contractants est devenue la loi de notre droit moderne. La supériorité du payeur sur celui qui reçoit a disparu de nos Codes et tend à disparaître de nos mœurs. Enfin, l'intérêt de l'industriel, c'est de ménager son temps et son attention, de faire les plus gros chiffres d'affaires possible, en faisant le moins de contrats qu'il peut et des contrats aussi précis que possible, de ne pas se perdre dans les détails, de produire avec le moindre effort. Tous ces avantages considérables doivent engager aussi bien les salariés que les salariants, à tenter l'expérience en faisant des contrats nettement déterminés.

CHAPITRE VI

LES SYSTÈMES DE SALAIRES

I. — Le salaire à la journée est un vestige du travail servile : l'ouvrier est sous le contrôle permanent de l'employeur ou du contremaître dont l'attitude se traduit par ces mots rentrés ou exprimés : « Tu n'en fais pas pour ce que tu me coûtes. »

Le plus souvent cette réflexion est juste. Le travail à la journée déprime celui qui le pratique et est une cause d'arrêt de développement pour les entreprises où il est en usage.

Les ouvriers qui érigent en théorie le malthusianisme de la production sont partisans du travail au temps; et, parmi les motifs qu'ils invoquent, ils placent son peu de productivité : comme si cette conception économique pouvait s'accorder avec le

11.

développement de la production qui, seule, peut assurer la progression du salaire. Cependant, en Angleterre, 50 p. 100 des ouvriers de l'industrie sont payés aux pièces[1].

II. — Le système du travail aux pièces se heurte à un grave obstacle :

L'ouvrier fabrique plus : mais il craint, en donnant trop de produits au salariant, de le pousser à diminuer son salaire; et les procédés d'un certain nombre d'industriels justifient cette crainte.

M. Waxweiller cite l'exemple suivant emprunté à la Belgique : La paye usuelle est de 3 francs par jour équivalant à une production de 6 pièces. Des ouvriers qui travaillent aux pièces arrivent à faire 8, 8 1/2, 9 pièces par jour et s'assurent ainsi un salaire de 4 francs, 4 fr. 25, 4 fr. 50. L'employeur se sert alors du « rognage » (niblling), en abaissant le taux de 0 fr. 35 la pièce, de manière que le revenu journalier soit ramené à 3 francs environ (2 fr. 80 pour 8 pièces, 3 fr. 15 pour 9 pièces).

Dans ces conditions, pourquoi l'ouvrier chercherait-il à augmenter sa capacité de production? Elle ne présente pour lui que des inconvénients.

M. F.-W. Taylor cite le fait suivant : Une pièce d'acier forgé dont on fabriquait à Midvale des milliers était produite au prix de 2 fr. 50 de salaire par unité, au taux de 4 ou 5 unités par jour. M. W.-F. Taylor constata qu'on pouvait en faire dix, avec un seul tour de 410 millimètres, ayant deux chariots, enlevant

1. *Report on Standard Rate of Wages*, 1912.

en moyenne en dix heures 365 kilos de copeaux d'acier. Au lieu du tarif de 2 fr. 50, les ouvriers reçurent 1 fr. 75 par pièce quand ils en produisaient dix par jour, 1 fr. 25 quand ils en produisaient moins. Quand ils comprirent qu'ils devaient gagner 17 fr. 50, ils acceptèrent ce travail.

Les concurrents de la compagnie, n'ayant pas voulu dépasser le taux de 12 fr. 50, n'ont jamais pu approcher de la production maximum.

III. — Dans le but d'engager l'ouvrier à donner son maximum d'effet utile, des industriels ont essayé divers systèmes connus sous le nom de *Bonus system*, et en français, de *Salaires à primes* [2].

Oldham, situé à 6 milles de Manchester, est devenu le centre des filatures du monde. On attribue ce succès, non seulement au degré hygrométrique de son atmosphère, mais à l'adoption, en 1876, du *speed list*, du contrôle de la vitesse. Le salaire est calculé d'après un certain degré de vitesse, « 3 draws (courses) en 50 secondes », chaque seconde en moins est ajoutée au gain, pour la moitié. A Bolton, le contrôle de la vitesse est calculé autrement, mais sur le même principe.

Dans le système des ateliers Willans et Robinson, Rugby, Queens Ferry and Thames Ditton, fabricants de chaudières à vapeur, pratiqué depuis 1891,

2. M. JULIEN IZART, ingénieur civil des mines, a donné un exposé de ces systèmes dans une brochure très documentée, intitulée : *Méthodes modernes de paiement des salaires*, préface par YVES GUYOT (Dunod, édit.). *Société d'Economie politique*, 5 avril 1911, *Les méthodes modernes d'établissement des salaires*, par PAUL RENAUD.

l'ouvrier travaille à l'heure, sur un prix de base
fixé pour une pièce donnée; supposons qu'il s'agisse
de 60 pièces au prix de 1 franc.

L'ouvrier reçoit un ticket dont voici la partie
essentielle :

Heures passées : 44; prix de l'heure : 80 c. 35 20
Nombre de pièces achevées : 60; prix de la
    pièce : 1 fr. . . . .   60 »

    Différence. 24 80

    Prime à toucher de 50 p. 100. . . . .   12 40

Je certifie que ces pièces sont de bonne exécution.

Le contremaître.

Dans l'exemple ci-dessus, il y avait à faire 60 pièces
estimées 1 franc, l'ouvrier était payé 80 centimes
l'heure; en travaillant avec ardeur, il a passé 44 heures
pour exécuter les dites pièces; le prix de revient de
celles-ci est donc $0{,}8 \times 44 = 35$ fr. 20, soit une
différence favorable de $60 - 35{,}20 = 24$ fr. 80.
Cette différence, partagée entre la compagnie et
l'ouvrier, assure à celui-ci une prime de 12 fr. 40.

D'une part, la pièce qui est estimée 1 franc ne
revient plus à la compagnie qu'à 79 centimes, et,
d'autre part, l'ouvrier, au lieu de 80 centimes l'heure,
aura gagné en réalité 1 fr. 10.

L'ouvrier a gagné plus et le prix de revient s'est
abaissé dans la limite correspondante.

Le *Bonus system* ne peut être appliqué qu'à une
partie des travaux faits même par ceux qui en béné-

ficient et non pas à la totalité. En 1901, le salaire payé sous le *Bonus system* représentait 60, 5 p. 100 du total du salaire annuel de 437 ouvriers qui avaient été appelés à en profiter sur un personnel total de 939.

Le prix de base adopté provoque certaines méfiances. M. Halsey, directeur de la *Canadian Rand Drill Cº*, lui a substitué un système à primes qui *a pour base un temps-étalon pour un produit donné. Si le produit est réalisé plus rapidement, le gain est partagé dans une proportion déterminée entre l'industriel et le salarié.*

MM. J. Tylor et Sons Lted, dans une adresse à leurs ouvriers en janvier 1902, leur expliquaient ainsi le système :

« Un certain travail doit être fait. L'industriel admet, d'accord avec l'ouvrier chargé d'exécuter ce travail, qu'un certain temps, très raisonnable, est nécessaire pour exécuter l'ouvrage. Ce temps est appelé « temps-étalon » et sera toujours le même pour un même travail. Il n'y aura donc jamais à redouter de baisse de prix comme pour le travail aux pièces; et la méfiance qu'il occasionne est éliminée.

« Si le travail est fait plus rapidement que le « temps-étalon », il y a un certain gain réalisé, dû à la fois à une diligence spéciale de la part de l'ouvrier et au degré de perfection des outils que l'industriel met à sa disposition. Ce gain sera alors loyalement partagé et payé en plus du salaire normal sous forme de prime.

« Il est donc avantageux pour les deux que l'un —

l'industriel — fournisse les meilleurs outils possibles, ce qui lui coûte pourtant très cher, et l'autre — l'ouvrier — utilise ces outils avec le maximum d'intelligence et d'habilité, en indiquant même les perfectionnements qui lui permettraient d'opérer plus rapidement.

« Le système à primes n'implique ni ne peut impliquer de contrainte forcée ou de surveillance désobligeante pour l'ouvrier.

« Il permet aux meilleurs ouvriers d'atteindre les plus forts salaires, sans aucune limite arbitraire.

« Il réunit les intérêts de l'industriel et ceux de l'ouvrier en faveur de l'accroissement de production, lequel profite aux deux : au premier sous forme d'une diminution du prix de revient, au second sous forme d'une augmentation de la paye.

« L'augmentation de paye pour l'ouvrier sera d'autant plus forte que la diminution du prix de revient pour le patron sera plus élevée et, par conséquent, tout désir ou toute nécessité d'un abaissement des salaires sont définitivement écartés. »

La direction des *Blank-Blank Engineering Works*, ayant à exécuter un lot de machines-outils du même type, résolut de procéder à une expérience destinée à établir les mérites respectifs du *premium plan* et du paiement à la journée.

Dans ce but, 100 des machines furent exécutées à l'heure et les 100 autres avec primes allouées suivant le procédé que nous venons d'indiquer.

Chaque machine était constituée par 31 pièces séparées, sur lesquelles le nombre d'opérations différentes à effectuer variait de 1 à 14. Dans le tableau original[1] les prix sont détaillés par opération. Je me borne à donner le résultat :

Totaux généraux respectifs : 2.408 dollars 72; 1.674 dollars 60; 11.982 heures; 5.862 heures.

$$\frac{\text{Salaires à primes :}}{\text{Salaires à la journée :}} = \frac{1.674,60}{2.408,72} = 0.696$$

(Soit une réduction du prix de revient de 10,4 p. 100.)

$$\frac{\text{Nombre d'heures à la journée :}}{\text{Nombre d'heures à primes :}} = \frac{11.982}{5.862} = 0,49$$

(Soit une augmentation de production de 104 p. 100.)

L'Amirauté anglaise a appliqué ce système de salaires dans ses ateliers depuis le 14 mars 1904.

Ce système est mal vu par les chefs des *Trade Unions*, mais il est très bien accueilli par les ouvriers[2].

Dans le système à primes, il faut déterminer :

1° Le temps-étalon qui sert de base. Il peut être pris sur la moyenne courante;

2° Le montant de la prime par rapport à la valeur du temps économisé.

Quant à la limitation du gain de l'ouvrier, le salariant n'a pas à s'en occuper, puisqu'il a sa part

---

1. Voir *American Machinist*, 1902, New-York, 12 juillet, p. 906-909 et 16 août, p. 1076.

2. *Trade unionism and Labor Problems*, edited by J. R. Commons, un vol. in-8° 1906. (Chicago-London.)

de ce gain; mais la limite résulte des possibilités. Si le prix de base a été établi d'une manière raisonnable, l'augmentation restera forcément inférieure à 100 p. 100 : car l'ouvrier, avec les mêmes outils, ne doit pas pouvoir doubler sa production.

S'il le doublait, ce serait une preuve écrasante de la supériorité du *Bonus system*, à moins que ce fût une conséquence du *Taylorisme*.

CHAPITRE VII

LE TAYLORISME

Le Taylorisme est la recherche systématique des moyens d'obtenir du travail humain le maximum de productivité avec un minimum d'effort. Son inventeur est un ingénieur américain, M. F.-W. Taylor.

M. F.-W. Taylor a commencé par donner, au point de vue technique, une preuve évidente de sa capacité.

Il a inventé les aciers à coupe rapide qui ont doublé et triplé le rendement des machines-outils, en augmentant dans la même proportion la production journalière des ouvriers. Il s'est attaché alors à rechercher les moyens par lesquels on pourrait, dans les ateliers, obtenir le maximum d'effet utile avec le minimum d'effort. Il s'est livré à de longues et onéreuses expériences qui ont réussi et qu'il a consignées dans un livre, aujourd'hui traduit en français[1].

Il commence par constater que, dans un établissement industriel qui emploie de 500 à 1.000 ouvriers, ou trouve 20 à 30 corps de métiers différents. Les ouvriers de chacune de ces spécialités ont appris leur métier par une tradition lointaine et continue. Chaque génération a développé des méthodes toujours plus rapides et meilleures pour faire chaque élément du travail. Ce qu'on rencontre le moins, c'est l'uniformité des méthodes : au lieu d'avoir une façon d'agir généralement acceptée comme un modèle, on emploie journellement 50 ou 100 manières différentes de faire chaque élément du travail. L'empirisme constitue encore le fond principal de la technique de l'ouvrier.

L'organisation scientifique des usines a pour principes :

1º Développer pour chaque élément du travail de l'ouvrier une science remplaçant les anciennes méthodes empiriques;

2º Spécialiser, former et entraîner l'ouvrier, au

---

1. *Principes d'organisation scientifique des usines.* (Dunod et E. Pinat, édit.).

lieu de le laisser choisir son métier comme autrefois et l'apprendre comme il pouvait;

3º Suivre de près chaque homme pour s'assurer que le travail est bien fait suivant les principes posés;

4º Partager également la responsabilité et la tâche entre la direction et les ouvriers, la direction se chargeant de tout ce qui dépasse la compétence de ceux-ci.

L'élément le plus important de la méthode scientifique est l'idée de tâche.

Le travail de chaque ouvrier est préparé entièrement par les soins de la direction; il constitue une tâche, que l'ouvrier ne remplit pas seul, puisque sa détermination représente un travail effectif de la direction. Dans cette tâche, il est spécifié non seulement ce qu'il faut faire, mais comment et en combien de temps il faut le faire.

Toutes les fois que l'ouvrier réussit à accomplir sa tâche, convenablement et dans le temps spécifié, il reçoit une majoration de 30 à 100 p. 100 de son salaire ordinaire.

Les tâches sont préparées soigneusement, de telle sorte que leur exécution exige un travail consciencieux et soigné, exécuté à une vitesse telle qu'en aucun cas l'ouvrier ne doive travailler à une allure nuisible à sa santé. Elles sont toujours réglées de telle sorte que l'homme qui les remplit soit capable de travailler ainsi pendant des années, sans craindre le surmenage.

Voici quelques exemples. Pour la maçonnerie en briques, l'homme se baissait, choisissait ses briques, devait examiner si elles étaient dans le

sens. M. Franck B. Gilbreth, membre de la *Society
of Mechanical Enginers*, fit de nombreuses observations qui lui permirent de déterminer la meilleure
position des pieds. Il étudia la hauteur la plus favorable pour l'auge à monter les briques. Le poseur
de briques, qui abaisse de 60 centimètres són corps
pesant de 65 à 75 kilos et le relève chaque fois qu'il
a posé sur le mur une brique pesant environ 2 kg. 1/2,
fait un gaspillage de forces qu'il peut épargner si la
brique est à la hauteur de sa main. M. Gilbreth a
réduit les dix-huit gestes du poseur de briques à
cinq et même à deux dans certains cas. Il a obtenu
un rendement de 350 briques par homme et par
heure au lieu de 120.

Si du mortier tombe de la truelle, l'homme ne
doit pas le ramasser, parce que la perte du mortier
est économiquement moins importante que ne le
serait la dépense de forces nécessaire pour le ramasser.

Voici un autre cas : M. Taylor était à la *Beth-
lehem Steel C°*, près de Pittsburg. Il s'agissait de
charger des gueuses de fonte. Chaque homme prenait
une gueuse pesant environ 45 kilogrammes, montait
un plan incliné et déposait la gueuse dans le wagon,
au taux moyen de 12 t. 1/2 de fonte par jour et par
homme. Après avoir étudié la question, on constata
qu'un bon chargeur pouvait charger de 47 à 48 tonnes
par jour. Après des expériences répétées, on arriva
au chiffre de 47 tonnes 1/2.

Les hommes gagnaient en moyenne 5 fr. 75. On
s'adressa à un bon travailleur nommé Schmidt, et
on lui dit : « Voici un tas. Si vous le chargez, vous

toucherez 9 fr. 25 par jour, et si vous chargez tous les jours ce tas, vous toucherez tous les jours 9 fr. 25. Seulement, vous ferez exactement ce que vous dira cet homme que vous ne connaissez pas : vous prendrez la gueuse de fonte quand il vous le dira et vous vous reposerez quand il vous y invitera. Schmidt réussit. Les autres ouvriers furent alors entraînés les uns après les autres : et tous les hommes reçurent des salaires de 60 p. 100 supérieurs à ceux des usines voisines.

M. Frédéric Taylor a été pendant trois ans contre-maître aux tours à la *Midvale Steel Cᵒ*, en 1878.

L'atelier était dirigé par les ouvriers et non par le chef. Il eut à soutenir une lutte continuelle, souvent menaçante; mais, au bout de trois ans, le rendement des machines avait été augmenté et dans bien des cas doublé. Devenu chef des ateliers, il entreprit délibérément la transformation du système d'organisation, de telle sorte que les intérêts des ouvriers fussent communs à ceux de l'établissement. Il demanda au président de la *Midvale Steel Company* un crédit pour entreprendre une étude précise du temps nécessaire pour faire diverses sortes de travail.

On choisit deux ouvriers qui reçurent double paye pendant la durée des expériences. On ne cherchait pas, dans ces expériences, à trouver le travail maximum qu'un homme peut faire pendant quelques instants ou quelques jours. On voulait savoir ce qui constitue la quantité de travail soutenu qu'on peut exiger d'un bon ouvrier.

Le contrôleur notait avec un compteur à secondes

le temps nécessaire pour chacun des mouvements que faisaient les ouvriers.

Cependant, ce ne fut qu'après deux autres séries d'expériences que l'on eut des données assez certaines pour tenter l'application. M. Carl G. Barth, à qui on avait confié les résultats des expériences, détermina le temps de la journée pendant lequel l'homme pouvait être chargé et devait être déchargé. Par exemple, pour manutentionner les gueuses de 45 kg., l'ouvrier ne devait être chargé que pendant 43 p. 100 de la journée et devait rester les mains vides pendant 57 p. 100. Pour des gueuses de 22 kg., il peut être, au contraire, chargé pendant 58 p. 100 de la journée. La proportion est renversée.

Pour le travail à la pelle, après de nombreuses expériences, on découvrit que le bon ouvrier pelleteur obtient son rendement maximum avec une charge d'environ 10 kg. 1/4. Mais chaque pelle doit être appropriée à la matière à laquelle elle est destinée. La même ne doit pas servir pour le minerai et pour le mâchefer.

Le Taylorisme est la systématisation du moindre effort.

A l'Université d'Harward a été institué un laboratoire de psychologie, sous la direction de M. Hugo Münsterberg. Il vient de publier un volume, *Psychology and Industrial efficiency*[1], dans lequel il montre les méthodes et les résultats qu'il a pu obtenir. Il invoque l'autorité de cette phrase d'Emerson : « Ce n'est ni le sol ni le climat, c'est la psychologie

---

1. Constable and C°, London, 1913.

qui permet à un homme de faire pousser cinq fois
plus de pommes de terre que ses voisins. »

Une compagnie de téléphone, la *Bell telephone
Company*, occupe 16.000 employés. Pendant les
premiers six mois, un tiers renonce, les uns par
suite d'incapacité, les autres par suite de fatigue.
M. Hugo Münsterberg fut chargé de trouver un
moyen qui permît de n'accepter à l'essai que les
personnes d'une aptitude suffisante.

Parmi les conducteurs de tramways électriques, il
y en a qui n'ont jamais d'accidents, d'autres qui en
ont de fréquents. Ceux qui n'ont jamais d'accidents
savent prévoir ce que vont faire le piéton, le charretier, le chauffeur d'automobile, qu'il s'agit de ne
pas heurter : il suffit d'un dixième de seconde pour
que l'accident se produise ou soit évité. M. Hugo
Münsterberg imagina un système de douze cartes
qu'on faisait passer sous les yeux d'un sujet. Sur ces
cartes étaient marqués en rouge un piéton qui représentait une vitesse de 1, un cheval, qui représentait
une vitesse de 2 et une automobile qui représentait une vitesse de 3. Le sujet devait distinguer
les numéros qu'ils occupaient des numéros qu'occupaient les personnages noirs dont il n'y avait pas à
se préoccuper. Je n'entre pas dans le détail assez long
de l'expérience. Un certain coefficient d'erreurs
doit être une cause d'exclusion.

Parmi les commandants de navires, si un accident
menace, il y a trois types : l'un connaît très bien
ce qu'il doit faire, mais il perd la tête au moment
d'agir ; l'autre s'empresse d'agir sans se rendre compte
des résultats de son action ; le troisième agit à temps

et de la manière la plus utile. M. Hugo Münsterberg fut chargé par une Compagnie de navigation de rechercher le procédé à l'aide duquel on pourrait distinguer ces trois types, et il parvint à le trouver.

Trouver des procédés pour déterminer objectivement les aptitudes est une entreprise très intéressante.

En France, M. Jules Amar a été chargé de recherches du même ordre par le ministère du Travail : mais, s'il arrive à des résultats, on verra aussitôt des fonctionnaires suggérer à des députés l'idée de transformer les résultats acquis en beaux règlements.

En attendant, la méthode Taylor et toutes les méthodes qui ont pour résultat des mesures précises, se heurtent à l'hostilité des chefs de syndicats.

M. Émile Pouget, au nom de la Confédération Générale du Travail, en a expliqué les motifs dans le *Matin* du 5 mars 1913 :

« Taylor accroît le rendement, il augmente les salaires, il diminue les heures de travail; par contre, il jette à la rue les ouvriers de force moyenne, il élimine les vieux, et qui plus est, il les surmène, il les tue. »

Or, c'est l'unification de salaire minimum imposée par les syndicats qui produit l'élimination des vieux ouvriers et des ouvriers de force moyenne.

La déclaration de M. Pouget est contradictoire : le système Taylor diminue les heures de travail; il est fondé sur des repos succédant à l'effort. S'il tire le meilleur parti des forces du travailleur, c'est en les ménageant.

Les statistiques des compagnies américaines d'assurances sur la vie prouvent que le Taylorisme ne tue pas les ouvriers américains. En gardant le même taux (3 1/2 p. 100), les compagnies américaines sont obligées de demander à un ouvrier américain âgé de 25 ans un paiement de 19.442 par unité de rente, tandis que, à l'ouvrier français, il suffirait de demander 19.424. A 40 ans, les proportions sont de 16.446 contre 15.914 et à 60 ans elles sont de 10.032 contre 9.511 : la durée moyenne de la vie de l'ouvrier américain est donc supérieure à celle de l'ouvrier français.

Sans appliquer exactement le Taylorisme, les établissements des automobiles Renault avaient pris, depuis plusieurs années, l'habitude de vérifier les prix des pièces qu'ils avaient déterminés sur des bases établies par l'expérience; ils faisaient faire, toutes les fois qu'ils le jugeaient utile, des expériences de démonstration sur les prix établis. Ces démonstrations sont enregistrées par un homme qui mesure le temps d'exécution, ce qui explique l'expression de « chronométrage ».

Ils avaient commencé par appliquer le système dans des ateliers nouveaux, au fur et à mesure qu'ils embauchaient des hommes et c'est au moment où ils voulaient l'étendre aux autres ateliers qu'ils ont eu un mouvement de grève. Comme, dans la fabrication, il est impossible de confier l'usinage d'une pièce quelconque à un ouvrier, toujours le même, ils ne pouvaient étudier un traitement individuel pour chaque homme.

La grève s'est déclarée, surtout à la suite d'un article paru dans l'*Auto* les 1er et 2 février 1913.

Dans cet article, le journaliste écrivait que l'augmentation de la production, dans une usine où le système Taylor avait été appliqué, avait fait diminuer de moitié le nombre des ouvriers. Les ouvriers s'emparèrent de cet argument pour dire qu'avec ce système on augmenterait le chômage.

D'autre part, cet article signalait que, pour certains travaux, certains individus ne sont pas appropriés; on en a déduit que, seules, les élites pourraient gagner leur vie avec le nouveau système, alors qu'en réalité, Taylor préconise l'appropriation de l'individu au travail, les hommes forts pour les travaux de fatigue, les hommes intelligents pour les travaux de précision.

Les ouvriers auraient dû être enchantés : des efforts moins grands et des salaires plus élevés.

Ils se sont mis en grève, et pourquoi? Parce qu'un journal a éveillé chez les ouvriers mécaniciens, pour la plupart, qui fabriquent des machines, la haine de la machine dont ils ont hérité de leurs pères.

En dépit des expériences qui se déroulent sous leurs yeux, ils ont cru le journal qui leur disait : « Augmenter la production, en diminuant l'effort, c'est diminuer le nombre des ouvriers »; d'où cette règle, en faire le moins possible, pour conserver le travail.

C'est la *théorie du travail pour le travail et non pas du travail pour le produit ou pour le service.*

Elle ne peut avoir pour conséquence que le maintien des salaires à un taux inférieur, le resserrement ou la suppression des débouchés, la diminution de la demande de travail. *Le taux du salaire dépend de la productivité du travail.*

Les ouvriers des établissements Renault demandèrent la suppression du chronométrage et de l'établissement des prix.

La direction refusa, les usines furent rouvertes au bout de neuf jours sans modifier leur manière de faire; les deux tiers du personnel rentrèrent. Le dernier tiers a prolongé la grève pendant cinq semaines environ et est rentré peu à peu.

CHAPITRE VIII

LES LOIS INDUCTIVES DU TRAVAIL

Sommaire. — La capacité productive de l'homme constitue son capital subjectif. — La valeur de l'homme est en raison de la puissance de l'outil et de l'abondance des capitaux circulants. — En diminuant la part du travail humain, relativement au travail mécanique, on peut, dans une industrie, augmenter les salaires, abaisser le prix de revient et, par conséquent, la valeur des unités des produits tout en en augmentant la valeur globale.

L'homme est un capital fixe obéissant à la loi de la valeur relative des capitaux fixes et des capitaux circulants.

La valeur de l'homme est en raison de la puissance de l'outil. Sa valeur augmente en raison de l'abondance des capitaux circulants et de la puissance des capitaux fixes.

Le prix de la main-d'œuvre, ou le coefficient résultant de la division du travail quotidien par le salaire, est à peu de chose près le même partout.

La valeur de l'homme est en raison directe de l'abon-

dance et du bon marché des capitaux circulants, de la
valeur, de la puissance et du total du revenu des capitaux fixes et en raison inverse du taux du revenu.

L'évolution économique est en raison directe de la
valeur de l'homme, du total de son salaire, et en raison
inverse du taux de son salaire relativement à la valeur
totale du produit.

L'industriel ne paie pas plus le travail de l'ouvrier
qu'il ne paie celui de la machine; ce qu'il paie, ce sont
les résultats ou les produits de ce travail.

Le salaire est fixé par l'action et la réaction de la
loi de l'offre et de la demande.

Les Trade unions et Syndicats, organisations de
combat destinées à modifier, de haute lutte, le taux des
salaires, n'y sont pas parvenus.

L'ouvrier ne donne le maximum de rendement que
s'il est incité à le produire par l'accord de son intérêt
et de la morale professionnelle.

L'intérêt de l'industriel est que les salariés soient
incités à toucher toujours de plus hauts salaires, si
son prix de revient est diminué dans une proportion
qui lui permette d'étendre ses débouchés et d'assurer
un renouvellement plus rapide de son capital circulant.

Les systèmes de salaires à primes ont l'avantage
de mettre d'accord l'intérêt de l'ouvrier et sa morale
professionnelle.

Les bénéfices proviennent de la direction de l'entreprise et ne dépendent pas de l'ouvrier; ce qui dépend
de lui, c'est le prix de revient de la main-d'œuvre : de
là l'erreur de la conception de la participation aux
bénéfices.

Les sociétés coopératives de production ne peuvent

12.

réussir que difficilement dans un petit nombre d'industries spéciales.

L'industrie ne fait qu'une série d'actes d'achat et de vente. Le salaire est l'achat de produits par l'industriel à l'ouvrier auquel il a fourni l'outillage et les matières premières. Aujourd'hui, il les achète en détail; par l'organisation des Sociétés anonymes de travail, il les achètera en gros.

Le taux du salaire dépend de la productivité du travail.

CHAPITRE IX

RÉSULTATS DES ASSURANCES SOCIALES
EN ALLEMAGNE

SOMMAIRE. — *Socialisme très caractéristique.— Intérêt politique : supplément de salaires et de charges. — Une des formes du pangermanisme. — Le plaidoyer de M. Kaufmann contre MM. Bernhard et Fredensburg. — Le temps de la guérison. — La sinistrose. — L'hystérie traumatique. — Rente ou capital.— Simulations.— L'hystérie des rentes. — Litiges. — Les rentes de Schnaps. — Un placement. — Charges sociales.*

Le *Bulletin des assurances sociales* (mars 1913) enregistre les violentes protestations de M. Kaufmann, président de l'Office des assurances de l'empire allemand, et du Dr Freund, président de la Caisse des Invalidités de Berlin, contre une brochure de M. Fredensburg et contre un livre du professeur Bernhard, que M. A. Raffalovich a signalés dans le *Journal des Économistes.* (*La faillite de la politique sociale allemande,* juillet 1912, p. 24.)

Ces deux fonctionnaires ont défendu les assurances

sociales allemandes en disant avec orgueil : « Aucun État moderne ne peut se soustraire à notre politique ouvrière... Que certains étrangers qui regardent en louchant la grande œuvre civilisatrice entreprise par l'Allemagne », trouvent que tout n'y est pas parfait, cela se comprend; mais que des Allemands ne déclarent pas qu'elle est admirable, qu'elle s'impose à toute la civilisation, ils commettent un crime de lèse-Germanie, et ils doivent être dénoncés comme des traîtres. Naturellement le Comité allemand des assurances a prononcé l'anathème qui lui était demandé.

Les pontifes ont toujours manifesté de la haine contre les hérétiques qui troublaient leur béatitude et les conciles les ont toujours condamnés. La question est de savoir si les faits donnent tort ou raison à MM. Bernhard et Fredensburg.

M. Kaufmann reconnaît que le nombre absolu des accidents augmente; or, les assurances sociales devaient le diminuer : donc, premier aveu. Seulement, dit-il, les conséquences en ont été atténuées.

« Les patrons, dit-il, ont consacré 152 millions de marks au traitement rationnel dans les hôpitaux ».

Ce n'est pas par philanthropie, c'est par précaution. Le blessé n'est pas libre de se soigner comme il l'entend : il est pris et interné dans un hôpital spécial.

Or, j'emprunte au résumé que M. Feilbogen a fait, dans une conférence au Comité central du travail industriel de Belgique[1], quelques faits allégués par

1. *Bulletin du Comité central du travail industriel*, février 1913.

M. Bernhard, d'après des spécialistes et soixante-quinze publications dont il a donné la bibliographie exacte.

Malgré ces hôpitaux spéciaux, toutes les affirmations des traités théoriques sur la durée de la guérison sont démenties par la pratique usitée dans les pays à assurances sociales. La fracture de la clavicule exige théoriquement de vingt à quarante jours, donc en moyenne un mois, pour sa guérison complète; depuis l'existence de rentes pour accidents, en Allemagne, le même accident demande huit mois, et encore la guérison n'est-elle pas aussi complète qu'auparavant. En Hollande, les rentes n'existent que depuis 1901; avant cette époque, les médecins hollandais ne pouvaient croire leurs collègues allemands relativement à la durée des guérisons; maintenant elle a atteint la même proportion. En Autriche, avant 1895, les médecins étaient parvenus à réduire à l'infime proportion de 0,362 p. 100, le nombre des victimes d'accidents qui restaient atteints d'incapacité de travail : maintenant le nombre s'élève à 6,6 p. 100 du contingent total.

L'assurance sociale a développé une nouvelle forme de maladie : la sinistrose. M. Kaufmann est bien obligé de reconnaître « les courses maladives à la rente, constatées surtout chez les blessés à lésions nerveuses ». Le Dr Strümpell avait publié en 1885 un essai sur l'hystérie traumatique. M. Kaufmann a déclaré qu'elle s'était atténuée et qu'elle s'atténuerait encore. Or, en 1909, au Congrès de Rome, le Dr Windscheid, directeur à Leipzig d'un établissement spécial pour la guérison des accidents, constata que « l'opi-

nion commune se résumait en une méfiance critique
à l'égard des malades qui postulent une rente. En
1910, un discours d'inauguration de M. Hoche, rec-
teur à l'Université de Fribourg-en-Brisgau, donna
une expression plus vive encore de la même opinion,
expression confirmée par des publications ultérieures,
dont la plus remarquable est l'essai du spécialiste
Layner (1912).

En Suisse et en Danemark, on n'accorde pas de
rentes viagères, mais un capital, payé en une seule
fois, à titre d'indemnité. En Suisse, on a pu guérir
presque toutes les conséquences nerveuses des accidents; en Danemark, le nombre des guérisons s'élève
à 93 p. 100, alors qu'en Allemagne on constate le
chiffre de 9,3 p. 100, c'est-à-dire une proportion qui
représente exactement le dixième des guérisons en
Danemark.

M. Kaufmann a été obligé lui-même de reconnaître
qu'en 1906, un arrêt de l'Office impérial indiquait
comme un sérieux devoir pour la jurisprudence d'employer tous les moyens pour lutter contre les tentatives injustifiées faites par les victimes des accidents
pour se faire accorder une rente.

Donc, M. Kaufmann n'infirme pas, mais confirme
les expressions de M. le professeur Bernhard.

M. Kaufmann ne s'en indigne pas moins contre
l'assertion que l'assurance sociale a développé des
habitudes de simulation et de fraude.

Or, M. Bernhard a cité des cas comme celui-ci :
des invalides qui touchaient une rente de 50 p. 100
de leur salaire pour incapacité totale de mouvement
sont allés s'établir dans une autre province, y ont

travaillé comme acrobates et ont remporté des prix comme lutteurs ou athlètes.

La simulation revêt toutes sortes de formes; le mal était antérieur à l'accident; il en devient une conséquence. Il existe des douleurs dont on ne saurait prouver l'absence; de là le pourcentage considérable des maladies d'estomac et d'intestins. Ces maladies redoublent chez les ouvriers du bâtiment au moment des chômages de l'hiver. La faiblesse d'un bras ou d'un pied ne peut être réfutée que difficilement : et il y a lutte entre simulateurs et médecins. Il s'agit souvent d'hommes devenus réellement malades à la suite d'un accident, mais qui, sans une causalité vraiment paradoxale, ne seraient pas malades, s'ils n'étaient pas plus ou moins consciemment obsédés par la hantise de la rente.

Les médecins hollandais vont maintenant jusqu'à distinguer, quand ils font leur diagnostic, entre la névrose d'accidents et la névrose de la loi sur les accidents du travail. On trouvera l'exposé de cette question dans un ouvrage qui n'est pas d'une date éloignée, *Die Herrscheft der Sozialdemokratie in der deutschen Krankenversicherung*, par le Dr Möller. (Berlin, 1910.)

Un résultat incontestable des lois sur les assurances sociales est une sorte d'épidémie psychique, l'hystérie des rentes. Il faut lire l'analyse de ses causes dans la conférence de M. Feilbogen; comités de secours juridiques, agents d'affaires, avocats, entraînent le malade qui se passionne au jeu. « L'infection psychique commence à opérer; le malade tire amour-propre de sa maladie et s'offense presque si le médecin s'avise d'émettre un pronostic favorable à sa guérison. » Et s'il arrive à arracher une rente maxima, sans y avoir un titre sérieux, il est admiré. « Pour garder sa rente, il faut que l'accidenté conserve sa maladie ou sa faiblesse, et alors il acquiert « la névrose traumatique ».

M. Hoche, dans son discours de 1910, *Geisteskrankheit und Kultur*, disait : « Une maladie inconnue, il y a trente ans, aux générations précédentes, a dégénéré en un chancre qui ronge aujourd'hui l'organisation de notre classe ouvrière tout entière : c'est l'hystérie des rentes. Cette épidémie psychique de notre nation est non seulement postérieure à notre législation sociale sur les accidents, elle en est aussi l'effet direct et immédiat. La loi a engendré la maladie : sur ce point aucun doute n'est plus permis. »

Les protestations de M. Kaufmann, mêlées à ses propres aveux, constatent cet état de choses.

M. Kaufmann dit : « Ces prétendus défauts de l'assurance, on en voit la cause dans une excessive bienveillance de la part de ceux qui attribuent les rentes ou qui rendent la justice. Cela fausse la notion de droit et efface la limite entre assistance publique et protection par l'assurance. » M. Kaufmann essaye de pallier ce reproche tout en disant qu' « exclure la bienveillance, c'était rendre vide de sens l'œuvre protectrice entreprise par l'État. Les assureurs et les juges arbitraux arrivent donc à créer une jurisprudence d'un type tout nouveau. »

Si bienveillante qu'elle soit, elle ne satisfait pas les assurés. En 1911, sur 400.000 décisions des autorités inférieures, 170.000 étaient frappées d'appel. L'autorité suprême avait à juger 42.000 pourvois dont la moitié provenait de l'année antérieure; 80 p. 100 furent rejetés. Le nombre des pourvois rendus dans l'année de leur formation est continuellement en baisse. 63 p. 100 en 1900, 22. p. 100 en 1911. On a essayé de simplifier la procédure en abrogeant le pourvoi en troisième instance; mais en même temps, on a créé une nouvelle espèce d'opposition au premier jugement (*Einspruch*), de sorte que si le tribunal est déchargé, la procédure n'en est pas moins longue. Ce système a diminué la résistance à la création des rentes non justifiées, puisque le Tribunal suprême est plus indépendant que les juridictions inférieures. On a voulu enrayer la quantité des procès en abolissant la gratuité de la procédure, mais les grands partis politiques s'opposant à toute réforme radicale, on n'a abouti qu'à des résultats sans portée.

L'Office central des Assurances, par sa décision du 5 octobre 1901, a essayé de supprimer les petites rentes que les ouvriers appellent « les rentes de schnaps », en spécifiant que les indemnités ne seraient pas accordées dans le cas où l'incapacité de travail n'aurait pas été diminuée de plus de 10 p. 100, et le gouvernement avait proposé de n'accorder les rentes au-dessous de 10 p. 100 que pour un certain nombre d'années strictement limité.

M. Kaufmann prétend que les critiques de M. Bernhard « ne servent qu'à aggraver les conflits sociaux et à mettre patrons et assurés en méfiance contre leurs juges impartiaux ». Les cas d'appel que j'ai cités tout à l'heure, antérieurs à la conférence de M. Bernhard, en sont indépendants. Ce n'est pas à cette conférence non plus que M. Kaufmann peut faire remonter la responsabilité de la lâcheté du Reichstag qui a refusé de faire des réformes dont l'Office des Assurances allemandes sent la nécessité. Les grands partis du parlement, les socialistes, les membres du centre, les démocrates radicaux et les nationaux libéraux se sont tous trouvés d'accord, chacun dans leur intérêt électoral respectif, pour blâmer l'Office impérial de vouloir abolir les petites rentes.

En dépit des protestations de M. Kaufmann contre M. Bernhard, il est au fond du même avis. En dehors du conflit des intérêts entre ouvriers et patrons d'industries, on voit se dessiner deux courants d'idées en cette matière : l'un entraîne les députés à faciliter aux ouvriers l'accès des rentes, soit par philanthropie sincère, soit par des considérations électorales; l'autre pousse les médecins et fonctionnaires de l'administration, qui voient tous les jours s'accroître les abus et le parasitisme, à mener une vive campagne contre les maladies morales qui se propagent à la manière d'une épidémie.

Bismarck, en instituant les assurances sociales, poursuivait un but politique. Le socialisme bureaucratique n'a pas empêché les socialistes, aux dernières élections, d'obtenir 4 millions de suffrages et d'acquérir 110 sièges au Reichstag, chiffre qui serait beaucoup plus élevé si les circonscriptions électorales avaient un nombre de représentants proportionnel à leur population. En présence de ce résultat, M. Kaufmann se borne à dire : « Si les assurances sociales n'existaient pas, le socialisme serait plus répandu et plus révolutionnaire. » Cette assertion hypothétique est dépourvue de toute valeur.

M. Kaufmann dit avec enthousiasme : « L'assurance ouvrière ne distribue pas moins de 2 millions
de marks par jour à titre d'indemnités », soit
900 millions de francs par an. » Il reprend : « On se
plaint que les charges sont devenues excessives, into-
lérables pour l'industrie. Ce n'est pas exact. » Mais
il ajoute lui-même : « Certes, elles ont parfois semblé
lourdes, surtout aux moyennes et aux petites exploi-
tations. »

Il répond : « Ce n'est pas une charge, c'est une
dépense qui paie, c'est un placement. »

On connaît cette manière de raisonner : elle consiste
à affirmer, à varier les termes de l'affirmation et à
prétendre ensuite que la démonstration est faite. Or,
il n'y a qu'un rapport de cause à effet entre l'augmentation des frais généraux qui résultent de ces assurances et le prix de revient des produits : le prix de
revient est augmenté.

Je prends un exemple dans le compte rendu d'une
des mines de houille les plus prospères de l'Allemagne, la Hibernia, qui a produit 5.877.000 tonnes
en 1912.

Les charges sociales équivalent à :

En 1911.	En 1912.	
mk.	mk.	
0,80	0,78	par tonne de production nette.
8,20 %	7,40 %	de la valeur de cette houille.
39	31,52	du bénéfice brut total.
66,90	53,30	du bénéfice net total.

Les statistiques publiées par l'Institut international des Statistiques allemandes et reproduïtes dans le *Bulletin des Assurances sociales* donnent les résultats suivants :

	ASSURANCE MALADIE Y COMPRIS LES MINES.	
	Cas de maladies avec incapacité de gain.	Jours de maladie avec incapacité de gain.
1885.	1.956.635	27.864.226
1890.	2.627.124	42.002.835
1900.	4.023.421	70.146.991
1905.	4.848.610	94.715.219
1911.	6.279.737	123.880.345

	ASSURANCE ACCIDENTS (BLESSÉS INDEMNISÉS).	
	Total.	Pour la 1re fois.
1885. . . . . : . .	268	268
1890.	100.251	42.038
1895.	318.368	75.527
1900.	594 889	107.654
1905.	892.901	141.121
1911.	1.018.075	132.114

. L'assurance sur les accidents, au lieu d'en diminuer le nombre, n'a cessé de l'augmenter dans des proportions énormes. Toutefois, probablement grâce à une forte compression, le nombre des blessés indemnisés une première fois a été en 1911, relativement à 1905, réduit de 6 p. 100.

Si nous relevons le coût de ces deux assurances, nous trouvons :

	TOTAL. Millions de marks.
Assurances maladies (1885-1911).	4.748
Assurances accidents (id.). . .	2.139

Pour l'ensemble des assurances, les dépenses ont été de 9.936 millions de marks se répartissant ainsi :

	Millions de marks.
Patrons.	5.687
Assurés	.5.029
Subvention de l'Empire	693

Les frais d'administration de l'assurance accidents ont été de 378 millions, soit de 17 p. 100.

Pour 1911, les frais d'administration ont été de 17.669.000 marks, ce qui fait 28,03 p. 100 par accident pour les corporations industrielles et 29,75 p. 100 pour les corporations agricoles. (*Bulletin*, mars 1913, p. 50.)

La subvention de l'Empire est relativement faible. Tout le poids retombe directement sur les salariants et salariés de l'industrie, et cette charge augmente constamment. Non seulement l'Allemagne a un intérêt d'orgueil à propager un pareil système chez les autres nations; elle a aussi un intérêt matériel à engager ses concurrents à assumer des charges équivalentes.

LIVRE V

LE PRIX DE REVIENT ET LE PRIX DE MARCHÉ

CHAPITRE PREMIER

LE PRIX DE REVIENT ET LE PRIX DE MARCHÉ

SOMMAIRE. — I. *Les deux facteurs : prix de revient et prix de marché. — Exemples d'évaluation aux États-Unis. — Prix de revient du blé russe à Marseille et du blé à Grignon en 1852-1853. — Éléments du prix de revient dans un pays. — II. Efforts pour abaisser le prix de revient. — Les variations du prix des matières premières. — Importance du débouché. — III. La quantité des produits est un facteur du prix de revient. — Exemple cité par Courcelle-Seneuil. — La loi des débouchés de J.-B. Say. — IV. Le gain et la perte. — Le prix de revient est l'élément objectif de la valeur que le producteur attribue à son offre. — Comment se règle le prix de marché. — Le prix de la concurrence est toujours le plus bas. — Tout industriel peut ré-*

duire presque indéfiniment son bénéfice à la condition d'augmenter indéfiniment ses débouchés.

I. — La vie de l'industriel n'est pas une vie de tout repos. Il se débat perpétuellement entre ces deux facteurs : le *prix de revient* et le *prix de marché*.

Les protectionnistes qui prétendent connaître le prix de revient, non seulement de l'industrie chez eux, mais de l'industrie chez les autres, comptent sur la crédulité de leurs auditeurs ou de leurs lecteurs.

En 1909, les partisans du tarif Payne-Aldrich, aux États-Unis, avaient indiqué des salaires si bas en Allemagne qu'au mois d'avril le Gouvernement allemand communiqua au Secrétaire d'État américain des tableaux de salaires payés par diverses maisons allemandes. Au mois de mai quelques sénateurs « *insurgent* » demandèrent qu'ils fussent imprimés et communiqués au Congrès. On ne refusa pas, mais l'impression n'en fut prête qu'au mois d'août, après l'ajournement du Congrès et la promulgation du tarif.

En 1851, M. Thiers, dans un discours célèbre surtout par les erreurs de ses prévisions, avait montré le blé venant de Russie se vendant 13 ou 14 francs l'hectolitre à Marseille, et, par conséquent, rendant impossible la concurrence en France.

Or, M. Lecouteux[1] publia le bilan suivant de 1852-1853 de l'École nationale de Grignon :

---

1. *Principes économiques de la culture améliorante*, et M. LÉONCE DE LAVERGNE (*Journal des Economistes*, janvier 1856, p. 137).

GRIGNON. — Capital exploitation : 292.388 francs pour 280 hectares, soit 1.044 fr. par hectare.

Anciens travaux et rente . . . Fr.	273	par hectare.
Instruments, machines, outils. . . .	102	—
Denrées, consommation et vente. .	189	—
Engrais en dépôt ou en terre (mais non absorbés).	307	—
Emblavures pour exercice suivant.	173	—
	Fr. 1.044	par hectare.

Bénéfice net pour 1852-1853 :

Produit brut en argent. . . . . . . Fr.	126.547	
Total des frais de culture.	93.316	
Produit net. . . . . Fr.	33.231	

ou 11 fr. 33 p. 100 du capital employé.

Prix de revient du blé : dépense 426 francs à l'hectare.

30 hect. de blé + paille. . . . . . Fr.	14	20
Valeur de la paille.	3	48
Prix de revient du blé . . . Fr.	10	72

Conclusion : Les blés russes vendus à Marseille reviennent à 13 ou 14 francs; donc les blés, en France, coûtent moins cher que les blés de la steppe.

J'ai demandé à Grignon où je pourrais me procurer l'évaluation de ses prix de revient. Le directeur a bien voulu me répondre qu'on les établissait, mais qu'on ne les communiquait pas. Ce serait cependant une œuvre utile; car le cultivateur produit pour réaliser des gains et éviter des pertes : et tout enseignement professionnel doit aboutir à une différence.

13.

II. — Le prix de revient dans un pays dépend de cinq principaux facteurs :

1º Les ressources naturelles et les possibilités;

2º Les facilités de transport;

3º L'habileté relative à adapter l'outillage moderne à ces ressources, substitué à la main-d'œuvre;

4º Le poids relatif des impôts et des armements;

5º La liberté du travail, la garantie de l'exécution des contrats : la sécurité de la propriété.

Tous les efforts du génie humain ont pour objet d'abaisser le prix de revient de la production; mais ces efforts rencontrent les obstacles suivants :

1º Des changements de prix dans les matières premières;

2º Des perturbations dans le travail, grèves, rendement de l'ouvrier;

3º Des perturbations dans les prix de vente;

4º Des interventions politiques, aboutissant à des destructions de capitaux.

Toutes les matières premières d'origine végétale ou animale sont soumises aux accidents météorologiques.

Mais tout industriel éprouve une grande difficulté à élever son prix de vente. Le consommateur ne sait pas de quels éléments se compose le produit qu'il achète. Peu lui importe que la matière première soit plus onéreuse. Il est habitué à payer un prix. Si ce prix change, il cherche un substitut au produit qu'il avait l'habitude de prendre, afin de ne pas dépasser le prix qu'il avait l'habitude de payer. S'il ne trouve pas de substitut, il se résigne à l'élévation du prix; mais il réduit ses achats.

III. — *La quantité des produits est un facteur du prix de revient.*

Courcelle-Seneuil a très bien fait ressortir l'effet utile du débouché sur la production

Dans la fabrique d'épingles d'Adam Smith, dix ouvriers produisent 48.000 épingles par jour; nous supposons qu'il n'y ait pas assez de débouchés pour les 48.000 épingles; il faudra réduire le nombre des ouvriers, en même temps la division des occupations; ou bien ces ouvriers ne devront travailler que pendant la moitié ou le tiers de la journée; dans tous les cas, le travail sera moins productif. Il y aura un déchet. Au contraire, qu'au lieu de 48.000 épingles il y ait un débouché pour 100.000, certains frais n'augmenteront pas : ceux de comptabilité, par exemple, etc.

Donc, on peut dire que *les frais de production sont en raison inverse de la grandeur du débouché.*

J.-B. Say a fait l'observation suivante :

C'est la production qui ouvre des débouchés aux produits. Un produit terminé offre, dès cet instant, un débouché à d'autres produits pour tout le montant de sa valeur. Lorsque le producteur d'un produit l'a terminé, son plus grand désir est de le vendre, pour que la valeur de ce produit ne chôme pas entre ses mains; mais il n'est pas moins empressé de se défaire de la monnaie que lui procure sa vente, pour que la valeur de la monnaie ne chôme pas non plus. Une bonne récolte est favorable aux marchands de tous les autres produits. Ce qui favorise le débit d'une

---

1. *Cours d'Economie politique,* t. I, p. 151.

marchandise, c'est la production d'une autre. *L'achat d'un produit ne peut être fait qu'avec la valeur d'un autre.* La production constitue le pouvoir d'achat de chaque partie dans l'échange. Les produits des uns et des autres assurent leurs débouchés réciproques.

Il en résulte qu'il ne saurait y avoir de surproduction absolue : car plus la production est grande, plus il y a de moyens d'échange.

Ce n'est *pas le désir de consommer qui fait défaut aux individus, c'est le pouvoir d'acheter;* et ce pouvoir d'acheter est d'autant plus restreint qu'ils ont moins de produits à donner en échange des produits ou des services qu'ils désireraient.

On a dit depuis longtemps : La fortune d'un négociant est la richesse de sa clientèle. Cette phrase signifie qu'en échange de ses produits, cette clientèle a des produits qui lui donnent des ressources pour se procurer les siens

L'augmentation de la production est la condition du progrès économique. Toute mesure qui a pour résultat de la restreindre le frappe d'arrêt.

Tel industriel qui ne peut vendre ses produits se plaint de la surproduction : il devrait se plaindre, au contraire, de la faiblesse de production de ceux qui, en ayant besoin, ne peuvent donner des produits en échange des siens.

L'abondance des produits seule ouvre des débouchés.

Telle est *la loi des débouchés,* formulée par J.-B. Say[1]. Elle est d'autant plus importante, que malgré

1. *Traité d'Economie politique,* liv. I, ch. 15.

son évidence, elle est niée encore par la grande majorité des plus intéressés à la connaître.

IV. — Le producteur n'a fait la série des actes qui aboutissent à la vente de sa marchandise que pour obtenir une quantité de monnaie qui représente une somme supérieure à son prix de revient. Cette somme supérieure, c'est le *gain* : et *toute production a le gain pour objet*.

S'il n'en retire pas de bénéfice, il cessera de produire, parce que la production serait un effort inutile ou nuisible : donc *une perte*.

Ce résultat peut se produire pour trois motifs : 1º le produit ne répond pas à des besoins; les besoins des consommateurs ne se sont pas encore manifestés ou ont changé. Alors un des termes indispensables de l'échange disparaît, il n'y a pas de demande du produit; le producteur n'a pas de raison d'être au point de vue économique; 2º le produit est plus abondant que la demande : le prix sur le marché est au-dessous du prix de revient, alors comme en 1904, on laisse les pommes pourrir sous les arbres. Elles ne valent pas la peine d'être ramassées, on n'en saurait que faire, on n'a pas assez de futailles pour fabriquer du cidre et elles ne seraient pas payées au marché. Dans ces deux cas, le producteur abandonne le marché. Il y en a un troisième : 3º la concurrence a pour résultat de diminuer le prix de la marchandise offerte par le producteur : sous la pression de ses concurrents et sous la pression de l'acheteur, il doit chercher à abaisser le prix de revient. Si l'acheteur ne donne à la marchandise qu'un prix inférieur au prix de revient, de deux choses l'une : ou le producteur doit réduire le coût de production, alors il augmente la demande; *et il peut presque indéfiniment réduire son profit sur chaque unité produite, s'il peut augmenter indéfiniment ses débouchés :* c'est l'histoire des journaux à 0 fr. 05. Ou bien il cesse sa production.

Si des concurrents ne peuvent donner un même produit au plus bas prix, alors ce produit devient rare : la demande augmente; le prix s'élève et le producteur pourra retrouver son prix de revient, s'il fabrique de nouveau ce produit.

Le prix de revient est l'élément objectif de la valeur que le producteur attribue à son offre.

Le prix de revient agit de deux manières à l'égard de la valeur :

1° Plus il est haut, plus il restreint la demande, diminue le débouché et limite la valeur du produit. Il provoque la baisse en pesant sur la demande ;

2° Plus il est bas, plus il augmente la demande, ouvre le débouché, mais il limite la valeur du produit. Il provoque la baisse du prix de marché en pesant sur l'offre.

Alors se posent d'autres questions : comment se règle le prix de marché?

Ad. Smith s'est servi de deux expressions : 1° le « prix naturel », point central vers lequel gravitent continuellement les prix de toutes les marchandises;

2° Le « prix de marché » de chaque marchandise particulière qui est déterminé par la proportion entre la quantité de cette marchandise existant au marché et les demandes des demandeurs effectifs qui sont

disposés à en payer le prix naturel ou la valeur
entière des fermages, profits et salaires qu'il faut
payer pour l'attirer au marché.

Stuart Mill a fondé l'échange sur « le prix de revient » : « La plupart des choses s'échangent l'une
contre l'autre en raison de leur prix de revient, que
l'on peut appeler valeur coûtante (*cost value*) (Liv.
III, ch. VI). »

Mais toutes les marchandises n'ont pas le même
prix de revient : et l'acheteur d'une boîte d'épingles
ne s'inquiète que d'une chose : en trouverait-il dans
un autre magasin à meilleur marché et de meilleure
qualité pour le même prix? et les épingles qu'il achète
lui rendront-elles des services proportionnels au prix
qu'il les paie?

On entend souvent demander si le prix de marché
est réglé par le prix de revient des marchandises produites dans les conditions les plus favorables ou
celui des marchandises produites dans les conditions
les plus défavorables.

Ceux qui adressent cette question supposent que
*c'est le prix de revient qui fixe les cours, alors que
c'est le prix d'achat.*

L'acheteur ne s'inquiète pas du prix de revient
du blé dans une lande de Bretagne, dans la Beauce
ou dans le Dakota. Il ne s'inquiète que d'une chose :
y a-t-il abondance ou faiblesse dans l'offre relativement aux besoins de la consommation? y a-t-il prévision pour les marchés prochains d'abondance ou
de faiblesse?

On peut dire que ce sont les marchandises produites
au moindre prix de revient qui règlent le taux du

marché, de la manière suivante : Leurs détenteurs cherchent à obtenir le plus gros bénéfice. Par conséquent, ils vendent le plus cher possible.

Mais, sous la pression de la concurrence, ils sont disposés à perdre une part de ce bénéfice afin d'augmenter la rapidité et l'étendue de leurs opérations, et alors ils abaissent leurs prix jusqu'à la limite où ils sont débarrassés de leurs concurrents et où ils conservent un profit.

Par conséquent, dans le commerce libre, du côté de l'offre *l'étiage des cours est déterminé par les marchandises dont le prix de revient est le moins onéreux. Le prix de la concurrence est toujours le plus bas, c'est-à-dire celui qui règle le plus grand nombre des échanges.*

Les services et les produits s'échangent contre des services et des produits.

Donc, plus une nation produit, plus elle ouvre de débouchés aux autres. Tel homme avisé voudrait ruiner tout pays qui n'achète pas ses marchandises : mais une fois ruiné, avec quoi les achèterait-il ? Chacun a intérêt à ce que son voisin soit riche. La fortune d'un négociant, c'est la richesse de sa clientèle.

Le même personnage dit : — « Il faut favoriser la production! » et en même temps, il s'écrie : « La production surabonde! »

Mais pourquoi encourager la production si elle est une ruine? *On ne produit pas pour produire, on produit pour vendre.* Il n'y a qu'un seul encouragement à la production, *c'est le débouché;* et le rôle du commerçant est de le trouver, de l'ouvrir, de mettre en contact les produits des uns et les besoins des autres. *Le commerce concentre et répartit.*

Le progrès économique consiste dans la réduction de la valeur des unités des capitaux circulants et dans l'augmentation de leur valeur globale.

Tout industriel sait qu'il peut réduire presque indéfiniment ses bénéfices à la condition d'étendre indéfiniment ses débouchés. Il abaissera ainsi la valeur des capitaux circulants qu'il produira et augmentera la valeur de son capital fixe.

La valeur d'un capital circulant s'élève en raison de la rareté des capitaux identiques, et en raison de l'abondance des capitaux équivalents.

La valeur des capitaux fixes est en raison directe de l'abondance des capitaux circulants, et la valeur des capitaux circulants est en raison inverse du pouvoir d'utilité des capitaux fixes.

Le progrès économique a pour critérium la réduction de la valeur des unités des capitaux circulants et l'augmentation de leur valeur globale.

Ou autrement :

La richesse est en raison directe de la valeur absolue et relative des capitaux fixes, en raison directe de la valeur absolue des capitaux circulants et en raison inverse de la valeur relative de ces derniers.

Le débouché d'un produit est en raison de la rareté des identiques et de l'intensité de la demande, dont le pouvoir est réglé par la valeur des équivalents dissemblables.

La pléthore sur un point de certains capitaux circulants d'utilité reconnue ne provient pas de leur surabondance, mais de la rareté de leurs équivalents, résultant soit du coût de production de ceux-ci, soit des obstacles naturels, comme l'espace; artificiels, comme le protectionnisme et le fisc, qui s'opposent à leur échange.

Un capital fixe ne perd pas sa valeur par suite de l'abondance des capitaux circulants, identiques à ceux qu'il peut produire, mais parce qu'il ne peut les produire qu'à un trop haut prix de revient; ou autrement, parce qu'il ne peut pas en produire en assez grande quantité.

Tous les procédés artificiels, employés pour augmenter la valeur des capitaux ciculants, en en diminuant la quantité, ont pour résultat de diminuer la valeur globale des capitaux fixes.

CHAPITRE II

CONTRADICTIONS

I. — Tout producteur est tenaillé entre deux sentiments contradictoires : 1º vendre le plus cher possible; 2º vendre le plus possible.

Le premier sentiment est refréné : 1º par la concurrence; 2º par la restriction de la demande.

Par peur de la concurrence, le producteur ne vend pas le plus cher possible, il vend au prix qui doit empêcher la concurrence de se produire.

Par peur de la concurrence et pour augmenter ses débouchés, le producteur cherche tous les procédés qui diminuent ses frais de production.

Le premier sentiment est le facteur : 1º du protectionnisme; 2º des corporations, cartels et trusts.

Les producteurs se plaignent de la concurrence, mais ce ne sont pas les acheteurs qui leur font concurrence : ce sont eux-mêmes qui se font concurrence entre eux.

De là ce résultat : ils demandent des droits de douane pour élever les prix; ensuite, ils les abaissent réciproquement pour attirer les clients; et alors ils s'écrasent. Pour réagir, ils se constituent en cartels; alors, ce sont les consommateurs qu'ils écrasent. Pour compenser la raréfaction de demande qui en résulterait, ils ont recours au *dumping*, et ils font payer par leurs nationaux des objets plus cher que par les étrangers.

Dans le commerce libre, le prix de marché est réglé par le prix de revient du vendeur, par le besoin et le pouvoir d'achat de l'acheteur; ils s'ajustent, tandis que les prix de la protection sont factices.

Un tarif est voté aujourd'hui : c'est un effort de stabilisation pour maintenir certains prix.

Mais demain, les conditions de la production et de l'échange seront changés; 1º par suite de sécheresse en Australie, d'une récolte médiocre aux États-Unis, abondante en Russie, des accidents météorologiques qui augmenteront ou diminueront de 2 ou 3 millions de balles la quantité de coton produite aux États-Unis; 2º par suite d'inventions, de transformation des moyens de transport ou de production; 3º par suite de déplacement d'intérêts et de clientèles; 4º par suite d'événements politiques.

La civilisation devient de plus en plus fluide; ceux qui, voulant stabiliser les valeurs et les situations, aspirent à nous ramener à la caste égyptienne, sont en contradiction avec toutes les conditions de la vie actuelle.

II. — L'extension du débouché, c'est le profit. Le resserrement du débouché, c'est la perte. Le bon marché du prix de revient ouvre des débouchés; l'élévation du prix de revient les resserre.

Personne ne conteste?

— Non.

— Alors où sont les protectionnistes?

Toute politique protectionniste aboutit à ce résultat contradictoire : elle a pour objet le développement de la production et la hausse des prix; par conséquent, le rétrécissement du débouché. Elle en arrive à faire produire pour produire et non pas pour vendre.

Les droits de douane augmentent les prix de revient. Voilà le fait. Ils provoquent la production de tel ou tel objet. Voilà un autre fait. Au delà de la frontière, ils ne suivent pas l'objet dont ils ont relevé le prix de revient et dont ils ont provoqué la production. Voilà le troisième fait.

Alors les protégés se plaignent de la surproduction. Ils s'en prennent au commerce qui répond qu'il ne peut pas vendre des objets plus chers que ceux qui sont offerts par les concurrents. Ils s'en prennent à la Banque, aux capitaux, aux économistes : et le gouvernement, le parlement ne trouvent rien de mieux que de créer des attachés commerciaux par la loi du 7 décembre 1908.

Je ne parle pas du choix de certains de ces attachés commerciaux; je ne parle pas de la rapidité de certains déplacements et de la facilité avec laquelle cette fonction n a été envisagée que comme un échelon dans la carrière des consulats.

L'un de ces attachés a dans son ressort tout le Royaume-Uni; un second, tous les États-Unis d'Amérique; un autre, tout l'Extrême-Orient (Chine et Japon); un quatrième, tout le Levant, c'est-à-dire (d'après le rapport) : la Turquie, la Perse, l'Éthiopie et l'Égypte; un cinquième, la Russie (siége de la mission : Saint-Pétersbourg); un sixième, que précisait le projet de loi, doit étudier « les pays d'Europe ».

Quels résultats utiles ont-ils obtenus depuis cinq ans? Ce n'est pas la faute des hommes : c'est la faute de cette institution de parade.

Les attachés commerciaux ne peuvent être que des amateurs, en dehors des conditions normales de l'industrie et du commerce, qui sont le gain ou la perte. Leurs conseils, n'entraînant pour eux ni bénéfice ni responsabilité, n'ont pas de valeur.

Un gouvernement peut supprimer le commerce, mais il ne peut pas le remplacer.

Cependant il faut qu'il fasse quelque chose ou se donne l'apparence de faire quelque chose.

En 1909, la Suède et la Norvège ayant besoin de faire coter leurs fonds à la cote de la Bourse, le gouvernement a obtenu en échange un abaissement des droits sur les vins. Mais ceux qui le réclamaient ont eu une grande déception : nous n'avons pas le monopole de cette réduction, la Suède et la Norvège n'ayant pu la refuser aux nations qui jouissent de la clause de la nation la plus favorisée.

CHAPITRE III

LES DEUX RÉGIMES

Le *Journal des Économistes* du 15 octobre 1910 a publié un important article de M. Henri Lambert, un des grands maîtres verriers de Charleroi, sous ce titre : *Les deux régimes.*

Voici le début de son article :

« La verrerie à vitres est considérée, en Belgique, comme étant par excellence l'industrie nationale. Elle y existe depuis plus de deux siècles, dans la région de Charleroi. Longtemps localisée à Lodeliusart, elle y fut introduite par un Français, le marquis des Androuins, dont l'un des fils découvrit le charbon dans le nord de la France, et fonda les mines d'Anzin.

« L'opinion publique belge se préoccupe généralement beaucoup plus de la situation de la verrerie à vitres que

de celle d'autres industries cependant plus importantes.
L'importance de la verrerie n'est d'ailleurs pas à dédai-
gner. Són chiffre d'affaires annuel atteint environ 50 millions de francs; elle exporte plus de 95 p. 100 de sa production, qu'elle écoule dans le monde entier, dont elle
alimente le quart environ de la consommation. »

La question qu'examine, dans cet article, M. Henri
Lambert, est celle-ci : « Les industriels doivent-ils
constituer des syndicats ayant pour objet la limitation de la production et la vente en commun des
produits? »

La proposition fut faite entre les verriers de Charleroi, M. Henri Lambert la combattit, et il exposa
ses arguments dans le *Journal des Économistes*.

En voici quelques-uns :

« Si l'industriel peut avoir un intérêt immédiat à
conserver des prix de vente élevés, l'ouvrier a intérêt
à la baisse des prix des produits de son industrie, parce
que beaucoup de produits permettent de payer beaucoup
de salaires.

« La concurrence à outrance, dit-on, amènera la ruine
de l'industrie. » C'est un sophisme, répond M. Henri Lambert. Certains concurrents pourront en souffrir; mais
l'augmentation de la consommation résultant du bas prix
rétablira l'équilibre.

« Les hauts prix de vente favorisent la conservation
des mauvaises usines.

« Les syndicats et cartels ont pour but de rançonner le
consommateur, en augmentant le prix des objets nécessaires à la vie, en réglant conventionnellement, c'est-à-
dire artificiellement, la production de ces objets, constituent

un système anti-économique et antisocial. Les entrepreneurs d'industrie seront, — en dernier lieu, sans doute, mais le plus définitivement; — les victimes de ce système; et ce ne sera que justice.

« De ce système de contrainte résultent des crises dues à l'affaiblissement du pouvoir d'achat des consommateurs. La notion « crise du pouvoir d'achat de la consommation » indique exactement le contraire de ce que voudrait signifier le terme « crise de surproduction » qui est, en soi, une absurdité.

« Les fortes sommes d'ensemble payées aux salaires, ainsi que les hauts salaires individuels, ne peuvent résulter que d'une forte production. Les ouvriers ont donc, à un double titre, — comme producteurs et comme consommateurs, — un intérêt primordial incontestable à la suppression des ententes patronales.

« Assurément, la rigidité des théories ne convient pas toujours à la pratique industrielle. Mais les théories doivent orienter les *tendances*, qu'il est téméraire de perdre de vue ou de négliger. Il en ressort nettement : 1º que la tendance, qui s'accentue, à vouloir remédier aux embarras industriels par des réductions artificielles de production, serait funeste au pays, aux ouvriers et aux industriels eux-mêmes; 2º que le meilleur remède est encore de laisser s'établir la situation naturelle. Aux jours difficiles, il faut laisser le champ libre aux usines travaillant à bas prix de revient pour permettre à l'industrie nationale de garder ses débouchés. L'embarras industriel se résolvant, les usines se remettront en activité dans un ordre en rapport avec leur situation à l'égard de la concurrence internationale.

« Enfin, dernière observation, qui a bien aussi sa valeur : les syndicats ne donnent fatalement que des indications plus ou moins fantaisistes concernant la fixation des prix de vente. Les éléments exacts d'appréciation manquent, et l'on risque de commettre des erreurs souvent dangereuses, quelquefois irréparables. »

M. Henri Lambert cite les polémiques qu'il eut à soutenir et rétablit des faits. On disait que le Syndicat Indes-Chine-Canada avait obtenu une augmentation de 560.000 francs. M. Henri Lambert répond :

« J'établis la preuve que le Syndicat avait fait baisser de plus de deux cinquièmes l'exportation vers les trois débouchés où la coalition belge a permis à ses concurrents libres d'emporter l'énorme quantité de commandes qu'elle a fait perdre à ses adhérents. Pour combler le déficit, ceux-ci ont dû forcer anormalement la vente sur les quatre marchés en abaissant les prix; si bien que cette baisse a absorbé, et au delà, le « bénéfice » de 560.000 francs portés à l'actif du comptoir. »

M. J. de Leener, professeur de l'Institut Solvay, proclama « l'inanité de la concurrence entre industriels », et soutint la nécessité d'un comptoir général de vente en verrerie. Mais lui-même était obligé de reconnaître que les syndicats ne supprimaient jamais complètement la concurrence des industriels entre eux; ils sont toujours exposés au retour de la concurrence puisque l'entente est constituée pour une durée définie; et si l'entente est renouvelée, la question de quotité se pose.

M. Henri Lambert combat ensuite le principe de la surproduction et donne cet argument topique :

« En ce qui concerne plus particulièrement la verrerie du pays de Charleroi, les intéressés n'ont cessé, depuis

cinquante ans, de déplorer profondément « la surproduction dont doit fatalement résulter la ruine pour tous. »
Or, le stock en magasin, dans les usines et chez les négociants, était sensiblement le même au 31 décembre 1909
qu'au 31 décembre 1850. Si les maîtres de verreries belges
avaient disposé d'un comptoir « solide » et pu de la sorte
anéantir toute concurrence nouvelle, ils n'auraient sans
doute pas produit la moitié des 150 millions de caisses
écoulées en ce laps d'un demi-siècle. Ils n'auraient pas
payé en salaires la moitié des 7 à 800 millions qu'ils ont
payés en salaires.

« Grâce à l'opposition irréductible des adversaires du
système de la vente syndiquée, grâce — plus encore, peut-
être — à la mésintelligence et aux convoitises qui se ma-
nifestèrent parmi les partisans de ce système, la verrerie
belge est restée sous le régime de la vente individuelle
et de la concurrence « anarchique ». Jamais cette industrie
ne fut, en fait, aussi prospère ou, du moins, aussi puissante
qu'actuellement.

« Les dernières statistiques officielles montrent que sa
production et ses exportations de 1910 sont en progrès de
45 p. 100 sur celles de 1908 et de 16 p. 100 sur celles de
1909, qui étaient déjà en très forte majoration. A aucun
moment, même durant les périodes éphémères de prospérité factice qui suivirent les grèves prolongées de 1901
et 1905, la verrerie belge ne connut le chiffre d'affaires
actuel. »

Voici les faits actuels.

Après de laborieuses négociations et des tergiver-
sations qui ont duré jusqu'il y a deux années, les
maîtres de verreries belges, à l'exception de deux
d'entre eux, ont adopté une organisation commerciale
collective, s'inspirant du « bureau de Statistique des

ventes », préconisé par M. H. Lambert au cours
d'articles parus dans l'*Écho de l'Industrie* en 1907 et
1908. Cette organisation — dénommée fort impro-
prement « Mutualité des maîtres de verreries belges »,
— consiste surtout en un bureau chargé de centra-
liser les renseignements, — relatifs aux productions,
ventes, stocks des diverses usines, — permettant
d'établir les statistiques générales indispensables
pour apprécier la situation commerciale de l'industrie.
Les fabricants se réunissent hebdomadairement, afin
d'échanger leurs vues et de fixer les prix de vente
d'après les statistiques qui leur sont soumises. Sous
ce régime, la vente est restée individuelle, les usines
continuant à écouler elles-mêmes leur production, en
se conformant simplement aux prix fixés de commun
accord.

Tout serait bien, parfait même, si on s'était arrêté
là dans la voie de « l'organisation ». Mais, allant,
malheureusement, plus loin, on a adjoint, au bureau
des Statistiques et à la fixation en commun des prix
de vente, une convention de réduction des productions
par voie de chômages indemnisés. Une telle convention,
indispensable évidemment pour permettre le maintien
de prix de vente conventionnellement et artificiellement élevés, constitue un grave danger pour une
industrie obligée d'exporter la quasi-totalité (95 p. 100
environ) de sa production sur des marchés où elle
rencontre généralement une concurrence indigène ou
étrangère.

Le pronostic théorique est aussi aisé que certain :
la décadence de la verrerie belge à échéance plus ou
moins rapprochée. Mais, pratiquement, la situation

— nonobstant certains symptômes significatifs et de
haute gravité — ne s'est pas encore dessinée assez
nettement pour qu'une décadence définitive puisse
être constituée et enregistrée. Un laps de temps de
plus de deux années est nécessaire, d'ailleurs, pour
que se trouve gravement et définitivement compro-
mis l'avenir d'une industrie qui, ne devant sa nais-
sance et son extraordinaire développement (un quart
environ de la production universelle) qu'au régime
de la liberté et de la concurrence, comptait certes
parmi les plus sainement et solidement établies qui
soient au monde. Une telle industrie peut vivre assez
longtemps sur l'acquit du passé. Il est à observer,
au surplus, que les concurrents étrangers des verriers
belges vivent, soit sous le régime du monopole de fait,
soit sous celui de la protection douanière et des syndicats de vente, ce qui refroidit singulièrement leur
ardeur industrielle : ils se montrent ainsi fort peu
disposés à faire aux Belges une concurrence se tra-
duisant par des baisses de prix et sans doute par un
supplément d'efforts en vue du progrès. C'est là une
des manifestations de la conspiration universelle
des producteurs contre les intérêts de la consommation des biens, c'est-à-dire contre l'intérêt général.

LIVRE VI

LE GAIN OU LA PERTE

CHAPITRE PREMIER

LE BILAN

SOMMAIRE. — Toute l'activité économiqme aboutit au comptable. — *L'inventaire.* — *Le bilan.* — *Profits et pertes.* — *Actif et passif.* — *Le bilan d'entrée.* — Le bénéfice est l'accroissement du capital pendant l'année. — *Différence entre le prix de revient et le prix de vente.* — *M. Léautey : nécessité de la permanence de l'inventaire.*

Ces cheminées qui fument; ces formidables laminoirs qui mâchent des masses d'acier; ces locomotives qui, pesant plusieurs dizaines de tonnes, en traînent plusieurs centaines; ces navires, mus par des milliers de chevaux-vapeur, portant des foules de passagers à travers les brumes et les tempêtes; ces millions de broches qui tournent, de métiers qui s'agitent avec un bruit rythmique; ce chronomètre réglé à un centième de seconde; ce diamant habile-

ment serti dans un anneau de platine et précieuse-
ment enfermé dans une petite boîte capitonnée;
cette robe pimpante qui sort d'un magasin de la
rue de la Paix et ce chapeau tumultueux qui excite
l'orgueil de celle qui le porte, l'étonnement, l'admiration ou le rire de ceux qui le regardent : tous ces
objets formidables ou délicats, bruyants ou discrets,
terribles ou gracieux n'existent que pour aboutir,
chacun de son côté, à un homme tranquille et attentif
qui, placé dans un bureau silencieux, relève des
chiffres sur ses livres pour déterminer l'état de
toutes les valeurs actives et passives des industriels
ou des commerçants qui ont mis toutes ces choses
en œuvre et en mouvement. L'inventaire! tout est
là. C'est le commencement et la fin de toute activité
industrielle ou commerciale.

Toute la vie économique est réglée par la *bilancia*,
mot italien qui signifie balance, et dont nous avons fait
bilan. Cette activité, cette agitation, ces soins, ces
efforts s'expriment pour chaque entreprise, au bout
de l'année, par une ligne et un chiffre : profits et
pertes.

Le bilan se présente par actif et passif. L'entreprise est une entité : son passif, c'est ce qu'elle doit
soit à des tiers, soit aux propriétaires de l'affaire :
de là, on voit toujours le capital en tête du passif des
sociétés.

L'actif est l'emploi fait par les capitaux mis à sa
disposition, soit sous forme de capital, de bénéfices
antérieurs, de prêts ou de crédits consentis par des
tiers.

L'actif de la société ou du chef de l'entreprise,

c'est l'actif de l'industrie, moins ce qui est dû à des
tiers.

Le *bilan d'entrée* est celui qui exprime la situation
de l'entreprise soit à son début, soit au commencement d'un exercice. Le bilan de sortie constate le
résultat des opérations de l'exercice en perte ou en
gain.

Le bénéfice est l'accroissement du capital pendant
l'année.

C'est le bilan qui constate la perte ou le bénéfice.

On fait masse de tous les soldes des comptes de
résultats débiteurs (pertes) et de tous les soldes des
comptes de résultats créditeurs (bénéfices) en
virant tous les soldes de comptes à un compte de
résultat unique qu'on appelle « Exercice 19.. » et qui
constitue le compte final et global.

L'actif et le passif se font alors équilibre, grâce au
maintien de ce compte « Exercice 19.. », qui fait
reporter le résultat définitif en bénéfice (s'il est au
passif) ou en perte (s'il est à l'actif)

Ce résultat dépend de la différence *entre le prix*
de revient et le prix de vente.

MM. Léautey et Guilbault ont rendu un service de
premier ordre en posant comme loi essentielle de toute
comptabilité « la permanence de l'inventaire ou autrement dit l'existence au prix d'origine des valeurs
qui composent l'inventaire[1] ».

---

1. V. *supra*, liv. I, ch. I, et *Comptabilité de Banque et de Bourse*
par E. LÉAUTEY, ALBERT LESSEURE, collationné par A. Lesseure,
Léon et Paul Léautey, 1911.

1. *La Science des comptes*, par LÉAUTEY et A. GUILBAULT, *De*
l'inventaire et du bilan, p. 155.

CHAPITRE II

LES ÉLÉMENTS DU PRIX DE REVIENT

La première condition de toute maison de commerce ou de toute entreprise industrielle est donc d'établir son prix de revient.

Dans la maison de commerce la marchandise entre au prix d'achat et frais déboursés qui constituent le prix de revient commercial. Le compte Magasin ou Marchandises générales est débité des marchandises achetées à leur prix d'achat et crédité des marchandises sorties à leur prix de vente. L'inventaire des marchandises non dépréciées restant en magasin permet d'établir le chiffre du bénéfice. Au cours de l'exercice, il suffit de comparer le prix d'achat au prix de vente.

Dans l'industrie, le prix de revient des produits est autrement complexe.

M. E. Léautey insistait sur la distinction entre le *prix de revient probable* et le *prix de revient comptable.*

Le prix de revient probable est le prix de devis établi sur calculs approximatifs.

Le prix de revient comptable ou réel représente le total des dépenses nécessaires pour un produit ou pour un service.

Chaque fois qu'on entreprend une industrie, qu'on commence une exploitation ou une fabrication, on commence par le premier (prix de revient probable) qu'il faut contrôler par le second (prix de revient comptable). En général, le premier est toujours dépassé.

Principaux éléments du prix de revient fabrication :

DÉBIT	CRÉDIT
Matières premières et approvisionnements.	Ventes.
Amortissement du matériel.	
Salaires.	
Entretien et réparations.	
Frais généraux.	

Le compte « Fabrication », qu'on nomme « Exploitation » dans les mines, est débité non des achats, mais des consommations et des frais nécessités par la production.

Le prix de revient mensuel comprend trois éléments essentiels :

1º Le prix de revient production;

2º Le prix de revient vente;

3º Les bénéfices du mois dont on doit déduire les charges financières.

Une même industrie peut produire les articles les plus divers, d'un prix de revient très inégal et d'un prix de vente encore plus inégal.

De plus, les objets en cours de fabrication passent en général d'un atelier dans un autre. On fait suivre chacun d'eux par l'étiquette de fabrication ou feuille d'attachement. Peut-on déterminer les prix de revient de l'objet au cours de ces changements? En réalité, ce qui importe et ce qui est pratique, c'est le *prix de revient global que tout objet doit avoir quand il entre dans le magasin pour la vente.*

M. Daubresse distingue entre les frais directs de la production : matières premières, amortissement du matériel, salaires et les frais indirects de la production : frais généraux, entretien, réparations.

MM. Edom donnent aux premiers le titre de prix de revient industriel qui a le défaut d'être trop limité puisqu'il écarte les frais indirects.

CHAPITRE III

DÉPENSES DIRECTES DE PRODUCTION

SOMMAIRE. — *Matières premières.* — *Salaires.* — *Amortissement du matériel.* — « *C'est le salaire de la machine* ». — *Nécessité de libérer le matériel pour être prêt à en changer.* — *Variétés de prix de revient.* — « *L'exhaure* ». — *Les prix de revient des matières premières doivent être dégagés par des opérations extra-comptables.* — *Difficultés d'établir une concordance entre le prix des matières achetées et le prix des matières consommées.*

Les dépenses directes de production sont les matières premières, les approvisionnements, les objets de consommation employés dans la production, tels que huiles, graisses, etc., les salaires, l'amortissement du matériel.

M. Daubresse considère avec raison qu'il est indispensable de comprendre cette dernière dépense dans les prix de revient mensuels : le matériel participe directement à la production. Il appelle l'amortissement, d'une manière pittoresque, mais exacte, « le salaire de la machine ».

Dans certaines usines, on fait porter l'amortissement du matériel installé pour une fabrication sur cette fabrication.

En tous cas, cet amortissement doit toujours être plus rapide que la durée probable de l'outillage.

L'industriel doit avoir pour première préoccupation de *libérer son matériel afin d'être toujours prêt à le remplacer.*

Les éléments du prix de revient varient dans les industries. Ainsi, dans les mines, un des éléments spéciaux est constitué par l' « exhaure », frais d'assèchement des travaux.

Dans les tissages, les textiles subissent un blanchissage, un décreusage, une teinture : la soie, après avoir perdu de 25 à 26 p. 100, est chargée de 3 et 400 p. 100; les laines et les cotons perdent de 5 à 10 p. 100[1]. Puis viennent le bobinage, l'ourdissage, le tissage, l'apprêt, etc., qui entraînent des déchets de 2, 3 p. 100 ou plus et des façons[2].

Or, pour toute marchandise qui perd 25 p. 100 le prix de revient est augmenté de 33,33 p. 100.

$$\frac{75}{25} = \frac{100}{x};$$

$$x = \frac{25 \times 100}{75} = 33,33\,\%.$$

En vue de la simplification de la comptabilité industrielle, les prix de revient de toutes les matières premières : métaux, tissus, cuirs et textiles, prêts

1. H. et J. ÉDOM, 1.
2. V. H. ÉDOM, 2.

à être employés, doivent être dégagés d'avance par
des opérations extra-comptables, c'est-à-dire en
dehors de la comptabilité industrielle, sur des livres
spéciaux. C'est un point requis en comptabilité[1].

Les matières premières n'ont pas un prix uniforme. Pour établir le compte de celles qui sont consommées dans le mois, on prend le prix moyen des
entrées du mois. Mais les matières premières consommées dans le mois peuvent avoir été achetées antérieurement à celles qui sont entrées dans le courant
du mois, et alors il n'y a pas concordance.

Faut-il faire remonter le prix moyen aux achats
des mois précédents consommés dans le mois? Au
moment du *boom* du caoutchouc, les fabricants de
pneumatiques devaient-ils charger leurs approvisionnements de cette hausse? Alors leurs prix de
revient auraient été hors de toute proportion avec
les prix de revient antérieurs. Plus tard les prix se sont
écrasés. Les mêmes fabricants devaient-ils abaisser,
dans la même proportion, le prix des approvisionnements qu'ils s'étaient procurés à de hauts cours?
Alors leur prix de revient, beaucoup trop faible,
n'avait plus de rapport avec la réalité.

1. V. Louis Daubresse.

CHAPITRE IV

LES FRAIS GÉNÉRAUX

I. — Parmi les dépenses indirectes des frais de production, on compte les frais d'entretien et de réparation des immeubles. Comme ils sont très variables, on estime, pour régulariser leur imputation au compte Fabrication, les frais annuels d'après les expériences des années précédentes, et on crédite mensuellement le compte Entretien et réparations d'un douzième de ces frais par le débit de la fabrication en continuant à le débiter des frais de cette nature réellement effectués. Au bout de l'année, s'il est débiteur, c'est qu'on a payé plus de frais qu'on n'en a porté au prix de revient.

On n'impute généralement pas au prix de revient le tantième pour l'amortissement des immeubles, proprement dits. Il se fait lors de la clôture des écritures. Souvent on le détermine sur les bénéfices réalisés.

II. — Les comptables sont des hommes très importants qui apparaissent au public avec un certain caractère d'oracles infaillibles, car ils présentent et ils invoquent des chiffres.

Toute la question est de savoir ce que comprennent ces chiffres.

La grosse discussion, dans l'établissement du prix de revient, porte sur les frais généraux.

On est à peu près d'accord sur leur définition.

Les frais généraux comprennent les frais quelconques qui doivent être supportés par l'ensemble des opérations d'un commerce ou d'une industrie[1].

Ils ne peuvent s'appliquer directement à une des opérations de l'entreprise, mais ils sont nécessaires à sa marche générale.

Des comptables ont préconisé l'application du

1. E. Léautey, 3.

coefficient des frais généraux par atelier. — Mais, répondent MM. Édom, dans une entreprise, il n'y a pas de frais généraux par atelier, mais des frais généraux communs dont l'ensemble pèse d'un poids égal sur toute l'entreprise.

Le coefficient des frais généraux est déterminé chaque année par la comptabilité, et c'est le produit de ce coefficient, base de l'établissement du prix de revient, qui est appliqué sur l'ensemble des matières premières et des mains-d'œuvre incorporées dans ce prix, le produit eût-il passé successivement dans vingt ateliers.

Si le coefficient des frais généraux était divisé et appliqué par fractions au passage d'un atelier dans un autre, le prix de revient serait faussé dès la sortie de cet atelier.

M. Léautey insistait pour la distinction entre les frais généraux fixes et les frais généraux variables, dont voici la nomenclature :

FRAIS GÉNÉRAUX

FIXES	VARIABLES
Intérêt du capital. Loyer, impôt, assurances. Amortissement du matériel, de l'outillage, des chevaux, etc. Appointements de la direction et du personnel, etc.	Entretien des immeubles, du matériel, du mobilier, de l'écurie. Éclairage, chauffage, nettoyage. Escomptes, agios, commissions, etc. Gratifications, etc.

Que l'usine marche à son plein ou, au contraire, ne

donne que le tiers ou la moitié de sa capacité, les frais généraux fixes ne varient pas. De là, cette conséquence :

Le meilleur moyen de diminuer le coefficient des frais généraux dans le prix de revient est d'augmenter la production.

Mais les frais généraux n'ont pas une marche mensuelle régulière; si les primes d'assurances, les contributions sont payées certains mois, elles surchargeraient la fabrication de ces mois. En général, on répartit la prévision des frais généraux pour toute l'année et, chaque mois, on en porte un douzième à la Fabrication. Une usine faisant 30.000 francs de frais généraux passe tous les mois 2.500 francs à Fabrication.

Fabrication à frais généraux, Fr. 2.500. Le compte comporte au débit tous les frais effectués, au crédit douze tranches de Fr. 2.500. Au bout de l'exercice, s'il y a un solde, on le passe par Fabrication.

Mais ce système n'est pas applicable dans les usines où l'on fait un prix de revient par objet. On y estime la proportion des frais généraux au chiffre d'affaires et on impute à chaque prix de revient spécial un tantième en conséquence.

Dans certaines usines à produits multiples l'imputation se fait sur le chiffre des salaires : 50.000 fr. de salaire, 10.000 fr. de frais généraux égalant 20 p. 100.

III. — Il est indiscutable que l'intérêt du capital constitue une charge de la production : faut-il porter dans les prix de revient l'intérêt du capital? faut-il

imputer chaque mois à la production un douzième
de la somme nécessaire pour attribuer un intérêt au
capital social? M. Louis Daubresse, dans son livre
Les prix de revient industriels, répond par la néga-
tive, pour les raisons suivantes :

On charge de 5 p. 100 du capital les frais de production. A la fin de l'année, la somme que représente
cet intérêt fait défaut. Alors, on doit contrepasser
les écritures en intérêt, et dire : « Intérêts du capital
(supposé 1 million) à Profits et pertes : 50.000 francs. »

Le capital n'a pas été diminué. Il n'y a eu que la
perte des intérêts.

De même doit-on faire figurer, dans les charges du
prix de revient, les charges financières occasionnées
par les emprunts soit en banque, soit par le moyen
d'obligations?

Les charges financières, dit M. Daubresse, ont pour
cause l'insuffisance du capital de l'entreprise; elles
doivent en affecter les bénéfices, mais elles ne doivent
pas concourir à la formation du prix de revient
industriel.

Cette théorie me paraît dangereuse. Les charges
du capital, qu'il soit un capital d'emprunt ou le
capital même de l'entreprise, sont à la base des frais
généraux. Si on supprime ce facteur des frais de production, on arrive à un prix de revient inférieur à la
réalité.

La Société Générale de Belgique impose aux charbonnages dans lesquels elle est intéressée de faire
figurer au prix de revient les charges financières, en
les imputant mensuellement par douzièmes.

Toutefois il ne saurait y avoir ici de solution

absolue. Dans une industrie qui se développe, le capital n'est pas complètement versé : la charge serait trop légère; d'un autre côté, le prix de revient est trop lourd relativement à ce qu'il sera plus tard.

Alors on peut compter le prix de revient : matières premières, réparations et amortissement du matériel et main-d'œuvre, et laisser en dehors les frais généraux, y compris les charges du capital; mais, à la fin de l'exercice, il faudra bien ajouter ces frais généraux au prix de revient des charges directes; et cette imputation déterminera la perte ou le bénéfice.

Quand une société a placé des réserves, les intérêts qu'elle en retire doivent-ils être déduits des frais généraux et doivent-ils alléger les frais de production?

Non : toute opération qui fait bénéficier le prix de revient d'une rentrée qui n'est pas en corrélation directe avec la production est incorrecte.

On retrouvera les intérêts de ces réserves pour déterminer le bénéfice.

Les marchandises fabriquées et en cours de fabrication doivent être inventoriées au prix des frais directs, plus les frais de réparation des bâtiments.

Un tant p. 100 des frais généraux qu'elles doivent supporter doit être ajouté au prix de revient industriel pour les marchandises fabriquées. Il doit être proportionné à l'état d'avancement des marchandises en cours de fabrication.

On porte, en déduction du prix de revient des objets fabriqués, les sous-produits ou les déchets qui ont une valeur. Ils peuvent avoir une influence décisive sur le prix de revient de l'objet principal. Dans certaines industries, le sous-produit devient le produit principal.

Le coefficient d'application des frais généraux s'élève, selon les industries, de 25 à 200 p. 100.

Pour le déterminer, dans les industries en cours, on a pour base les coefficients des années précédentes.

Si le chiffre des affaires baisse, le coefficient des frais généraux augmente; si le chiffre des affaires augmente, le coefficient des frais généraux diminue.

Dans les affaires qui débutent, le coefficient des frais généraux est très élevé, mais ce n'est pas une raison pour ne pas l'établir.

CHAPITRE V

LES FRAIS DE VENTE

Mais le prix de revient de fabrication doit-il être chargé des frais généraux de vente?

M. E. Léautey a soutenu avec beaucoup d'insistance que les frais généraux de vente ne devaient pas être imputés au compte du prix de revient.

Si le prix de revient est chargé des frais de vente, il n'est plus industriel. Les frais de vente ne doivent pas frapper les quantités produites, mais les quantités vendues. Ce système est soutenu également par M. Daubresse.

Ici il y a une distinction à faire : certains comp-

tables comprennent dans les frais de vente la main-
d'œuvre d'emballage, les caisses d'emballage, les
frais de commission, les concessions de vente, les
escomptes et rabais accordés, les frais d'expédition.

Pour certains produits, les frais d'emballage font
partie du prix de revient. A Norwich, dans la célèbre
fabrique *Colman's Mustard*, l'atelier de broyage est
tout petit. On a de la peine à le découvrir. Quelques
broyeurs, sous la surveillance de quelques rares
ouvriers, écrasent avec précaution et délicatesse la
graine de moutarde, de manière qu'elle garde son
huile; cette farine est passée sur des tamis successifs
qui la déposent automatiquement en tas. Le produit est achevé.

Mais de longs bâtiments s'étendent. Dans les uns
sont des centaines de jeunes filles qui répartissent la
moutarde dans des boîtes d'étain; dans les autres,
sont des ouvriers qui fabriquent des boîtes d'emballage; dans d'autres sont des empaqueteurs qui
empilent les boîtes dans des caisses. On peut dire que
95 p. 100 au moins du personnel est occupé à expé-
dier la marchandise, peut-être 3 p. 100 à la préparer
et 2 p. 100 à la fabriquer.

Dans cette industrie, les frais de vente sont les véritables frais de production. Mais je parle là d'un
genre d'industrie exceptionnel.

Quand les frais de vente ne sont pas imputés au
p ix de revient de production, ils viennent en déduc-
on des ventes.

N ayant pas à supporter les charges financières,
ils en laissent tout le poids aux frais généraux qui
entrent dans le prix de revient de la production.

Les coefficients des prix de revient ne se rapportant plus au chiffre des affaires en sont relevés.

Il est nécessaire d'établir dans l'entreprise une *concurrence entre le service de production et le service de vente.*

Le service de vente doit peser sans cesse sur le service de production pour en obtenir deux choses : 1° *un abaissement du prix de revient;* 2° *une adaptation de plus en plus intime aux besoins du consommateur.*

Le service de production doit peser sans cesse sur le service de vente pour obtenir une augmentation du débouché, parce que l'augmentation du débouché abaisse le prix de revient.

En prenant comme exemple une glacerie, M. Louis Daubresse a établi de la manière suivante le prix de revient dans les fabrications à plusieurs phases et, en même temps, la subdivision du prix de revient production et du prix de revient vente[1] :

Les comptes de la fabrication fonctionnent comme suit :

Glaces brutes.

1° *Fabrication glaces brutes :*
débité des frais de production du mois;
crédité par Magasin glaces brutes, au prix de revient, de la production du mois.

2° *Magasin glaces brutes :*
débité des entrées de glaces brutes au prix de revient;
crédité des sorties soit par Glaces polies, soit par

1. 3, p. 48.

Ventes glaces brutes, au prix de revient moyen de magasin. Son solde donne les existences en glaces brutes.

3º *Ventes glaces brutes :*

débité des glaces brutes vendues au prix de revient et des frais de vente afférents aux glaces brutes;
crédité du montant des ventes.
Son solde donne le bénéfice des ventes de glaces brutes.

Glaces polies.

1º *Fabrication glaces polies :*

débité des frais de production du mois;
crédité par Magasin glaces polies, au prix de revient, de la production du mois.

2º *Magasin glaces polies :*

débité des entrées de glaces polies au prix de revient;
crédité par Ventes glaces polies, des glaces vendues au prix de revient de magasin.
Son solde donne les existences en glaces polies.

3º *Ventes glaces polies :*

débité des glaces polies vendues au prix de revient et des frais de vente afférents aux glaces polies;
crédité du montant des ventes.
Son solde donne le bénéfice des ventes de glaces polies.

Une telle comptabilité présente l'avantage de donner la permanence de l'inventaire tant désirée par les bons comptables.

Les prix de revient en ressortent au moyen des articles suivants :

Fabrication glaces brutes à
Divers. . . . .
Salaires. 14.000,00
Sable blanc : 645.000 × 4,50 = 2.902,50
etc. pour toutes les consomma-
tions. 72.143,05

Magasin glaces brutes à Fabrication glaces brutes, production du mois 22.000 m. à
3,279. . . . . 72.143,05

Glaces polies à Magasin glaces
brutes.
Consommations du mois :
Glaces brutes consommées
21.000 m. à 3,291. 69,111,00
(prix moyen du magasin).
Casse. . . . . 840 m. à 3,291 2,764,44
Découpe. . . . . 420 m. à 3,291 1.382,22

Ventes glaces brutes à Magasin glaces brutes, pour ventes
du mois, 1.000 m. à 3,291 3,291,00

Ventes glaces brutes à Frais
de vente, pour frais de vente
du mois 2.780,00

Clients à Ventes glaces brutes. 9.000,00

Même jeu pour les comptes de Glaces polies.

Un système plus complet a été proposé : séparation
complète du commerce et de l'industrie dans la
même entreprise.

Situation des magasins.

DÉSIGNATIONS	GLACES BRUTES			GLACES POLIES		
	SUPERFICIE	SOMMES	par mètre carré	SUPERFICIE	SOMMES	par mètre carré
Existences au 1er décembre.	30.303 03	100.000 »	3 300	23.000 »	150.000 »	6 522
Entrées du mois............	22.000 »	72.143 03	3 279	21.000 »	134.782 58	6 418
	52.303 03	172.143 03	3 291	44.000 »	284.782 58	6 472
Sorties du mois............	23.260 »	76.548 66	3 291	19.950 »	129.416 40	6 472
Existences au 31 décembre.	29.043 03	95.594 37	3 291	24.050 »	155.666 18	6 472
Report des glaces brutes......					95.594 37	
TOTAL......					251.260 55	

Prix de revient vente.

GLACES BRUTES

DÉSIGNATIONS	SUPER-FICIE	SOMMES	par mètre carré
Glaces expédiées.....	1.000	3.291	3 291
Main-d'œuvre d'emballage.............		215	»
Caisses et emballages.		785	»
Frais d'expédition...		1.580	»
Commission de ventes.		200	»
Primes de fin d'année.			
Frais divers.........			
Prix de revient de vente	1.000	6.071	»
RENTRÉES			
Montant des factures..	1.000	9.000	»
BÉNÉFICES......		2.929	»

GLACES POLIES

DÉSIGNATIONS	SUPER-FICIE	SOMMES	par mètre carré
Glaces expédiées.....	19.800	128.145 60	6 472
Découpe du magasin..	150	970 80	
Main-d'œuvre d'emballage...		2.100	»
Caisses et emballages.		5.300	»
Frais d'expédition...		16.500	»
Commissions de vente.		4.000	»
Primes de fin d'année.		1.980	»
Frais divers.........		18 05	»
Prix de revient de vente	19.800	159.014 45	
RENTRÉES			
Montant des factures..	19.800	237.700	»
BÉNÉFICES......		78.685 55	

La partie commerce fait les achats des matières premières, les livre à l'industrie, au prix de revient et reçoit les produits fabriqués au prix de revient.

Les frais généraux sont répartis au *prorata* du prix de revient industriel et du chiffre d'affaires de la section commerce.

CHAPITRE VI

EXEMPLES DE PRIX DE REVIENT

Sommaire. — *Exemples de M. Léautey.* — 1ᵉʳ *cas : objets semblables;* 2ᵉ *cas : objets dissemblables. Pour ceux-ci les frais généraux doivent être ajoutés à la main-d'œuvre.* — *Preuves.* — *MM. Édom.* — *Répartition des frais généraux.* — *Coefficients du prix de revient global.* — *Les industries de luxe et le bénéfice brut.*

Voici des exemples d'établissements de prix de revient, que j'emprunte à l'article *Prix de Revient* par M. Léautey, dans le *Dictionnaire du Commerce, de l'Industrie et de la Banque.*

1ᵉʳ cas. — L'industriel produit constamment des objets semblables pour lesquels il emploie toujours les mêmes matières, subissant les mêmes transformations. Celui-ci peut répartir ses frais généraux indifféremment : 1º soit sur l'unité du produit; 2º soit sur le coût des matières employées; 3º soit sur le prix de la main-d'œuvre; 4º soit sur le total des matières et des manipulations.

Supposons qu'il produit par mois 200 objets semblables. Les matières employées coûtent 10.000 francs, soit 50 francs par objet; les frais de manipulation s'élèvent à 5.000 francs, soit 25 francs par objet; les frais généraux s'élèvent à 2.000 francs.

En répartissant les frais généraux :

1º Sur l'unité de produit, il trouve

$$\frac{2.000}{200} = 10 \text{ francs par objet;}$$

2º Sur le coût des matières, il trouve

$$50 \times \frac{2.000}{10.000} = 10 \text{ francs par objet;}$$

3º Sur la main-d'œuvre, il trouve

$$25 \times \frac{2.000}{5.000} = 10 \text{ francs par objet;}$$

4º Sur les matières premières et la main-d'œuvre, il trouve

$$(50 \times 25) \times \frac{2.000}{15.000} = 10 \text{ francs par objet.}$$

Employant l'une ou l'autre de ces quatre formules, il trouve donc que chaque objet fabriqué amortit 10 francs de frais généraux, incorporés dans le prix de revient.

2ᵉ cas. — Ici l'industriel produit des objets dissemblables. Les matières employées sont de prix différents et le coût des manipulations varie avec la qualité des produits. Le seul facteur rationnel des frais généraux est la main-d'œuvre.

Un fabricant X produit des objets de première et de deuxième qualité. Il est en concurrence avec deux fabricants dont l'un, A, produit exclusivement des objets de première qualité, et l'autre, B, ne produit que des objets de 2e qualité.

Entre ces trois industriels, toutes choses sont d'ailleurs égales.

A, en une semaine, produit 100 objets de première qualité avec 5.000 francs de matières, 1.000 francs de main-d'œuvre et 400 francs de frais généraux.

B, en une semaine, produit 120 objets de deuxième qualité avec 3.600 francs de matières, 1.000 francs de main-d'œuvre et 400 francs de frais généraux.

X, en une semaine, produit 50 objets de première qualité avec 2.500 francs de matières, 500 francs de main-d'œuvre, et 60 objets de deuxième qualité avec 1.800 francs de matières, 500 francs de main-d'œuvre et 400 francs de frais généraux.

Prenant pour base l'unité produite :

A trouvera pour chaque objet de première qualité, 4 francs;

B trouvera pour chaque objet de deuxième qualité, 3 fr. 333.

Il n'en est pas ainsi de X qui produit les deux qualités. S'il répartit sur 400 francs de frais généraux, suivant la formule de l'unité produite, il trouvera $400/110 = 3,636$ pour chaque objet fabriqué en première ou en deuxième qualité.

Or, A applique à chaque objet de première qualité 4 francs de frais, il appliquera donc $4 — 3,636 = 0,364$ en moins.

Or, B appliquera à chaque objet de deuxième qualité 3,333 de frais, X appliquera donc $3,636 — 3,333 = 0,303$ en plus.

X trouvera donc des prix inférieurs à ceux de son concurrent A pour la première qualité et supérieurs à ceux de B pour la deuxième qualité, ce qui est absurde.

On démontrerait que X arriverait de même à des prix

de revient erronés par la répartition de ses frais généraux
sur le prix des matières seules ou sur le prix des matières
et le coût de la manipulation réunis.

Mais, s'il prend comme élément de répartition le prix
de la main-d'œuvre, il trouvera :

Pour chaque objet de première qualité :

$$400 \times \frac{500}{1.000} \times 50 = 4,$$

comme son concurrent A.

Pour chaque objet de deuxième qualité :

$$400 \times \frac{500}{1.000} \times 60 = 3,333,$$

comme son concurrent B.

Une manufacture de couvertures[1] fabrique divers
articles, divisés en quatre catégories, répondant
comme chiffre de matières premières, de main-
d'œuvre et de frais de fabrication, à :

1re catégorie. . Fr.　122.000 article riche extra.
2e　　—　. . . . 143.000　—　bon sérieux.
3e　　—　. . . . 195.000　—　moyen classique.
4e　　—　. . . . 340.000　—　inférieur classique.
Production totale. .　800.000 francs,

ou prix de revient industriel.

Si les frais généraux sont de 200.000 francs, le coût
des quatre catégories d'articles devra être majoré de :

$$\frac{200.000 \times 100}{800.000} = 25 \%.$$

1. H. et J. ÉDOM, **2**, p. 92.

De sorte que si le prix en matières premières, main-d'œuvre et frais de fabrication ressort pour un article de chaque catégorie :

1re catégorie à 20 fr., ce prix se trouve augmenté de 5,00
2e   —   à 15 fr.,   —   —   3,75
3e   —   à 10 fr.,   —   —   2,50
4e   —   à 5 fr.,   —   —   1,25

. Le prix de l'article inférieur, quatre fois moins élevé que celui de l'article riche, supporte proportionnellement aussi quatre fois moins de frais généraux.

Dans les industries d'objets de luxe, par exemple, les prix sont capricieux et changeants, c'est surtout dans ces industries que le bénéfice brut varie.

MM. Édom donnent des chiffres de bénéfices bruts sur trois années, tirés de la comptabilité d'une industrie de ce genre.

19. . chiffre d'affaires 1.098.709 fr., bénéf. brut 304.000
19. .   —   977.885 fr.,   —   281.800
19. .   —   935.530 fr.,   ·   —   253.200

Et $\dfrac{304.000 \times 100}{1.098.709} = 27,66\,\%$ de bénéfice brut.

$\dfrac{281.800 \times 100}{977.885} = 28,82\,\%$ —

$\dfrac{253.200 \times 100}{935.530} = 27,06\,\%$ —

Or, à fin de janvier dernier (7 mois d'exercice) le chiffre

d'affaires étant de 602.385,20, le bénéfice brut moyen, calculé à 25 p. 100 sur ce chiffre, donne. . . .   150.596,30

Les charges moyennes inscrites à cette époque ou restant à inscrire sont d'environ. . .   131.000   »

-Par suite, le bénéfice approximatif est de. . .   19.596,30

Le bénéfice total de l'année précédente ayant été de 34.500 francs en chiffres ronds, nous en concluons que le bénéfice approximatif indiqué est normal et concorde avec la situation présente.

CHAPITRE VII

L'AMORTISSEMENT

Au point de vue économique, l'amortissement est le remboursement des capitaux circulants qui ont été absorbés par le capital fixe.

Au point de vue comptable[1], M. E. Léautey définit l'amortissement « la retenue portée soit aux Frais généraux, soit aux Pertes et profits d'une entreprise en vue de reconstituer les dépréciations et les déper-

1. 4.

ditions diverses que subissent certaines parties de
son actif réel.

« Il ramène, soit de suite, soit progressivement, de
leur valeur de revient à leur valeur vénale, un fonds
de commerce, des brevets, des apports, des frais de
premier établissement ou de constitution, un matériel
fixe, un outillage mobile, des constructions, un mobi-
lier, des marchandises, des titres, des créances devenues douteuses, etc., etc., lesquels, faute de cette
pratique prévoyante, composeraient au bilan une
masse active exagérée ».

Ce n'est pas assez. *L'amortissement a pour objet de
libérer complètement l'outillage d'une entreprise*, de
manière qu'il puisse être transformé si les conditions
de la production ou de l'exploitation sont transformées par un progrès industriel.

L'amortissement rapide de l'outillage dégage
d'autant le prix de revient et, en permettant de
l'abaisser, donne à l'industriel qui l'a largement pratiqué, une avance sur ses concurrents, soit au point
de vue de l'augmentation du bénéfice, soit au point
de vue de la diminution du prix de vente; et cette
diminution du prix de vente, ayant pour conséquence un agrandissement du débouché, a pour conséquence de diminuer le coefficient des frais généraux
et d'augmenter le bénéfice net.

Comme nous l'avons vu, l'amortissement du matériel doit être incorporé dans les frais divers de production. « C'est le salaire de la machine », selon
l'expression suggestive de M. Louis Daubresse.

L'amortissement des bâtiments doit être incorporé
dans les frais indirects.

Ces amortissements ne doivent pas être portés annuellement aux Pertes et profits. Ils doivent être compris dans les prix de revient.

Viennent encore les amortissements des charges financières, résultant d'emprunt. Des sociétés, comme les compagnies de chemins de fer, prennent sur leurs bénéfices annuels des sommes qu'elles appliquent à l'amortissement de leur capital actions et remplacent les actions remboursées par des actions de jouissance.

Mais nous ne nous occupons ici que de l'amortissement des outillages ou des charges financières.

Il est indispensable que l'amortissement ressorte dans les comptes, et, pour cela, il faut en faire un compte séparé.

M. Léautey donne un exemple décisif de cette manière de procéder, tout en prenant l'exemple d'une société dont l'amortissement est trop lent. Je cite :

« Une société d'une durée de vingt ans doit amortir annuellement d'un vingtième son immobilisation en matériel, outillage, brevets, constructions d'usines, etc. Supposons que nous soyons à la sixième année d'exercice de cette société et que le matériel ait coûté 98.750 francs à l'origine. Si l'on a porté l'amortissement annuel au crédit de ce compte, son solde débiteur ne sera plus, au bilan, que de 69.125 francs à la fin de la sixième année Au contraire, si l'on a porté l'amortissement au crédit d'un compte Amortissement du matériel, le bilan se présentera plus clairement comme suit :

ACTIF

Matériel. . . . . , Fr. 98.750

PASSIF

Amortissement du matériel . . . . Fr. 29.625

A l'examen de cet article du bilan, le lecteur voit tout de suite ce que le matériel a coûté et la somme exacte dont il a été amorti :

1º Les valeurs susceptibles d'amortissement, ou de réserves de prévoyance, doivent demeurer à l'*Actif* du bilan à leur prix de revient d'entrée dans l'inventaire des entreprises;

2º C'est du côté du Passif, en regard même de chacun des comptes d'Actif, qu'il faut faire figurer les amortissements qui ont été faits.

Des industriels qui négligeaient d'amortir leurs manufactures ont appelé les pouvoirs publics à leur aide, soit à l'aide de tarifs de douanes, soit par d'autres mesures. En voici une :

Les cotonniers de Normandie n'amortissaient pas leur outillage ; les cotonniers des Vosges amortissaient le leur, et, pour l'amortir, ils lui donnaient son plein effet, en faisant travailler la nuit.

Les cotonniers de Normandie, voulant se protéger contre cette concurrence, se montrèrent très émus de l'obligation pour les femmes et jeunes filles au-dessus de dix-huit ans de travailler la nuit. M. Richard Waddington, député de l'Eure, déposa une proposition de loi tendant à leur interdire le travail de nuit. Les arguments philanthropiques n'étaient qu'un prétexte : la réalité, c'était l'amortissement de l'outillage qu'il fallait interdire. J'ai pris la parole dans la discussion de cette proposition qui eut lieu en 1887, et j'ai conservé l'intéressant dossier de cette affaire.

La loi prévoyante n'a pas prévu l'amortissement,

et si certains auteurs demandent qu'on comble cette
lacune de la législation, je ne suis pas de ce nombre.
Les industriels connaissent de plus en plus la nécessité de l'amortissement et il est un critérium certain
pour les placements de capitaux. Tout établissement
qui n'amortit pas ne peut inspirer confiance.

Pour que l'amortissement soit rapide et complet,
il doit porter sur une somme fixe, le prix d'achat de
l'outillage par exemple.

S'il est porté sur une somme décroissante, il
devient d'une lenteur inefficace. Dans ce système,
l'amortissement, 5 p. 100 de la première année,
est réduit à 4 fr. 75 la seconde année, puisqu'il
ne porte plus que 95 francs; au bout de vingt ans,
la somme de 100 francs n'est réduite qu'à 35 fr. 84.

L'amortissement décroissant au taux de 10 p. 100
ne réduit 100 francs qu'à 38 fr. 75 en dix ans;
qu'à 12 fr. 17 en vingt ans.

*Il n'y a amortissement que là où la valeur amortie
disparaît complètement dans un temps donné.*

CHAPITRE VIII

LE BÉNÉFICE

I. — Toute entreprise industrielle n'a qu'un objet :
le bénéfice.

*Le bénéfice est l'excédent des recettes sur les dépenses
à la fin d'une opération ou d'un exercice.*

Selon qu'on amortit plus ou moins vite, on modifie le bénéfice apparent.

Le bénéfice brut est calculé sans déduction des frais. Si les frais généraux sont simplement couverts, il n'y a pas bénéfice réel. *Le bénéfice net est la marge entre les prix de revient, tous frais généraux compris, et le bénéfice brut.*

Il est établi d'autant plus facilement et d'autant plus sincèrement que le prix de revient a été mieux déterminé; mais le prix de revient réel n'est connu qu'à l'inventaire et il n'est connu que grâce à une comptabilité exacte.

« En industrie, dit fort bien M. Eugène Léautey[1], il ne suffit pas de savoir que l'on perd ou que l'on gagne, il faut savoir combien l'on perd ou combien l'on gagne, et cela sur chaque article produit. »

Le bénéfice net commence au point du chiffre d'affaires où les frais généraux sont couverts.

De là l'importance pour l'industriel de vérifier chaque mois, d'après l'expérience de l'année précédente, si le chiffre d'affaires est suffisant pour couvrir le prix de revient, y compris les frais généraux de la vente. L'opération est délicate parce que le chiffre d'affaires n'est pas régulier. On peut calculer les irrégularités régulières comme celles qui viennent des saisons. Il est plus difficile de tenir compte des circonstances plus ou moins imprévues, comme celles que provoquent les changements de modes, les changements de ministères, les discours ou les actes de l'Empereur d'Allemagne, les décisions de Pataud ou de Larkin.

1. 5.

MM. H. et J. Édom[1] citent des industriels qui, n'établissant d'inventaire que pour eux, ont accumulé des stocks de produits fatigués; ils les créditent de 4 ou 5 p. 100, représentant l'intérêt du capital; mais ils n'y ajoutent rien pour les frais généraux, de sorte que l'actif de leur inventaire se trouve diminué d'autant et qu'ils peuvent paraître en perte parce qu'ils ont oublié une partie du prix de revient.

Une fabrication ne s'arrête pas le jour de la clôture de l'inventaire. Il peut donc y avoir, au préjudice de l'année qui se ferme, des frais d'achat de matières premières, de travail, qui constitueront un bénéfice pour l'année suivante, si on ne fait supporter des reprises de frais généraux et le travail à l'exercice qui bénéficiera de la vente du produit : mais c'est là une opération très délicate qu il faut éviter autant que possible. On trouvera la compensation l'année suivante. *La régularité du bénéfice n existe pas dans l'industrie.* Vouloir obtenir un dividende uniforme est une erreur. Il y a des années bonnes, il y a des années mauvaises. Il faut avouer celles-ci et il faut faire des réserves dans les bonnes. Les capitalistes qui ont placé leurs capitaux dans l'industrie doivent faire de même. Quand ils reçoivent un fort dividende, ils doivent faire des économies pour les années où ils n'auront que des dividendes réduits, à moins qu'ils n'en aient pas du tout.

II. — Depuis Guilbault, on prend le stock au *prix moyen de revient.*

1. 2, p. 88.

Ou les ventes du mois ont dépassé la production et le stock du mois précédent a diminué; ou les ventes ont été inférieures à la production du mois et le stock a été augmenté[1].

Soit une usine qui avait en magasin, au 1er janvier, 5.000 tonnes portées sur les livres au prix de revient de 12 francs. La production du mois a été de 10.000 tonnes, prix de revient moyen 10 francs. Les ventes ont été de 12.000 tonnes pour un prix de 147.000 francs, soit un prix moyen de vente de 12 fr. 25.

ENTRÉES

T. 5.000 à 12 francs.	Fr.	60.000
T. 10.000 à 10 francs.		100.000
	Fr.	160.000

SORTIES

T. 12.000 à 12 fr. 25.	Fr.	147.000
T. 3.000 stock.		(?)

Le bénéfice ne peut s'établir qu'en donnant une valeur au stock, et il subit les variations suivantes :

A. Estimation au prix de vente moyen :

Bénéfices :	23.750	T. 3.000 à 12 fr. 25.	36.750
	183.750	Fr.	183.750

B. Estimation un peu au-dessous du prix de vente:

Bénéfices :	22.250	T. 3.000 à 11 fr. 75.	35.250
	182.250	Fr.	182.250

C. Estimation au prix moyen des magasins :

Bénéfices :	18.980	T. 3.000 à 10 fr. 66.	178.980
	178.980		

1. DAUBRESSE, **2**, p. 35.

D. Si on considère que la production du mois a été
écoulée et que le stock a été diminué de 2.000 tonnes, il
reste 3.000 tonnes qui proviennent du stock primitif
et restent à leur prix réel de revient de 12 francs.

T. 5.000 à 12 francs.	Fr.	60.000
T. 10.000 à 10 francs.		100.000
Bénéfices.		23.000
	Fr.	183.000

T. 12.000 à 12 fr. 25.	Fr	147.000
T. 3.000 à 12 francs.		36.000
	Fr.	183.000

Voilà quatre manières d'opérer dont chacune a ses
partisans et qui donnent des bénéfices dont l'écart le
plus grand n'est pas moindre de 4.870 francs.

M. L. Daubresse repousse l'estimation au prix de
vente : c'est le prix de revient qui permet les comparaisons. Il estime que le prix moyen est le plus précis;
toutefois il adopte le quatrième système. Il a été
produit 10.000 tonnes à un prix de revient de 10 francs.
On les a vendues à un prix moyen de 12 fr. 25. On a
écoulé une partie du stock avec un bénéfice moindre
parce que son prix de revient avait été plus élevé.

J'emprunte au livre de MM. H. et J. Édom[1] cet
exemple de prix de revient global d'une industrie
et les coefficients des éléments qui le constituent.

1. 2, p. 26.

Stock ancien.		217.240,50
Achats de l'année.		891.647,10
	Fr.	1.108.887,60
Stock nouveau.		231.412,35
Matières premières employées. .	Fr.	877.475,25
Main-d'œuvre.		92.641,75
Prix de revient industriel. .	Fr.	970.117,00
Ventes.		1.108.002,95
Bénéfice brut.		137.885,95
Frais généraux.		112.007,10
Bénécfie net.	Fr.	25.878,85

Le bénéfice brut est de 12 fr. 45 p. 100.
Le bénéfice net   est de 2 fr. 33 p. 100.

Quand les industriels établissent leur prix de
revient et leur prix de vente, ils peuvent être victimes d'illusions arithmétiques. MM. Édom en
citent plusieurs, parmi lesquelles je choisis celle-ci :

Les matières premières d'un objet augmentent
de 5 p. 100. L'objet était vendu 100 francs. L'industriel augmente son prix de vente de 5 p. 100. Il se
fait illusion en croyant compenser la hausse de
5 p. 100 : car auparavant son prix de revient n'était
pas de 100 francs. Supposons qu'il fût de 95 francs.
Nous avons :

$$\frac{5 \times 100}{95} = 5,26 \%$$

et

$$\frac{5 \times 100}{105} = 4,76 \%.$$

Il devrait donc porter son prix de vente à 105 fr. 26 pour retrouver exactement la hausse[1].

J'ai déjà montré[2] que toute marchandise qui perd un quart de son poids augmente son prix de revient d'un tiers.

Quand l'industriel établi son prix de revient, et quand il fait son compte de dépréciation des marchandises en magasin, il ne doit pas oublier ce fait.

Si l'industriel majore son prix de revient de 25 p. 100, il n'obtient pas un bénéfice de 25 p. 100; il n'obtient qu'un bénéfice de 20 p. 100.

Le graphique suivant le démontre :

La droite AB figurant le prix de revient est divisée en quatre parties égales correspondant au dénominateur de la fraction 1/4 : prolongeons AB d'une quantité BC égale au quart de AB. BC représente le bénéfice sur le prix de revient, AB correspondant au prix de revient, AC à la vente, on voit que le bénéfice BC est le quart du prix de revient AB et qu'il n'est que le cinquième du prix de vente AC.

De même, un bénéfice égal aux 2/3 du prix d'achat ou de revient correspond à un bénéfice égal au 2/5 du prix de vente.

1. ÉDOM, 2, p. 84.
2. V. suprà, p. 254.

Divisons la droite AB figurant le prix d'achat en trois parties égales, et prolongeons-la d'une quantité égale à deux de ses parties et représentant le bénéfice à l'achat : AB figurant l'achat, AC la vente, et BC le bénéfice, on voit que le bénéfice BC qui est les 2/3 du prix d'achat n'est que les 2/5 du prix de vente.

Si l'on gagne 100 p. 100 à l'achat, c'est-à-dire 1/1 du prix d'achat, on ne gagne que 50 p. 100 du prix de vente.

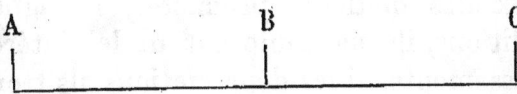

A   B   C

Gagner 100 p. 100 à l'achat, c'est vendre à un prix double du prix d'achat : dans ces conditions AB, prix d'achat, est égal au bénéfice BC qui n'est que la moitié du prix de vente.

La fraction du bénéfice à la vente étant toujours une fraction proprement dite, il en résulte que l'on ne peut jamais gagner 100 p. 100 à la vente, quelque considérable que soit le bénéfice à l'achat[1].

En industrie, le fabricant de draps est incompétent relativement au fabricant de sardines à l'huile, et celui-ci est incompétent relativement au fabricant de draps, car, par rapport de l'un à l'autre, ils cessent d'être industriels, ils sont consommateurs. Comme consommateurs réciproques, ils veulent acheter au plus bas prix leurs produits respectifs et ni l'un ni l'autre ne s'inquiètent de leur prix de revient.

1. H. et J. ÉDOM, 2, p. 40-42.

A plus forte raison, les personnes dépourvues de toute expérience industrielle, celles qui ont toujours consommé et n'ont jamais rien produit, ignorent le mal que chaque producteur se donne pour elles.

A plus forte raison, les salariés, qui comparent le salaire qu'ils reçoivent avec le prix auquel est vendu un objet à la production duquel ils ont collaboré peut-être pour un centième ou un millième, se font-ils illusion sur le prix de revient.

Ils n'en calculent pas les aléas, ils ne comptent pas les prix des matières premières, ils ignorent les déperditions, ils ne comptent ni les intérêts, ni les amortissements, ni les dépréciations, ils trouvent que la main-d'œuvre n'est jamais payée assez cher et ils font leur possible pour augmenter le prix de revient et restreindre les débouchés.

L'industriel qui se trouve en présence de ses frais généraux peut se répéter la fameuse paraphrase de Bossuet sur la mort : « Marche ! Marche ! » Le prix des matières augmente ! Il faut que ta fabrication marche ! Marche ! ou les frais géné-raux mangeront ton capital ! Les ouvriers de-mandent une augmentation de salaires qui dévorera tes bénéfices ! Marche ! Marche ! ou tes frais généraux dévoreront ton capital. Les ouvriers ne sont pas satisfaits ! Ils se mettent en grève ! Les frais généraux plus lourds pèseront d'autant plus lourdement sur tes produits à venir puisqu'ils suppriment ceux du pré-sent et ils marchent toujours. Tu as cédé sous cette pression. Tes prix de revient sont augmentés par des salaires plus élevés et par la nécessité de récupérer une partie de tes frais généraux. Le consommateur trouve ton produit ou tes services trop chers. Il renonce! Marche! Marche! Il fait à son tour une grève silencieuse, mais implacable. C'est la ruine. C'est la mort.

Quand les producteurs font des cartels, des syndicats de vente, pour limiter leur production et augmenter leur prix de vente, que font-ils? Ils augmentent le coefficient de leurs frais généraux, donc ils relèvent leur prix de revient et ils diminuent leur bénéfice net.

L'industriel doit connaître exactement son prix de revient, chargé des frais généraux y compris l'intérêt du capital et les charges financières.

. L'industriel peut diminuer le coefficient de l'intérêt du capital, des charges financières et des autres frais généraux fixes par une augmentation de production.

Pour l'assurer, en élargissant ses débouchés, il peut consentir à des abaissements de prix de vente qui allègent les frais de production du coefficient des frais généraux.

J'obtiens pour 500.000 francs de produits aujourd'hui. Mes frais généraux sont de 100.000 francs, soit de 20 p. 100. Mes débouchés me permettent de fabriquer pour 1 million de produits; mes frais généraux ne sont plus que de 10 p. 100, j'ai donc pu diminuer mon prix de vente de 8 ou 9 p. 100 et augmenter mon bénéfice. Tant pis pour le cartel.

L'art des sacrifices est le principe directeur du commerce et de l'industrie. Un producteur ne peut s'assurer de larges débouchés qu'en donnant une forte part de ses bénéfices possibles aux intermédiaires et en défiant la concurrence par le bon marché.

CHAPITRE IX

BÉNÉFICES DANS LE ROYAUME-UNI

SOMMAIRE. — I. *Bénéfices industriels du Royaume-Uni.*
II. *Les bénéfices dans l'industrie du coton.*

I. — Depuis un certain nombre d'années, chaque trimestre, *The Economist* fait un tableau des bénéfices des diverses sociétés dont il a publié le bilan, et tous les ans, il fait un tableau d'ensemble. Ce tableau ne comprend pas les chemins de fer, les assurances et les mines. Les bénéfices énoncés n'ont pas été acquis en totalité dans l'année où ils ont été constatés; une partie a pu être acquise dans l'année précédente.

Les voici pour 1909-10, 1910-11.

Bénéfices nets

TRIMESTRES	NOMBRE des Compagnies	1909-10 £	1911-12 £	AUGMENTATION	
				£	%
1er.....	270	16.265.162	17.887.177	1.622 015	10,0
2e	223	13.857.921	15.564.455	1.706.534	12,3
3e	119	8.328.709	8.920.639	591.930	7,1
4e	162	10.217.789	10.505.397	287.608	2,8
Total.	774	48.669.581	52.877.688	4.208.087	8,6

La plus grande augmentation des bénéfices nets s'est produite dans le second trimestre. Dans les deux trimestres suivants, l'augmentation a été moins forte.

Le rédacteur de *The Economist* en tirait une prévision pessimiste. Il prévoyait que 1912 montrerait peu d'augmentation sur 1911.

Il ne se trompait pas.

Voici le tableau pour 1911-1912 :

Bénéfices nets

(Déduction faite des intérêts des obligations, etc.)

TRIMESTRES	NOMBRE des SOCIÉTÉS	1911 £	1912 £	AUGMENTATION		DIMINUTION	
				£	%	£	%
1er...	279	17.825.307	18.767.060	941.75	5,3		
2e....	263	18.673.780	18.955.606	281.846	1,5	140.284	1,5
3e....	129	8.598.511	8.458.227	»	7,0		
4e....	197	13.118.080	14.026.216	908.136	3,4		
Total.	867	58.215.658	67.207.009	1.991.451			

Les bénéfices ont augmenté de près de 2 millions de livres sterl.; mais ils avaient augmenté de 4.200.000 l'année précédente. On ne pouvait espérer une pareille continuité d'augmentation. Elle n'a plus été que de 3,4 p. 100 au lieu de 8,6 p. 100.

Les années 1911 et 1912 ont compris beaucoup de grèves importantes qui l'ont ralentie.

Voici la proportion du bénéfice net au capital et le dividende payé :

	Rapport au capital.	Dividendes aux actions de préférence.	Dividendes aux actions ordinaires.
1909.	7,4	4,3	6,3
1910.	8,2	4,5	7,03
1911.	9,9	4,9	8,5
1912.	10,2	5,2	8,5

Ces bénéfies portent sur quatre années de développement des affaires.

En prenant 112 sociétés de la nature de celles qui sont comprises dans le tableau de *The Economist,* le *Bankes Magazine* trouve les différences de valeur suivantes :

Valeur nominale. £.	Décembre 1910. Mille £.	Décembre 1911. Mille £.	Décembre 1912. Mille £.
136.216	236.150	230.705	231.960

La valeur nominale de ces titres avait augmenté fin décembre 1910 de 100 millions, soit de 73 p. 100. En décembre 1911, il y eut une légère baisse avec un léger relèvement à la fin de 1911.

Le taux de revenu des actions de préférence, variant de 4,3 à 5,2, est modeste. Il est loin des bénéfices fantastiques qui hantent les imaginations.

II. — Tous les ans *The Economist* publie l'intéressant tableau suivant des bénéfices et des pertes d'un certain nombre de filatures de coton :

	Nombre des sociétés.	Bénéfice. £	Perte. £	Moyenne par société.		Dividende moyen payé.
				Bénéfice. £	Perte. £	
1884.	60	125.000	»	2.083	»	5
1885.	87	»	2.730	»	30	2
1886.	90	»	61.718	»	686	3
1887.	88	86.810	»	986	»	4 3/4
1888.	85	250.932	»	2.925	»	5
1889.	86	220.587	»	2.525	»	5
1890.	91	384.050	»	4.220	»	7
»	»	»	»	383	»	5 1/4
1891.	101	38.758	»	»	»	1 1/4
1892.	99	»	94.770	»	957	1
1893.	99	»	60.798	»	613	1 1/2
1894.	94	4.491	»	48	»	»
1895.	94	63.167	»	672	»	1 5/8
1896.	94	49.631	»	528	»	1 3/4
1897.	94	157.570	»	1.676	»	3 1/3
1898.	90	271.804	»	3.020	»	4 1/3
1899.	86	381.176	»	4.432	»	6 1/6
1900.	80	344.548	»	4.307	»	7 1/4
1901.	80	279.545	»	3.494	»	7 1/6
1902.	85	»	1.436	»	16	4 2/3
1903.	90	»	43.322	»	303	3
1904.	90	31.729	»	352	»	2 1/2
1905.	90	693.070	»	7.701	»	7
1906.	90	590.002	»	6.555	»	9 2/3
1907.	100	1.321.157	»	13.211	»	15 7/8
1908.	100	586.511	»	5.865	»	11 3/4
1909.	100	»	272.072	»	2.720	7 7/8
1910.	100	»	368.006	»	3.680	5 3/5
1911.	100	29.812	»	288	»	4 8/5
1912.	100	»	»	»	»	»

Sur vingt-huit ans, il y a donc eu huit années de

perte complète et deux grosses années de bénéfice,
1907 et 1908. Le dividende payé a été de 2 p. 100 et
au-dessous pendant sept années; entre 2 et 5 pendant huit années, il a été de 7 et au-dessus pendant
huit années.

CHAPITRE X

LE CENSUS INDUSTRIEL AUX ÉTATS-UNIS

I. — *Nombre des établissements industriels.* —Tous les dix ans, aux États-Unis on fait un vaste travail

17.

d'enquête, qu'on appelle le *census*, sur leur situation démographique et économique. En 1905, ils ont fait de plus un census industriel.

Je vais essayer de donner quelques renseignements sur la situation industrielle des États-Unis, au moyen de l'*abstract* du *census*. Ils modifient quelques détails sur les *résultats du census* que j'avais donnés, d'après le *Bulletin* du *census*, dans le *Journal des Économistes* de juillet 1912.

Le *census* est établit sur les chiffres de 1909.

Le mot *Establishment* représente une usine ou une manufacture, mais quelquefois un groupe d'usines ou de manufactures ayant les mêmes propriétaires et comportant un compte commun, à la condition qu'elles soient dans la même ville ou dans le même État.

Le *census* de 1905 avait distingué 339 genres d'industries : celui de 1910 les réduit à 264. Cette différence a des inconvénients pour certaines comparaisons.

Voici, depuis 1850, le nombre des établissements industriels aux États-Unis :

	Nombre des établissements industriels.
1849 (census de 1850).	123.025
1859 (— 1860).	140.433
1869 (— . 1870).	252.148
1879 (— 1880).	259.852
1889 (— 1890).	355.405
1899 (— 1900).	512.191
1904 (— 1905).	216.180
1909 (census de 1910).	268.491

Les derniers chiffres paraissent donner un argument victorieux aux fidèles du marxisme, qui ont pour évangile le *Manifeste communiste* de 1848. Ils peuvent dire que la diminution du nombre des établissements indique la concentration de l'industrie dans un plus petit nombre d'établissements.

Mais quand on étudie une statistique, il faut partir de cette règle : la constance des chiffres, et quand se produit un changement brusque comme celui qui est indiqué entre les *census* de 1900 et de 1905, il provient soit d'une erreur, soit d'un changement de méthode.

Ici, c'est le changement de méthode qui est en jeu. Les directeurs du *census* s'étaient plaints de la difficulté qu'ils éprouvaient pour relever le nombre des petits établissements, des frais qu'occasionnait ce travail, de la difficulté de contrôle qu'il comportait : et, par conséquent, ils demandaient la suppression de tous les petits métiers, n'employant pas de force motrice, ceux dont la valeur des produits n'atteint pas $ 500.

En réalité le nombre des établissements équivalant à ceux du *census* de 1910 est pour 1900 de 207.514. Le nombre des établissements a donc augmenté de plus d'un cinquième.

II. — *Progrès de la production.* — Les chiffres ci-dessus représentent la situation d'ensemble de l'industrie en 1909, non compris les moyens de transport, la construction et les mines.

Le *capital* comprend à la fois le capital possédé et le capital emprunté. Si le terrain et les bâtiments sont loués, ils ne sont pas compris dans le capital :

on a fait la ventilation, si une partie est possédée et l'autre louée.

Les *materials* comprennent les matières premières employées dans l'année, qui peuvent ne pas correspondre exactement aux quantités achetées : ce terme comprend soit le charbon, soit la location de la force motrice et de la lumière, aussi bien que les matières incorporées dans les produits.

Le mot *expenses* comprend toutes les dépenses, excepté les charges du capital et l'amortissement.

La valeur des produits représente la valeur de tous les produits de l'année, valeur qui peut être différente de celle de la vente.

Le *census* ne donne pas le prix de revient tout entier. Il n'a pas tenu compte de l'intérêt et de l'amortissement. Il est difficile de dégager le profit.

Voici le tableau des progrès de l'industrie manufacturière des États-Unis, de 1850 à 1910 :

ANNÉES	Capital	Nombre des salariés	Total des salaires	Prix des matières premières	Valeur des produits	Valeur ajoutée par la fabrication
	(Millions de dollars.)			(Millions de dollars.)		
1850........	533	957.000	237	555	1.019	464
1860........	1.009	1.311.000	379	1.031	1.885	854
1870........	1.694	2.053.000	620	1.991	3.385	1.395
1880........	2.790	2.732.000	948	3.397	5.369	1.973
1890........	6 525	4.251.000	1.891	5.162	9.372	4.210
1900 (réduc.).	8.975	4.712.000	2.008	6.576	11 407	4.831
1905........	12.675	5 468.000	2.610	8.500	14.794	6.294
1910........	18.428	6.615.000	3.427	12.142	20.672	8.530

En 1909, la valeur totale des produits a été vingt fois plus grande qu'en 1849, soixante ans auparavant; et, cependant, le prix de bon nombre de ces produits a diminué depuis cette époque.

Estimation du prix de revient. — La valeur totale des produits est de 20.672 millions de dollars, soit de 107.500 millions de francs, qui, répartis entre 92 millions d'habitants, donnent 1.168 fr. par tête, femmes, enfants, vieillards compris, proportion énorme.

III. — *Prix de revient et profit.* — Le directeur du *census* a soin d'avertir que le *census* ne fournit pas de chiffres qui permettent de déterminer exactement le prix de revient et le profit.

Cependant le tableau 22 (p. 555) établi d'après le tableau 28 (p. 562) donne les pourcentages des diverses dépenses qui forment le prix de revient :

	Traitement des employés.	Salaires.	Matières premières et charbon.	Redevances.	Diverses.
Ensemble des industries.	5,1	56,3	23,8	6,1	8,7
Anthracite.	3,2	66,3	19,2	5,7	5,6
Charbon bitumineux. . .	5,5	74,3	12,1	3,1	5,0
Pétrole et gaz naturel. .	5,3	20,0	37,8	15,7	21,2
Cuivre.	3,4	45,9	44,2	1,7	4,8
Fer.	4,6	40,1	23,3	20,5	11,5
Métaux précieux.	5,6	44,4	37,7	1,7	10,6
Plomb et zinc	4,1	43,2	37,6	3,4	5,7
Castine.	7,2	59,0	22,0	2,0	9,7
Granite.	6,6	68,6	16,6	1,2	7,0
Phosphate.	8,0	43,3	30,4	4,7	13,6

Pour avoir le taux du revenu du capital, j'établis, d'après un procédé dont a usé le célèbre actuaire, M. Barriol, le tableau suivant (*Abstract of census,* p. 439.) :

	Capital.	Valeur des produits.	Nombre des salariés.	Total des salaires.	Prix des matières premières.
1	2	3	4	5	6
	Millions de dollars.	Millions de dollars.		Millions de dollars.	Millions de dollars.
1909...	18.428	20.672	6.615	3.427	12.143
1899...	8.975	11.407	4.712	2.008	6.576
Pour %.	+105	+81,2	+40,4	+70 6	+84,7

	Revenu total. Colonnes 3 - 6.	Revenu du capital. Col. 7 - 5.	Salaire par ouvrier. Col. 5 - 4.	Taux du revenu du capital. Col. 8 - 2.
	7	8	9	10
	Millions de dollars.	Millions de dollars.	Dollars.	
1909...	8.530	5.103	518	27.5
1899...	4.831	2.823	425	31.4
Pour %.	+76,6	+81,4	+21,9	—13

Le taux du revenu du capital représenterait donc 27,5, inférieur au taux de l'année 1899.

Il faut en déduire un intérêt que nous mettons à 5 p. 100, plus 10 p. 100 pour amortissement et dépréciation, ce qui n'est pas assez, dans un pays dont les industries sont aussi mobiles qu'aux États-Unis.

Nous avons donc 15 p. 100 à déduire de 27,5.

Le bénéfice net du capital serait ainsi de 12,5 p. 100.
C'est un chiffre certainement au-dessus de la réalité
Si avantageux qu'il soit, il est loin des profits que
supposent les illusionnistes et qu'exploitent les socialistes.

IV. — *La loi de répartition de Frédéric Bastiat.* —
Le chiffre du capital a augmenté dans une plus grande
proportion que le nombre des salariés : 105 p. 100
contre 40,4. Plus l'industrie se perfectionne, plus elle
développe son outillage, par conséquent plus elle a
besoin de capital. Si importante que soit cette augmentation de capital, elle n'entraîne pas la disparition
des salariés; leur nombre continue d'augmenter.

La valeur des produits s'est élevée de 81,2 p. 100,
moins par conséquent que le chiffre du capital,
tandis que le total des salaires a augmenté plus que
le nombre des salariés : donc chaque salarié a tou-
ché davantage.

Il en résulte que ces chiffres justifient la formule
de Bastiat ainsi conçue :

« *A mesure que les capitaux s'accroissent, la part
absolue des capitalistes dans les produits totaux
augmente et leur part relative diminue. Les travailleurs voient augmenter leur part dans les deux
sens.* »

Mais Rodbertus, qui, grand propriétaire de la
Poméranie, monarchiste conservateur, ayant horreur
de toutes les libertés, a donné en réalité toutes leurs
formules aux socialistes allemands, a déclaré :

« *Dans l'organisation économique actuelle, l'accrois-*

sement de la productivité du travail entraîne la réduc-
tion du salaire et de la classe ouvrière à une fraction
de plus en plus petite du produit social. »

La part du capital augmente dans la production :
donc, elle doit augmenter dans la répartition.

Bastiat a dit : « A mesure que les capitaux s'accroissent, la part absolue des capitalistes dans les
produits totaux augmente. »

Mais il ajoutait : « leur part relative diminue ».

. D'après les chiffres du *census,* le revenu du capital
a augmenté de 81,4 p. 100 ; mais le capital avait augmenté de 105 p. 100 ; et si, d'après la méthode
employée par M. Barriol, nous comparons le taux du
revenu du capital, nous voyons qu'il a diminué de
13 p. 10C.

Le nombre des ouvriers n'a augmenté que de 40,4
p. 100, tandis que les salaires ont augmenté de 70,6
p. 100. Si nous réduisons aux unités les chiffres des
salaires, nous constatons un salaire individuel de
425 en 1899 et de 518 en 1909, soit une augmentation de 93 dollars ou de 21,9 p. 100.

Donc, selon la formule de Bastiat, « les travailleurs
ont vu augmenter leur part dans les deux sens »,
tandis que la part des capitaux a augmenté au point
de vue absolu, mais a diminué relativement.

Les faits démontreraient que la formule de Rodbertus est juste au lieu de démontrer l'exactitude de
la loi de Bastiat, que je serais le premier à le reconnaître. La science économique ne vaut que par la
vérité.

Mais certains socialisants et socialistes attachent
une grande importance à démontrer la vérité de la

formule de Rodbertus et à prouver que la loi de
Bastiat est « un insupportable paradoxe ».

J'ai déjà répondu par des faits. L'analyse de résultats du dernier *census* des États-Unis confirme les
faits antérieurs et montre l'admirable prescience de
Bastiat qui, lorsqu'il formula sa loi, n'avait pas à sa
disposition des documents aussi probants.

V. — *Caractère de la propriété des établissements
industriels.* — La propriété des établissements industriels revêt trois formes principales : 1º propriété
individuelle; 2º la *firm* ou société en participation;
3º la société anonyme (*corporation*).

Le tableau du *census* ne donne la comparaison
qu'entre 1904 et 1909. Le nombre des établissements
possédés par un individu a augmenté : 113.946 en 1904;
140.605 en 1909. Pour cette catégorie d'établissements, le nombre des ouvriers est passé de 756.000
à 805.000; la valeur des produits, de $ 1.702.000.000
à $ 2.042.000.000. La proportion des *firms* est plus
petite : 47.934 en 1904, 54.265 en 1909. Le nombre
de leurs ouvriers est tombé de 841.000 à 795.000.
Les *corporations* étaient au nombre de 51.097 en
1904 et au nombre de 69.501 en 1909. Elles représentent le quart des établissements; mais elles avaient
3.862.000 ouvriers en 1904 et 5.002.000 en 1909,
soit 70,6 p. 100 du total en 1904 et 75,6 p. 100 en
1909. La valeur de leurs produits était de $ 10.914 mil-
lions en 1904 et de $ 16.341 millions en 1909, soit
respectivement de 73,7 p. 100 en 1904, 79 p. 100 en
1909.

Si courte que soit la période de 1904 à 1909, ce

mouvement d'absorption de la grande industrie par
les *corporations* est très caractérisé. Il provient de
l'obligation pour certaines industries de réunir des
capitaux de plus en plus considérables; plus de
90 p. 100 des hauts fourneaux, des aciéries, des moulins
à huile de coton, des constructions de wagons,
toutes les fonderies de plomb, avaient cette forme
de propriété; le chiffre des affaires par société est
beaucoup plus important que celui de chaque *firm*
ou de chaque propriété individuelle, sauf dans 5 industries sur 41 et spécialement dans la confection pour
femmes, où la valeur totale des produits, fournis
par les sociétés, ne représente que 23,6 p. 100 du
total; mais dans 16 industries sur 41, la valeur des
produits des sociétés représente 90 p. 100 du total,
et pour les 20 autres, plus de 50 p. 100.

Il faut ajouter 4.120 établissements à forme coopé-
rative ou ne rentrant pas dans la classification précédente. Ces établissements étaient insignifiants : ils
comprenaient seulement deux dixièmes de 1 p. 100
des salaires et la valeur de leurs produits était seulement de cinq dixièmes de 1 p. 100 de la valeur totale
des produits.

VI. — *La concentration et la multiplication.* —
L'augmentation du nombre des sociétés ne diminue
pas le nombre des établissements, puisque leur nombre
augmente dans chaque catégorie. Ceux qui produisent moins de $ 5.000 passent de 71.147 à 93.349;
le chiffre de leurs ouvriers de 106.300 à 142.400;
la valeur de leurs produits de $176 millions à $222 millions. Le nombre de ceux qui produisent de $ 5.000

à $ 20.000 passe de 72.800 à 87.000; leurs ouvriers
de 419.500 deviennent 470.000; la valeur de leurs
produits passe de $ 751 millions à $ 905 millions.

Ces deux catégories d'établissements, dont la vente
des produits représente, en moyenne, $ 20.000,
relèvent plus de la petite industrie que de la grande;
leur nombre et le chiffre de leurs affaires augmentent.

Mais les grands établissements ont eu un développement plus important comme production : ceux qui
produisent plus de $ 1 million étaient, en 1904, au
nombre de 1.000; le nombre de leurs ouvriers s'est
élevé de 1.400.000 à 2.015.000; la valeur de leurs
produits s'est élevée de $ 5.628 millions à $ 9.053 millions, soit de 38 p. 100 du total à 43,8 (p. 465).

Mais la valeur moyenne de la production de tous
les établissements reste assez faible. Elle a passé
de $ 68.400 à $ 77.000 : et, cette augmentation de
valeur par établissement est due, comme le remarque
le *census*, en partie à l'augmentation des prix.

La concentration industrielle, telle que l'entendait
Karl Marx, implique diminution des établissements
industriels : le *census*, au lieu de nous montrer cette
concentration, nous indique une multiplication.
L'industrie ne se resserre pas; elle s'étend.

VII. — *Les grandes industries.* — L'*Abstract* du
census donne (p. 442) une liste de 43 industries ayant
produit chacune plus de $ 100.000.000 en 1909 et
donnant un total de $ 16.111 millions, soit de
77 p. 100 du total de la production.

Elles sont classées d'après l'importance de leurs produits.

Valeur des produits

Millions
de dollars.

Abatage et conserves de viande......	1.370
Fonderies et machines-outils.......	1.228
Bois et produits du bois..........	1.156
Fer et acier, produits des laminoirs,...	986
Meunerie. ,...............	884
Imprimerie et publications........	738
Coton..................	628
Confections et chemises pour hommes.	568
Chaussures..............	513
Laines, draps et chapeaux de drap....	346
Tabac.................	417
Wagons et cars.............	406
Pain et autres produits de la boulangerie	397
Hauts fourneaux.............	391
Habillements pour femmes........	385
Cuivre (fonderie et raffinage).......	379
Liqueurs, malt.............	275
Cuir tanné et fini...........	328
Sucre de canne.............	279
Beurre, fromage, et lait condensé.....	275
Papier et pâte de bois..........	268
Automobilisme.............	249
Ameublements.............	240
Pétrole raffiné.............	237
Machines électriques..........	221
Liqueurs distillées...........	205
Bonneterie...............	200
Cuivre, étain et tôles..........	200
Soies et soieries............	197

Valeur des produits.
—

	Millions de dollards.
Fonderie et raffinage de plomb.	167
Gaz, pour le chauffage et l'éclairage. . . .	167
Voitures et wagons.	160
Emballage.	157
Produits de bronze.	150
Huile de coton et tourteaux.	148
Machines agricoles.	146
Préparations pharmaceutiques.	142
Confiserie.	135
Peinture et vernis.	125
Cars, machines à vapeur ne comprenant pas la production des Compagnies des chemins de fer.	124
Produits chimiques.	118
Ouvrages de marbre et pierre.	113
Ouvrages en cuir.	105

La valeur des produits n'indique pas exactement l'importance de l'industrie par elle-même. Celle de l'abatage et des conserves de viande vient en tête parce qu'elle représente la plus grosse valeur des produits ; mais sur $1.370 millions, le prix de la matière première représente $1.203 millions, de sorte que l'industrie, par elle-même, ne compte que pour $168 millions. Elle ne comprend que 90.000 ouvriers, tandis que l'industrie du bois en compte 695.000.

La matière première pour la minoterie compte pour $768 millions sur $844, valeur totale des produits. Elle n'a que 39.500 ouvriers. Pour l'imprimerie et les publications, la matière première ne compte que pour $202 millions sur $738 : et elle compte

258.000 ouvriers. Pour les manufactures de coton, la matière première compte pour plus de moitié, $ 371 millions sur $ 628; mais le nombre des ouvriers est de 379.000.

Il suffit de comparer ces deux industries pour se rendre compte immédiatement, en regardant la valeur de la production, le coût des matières premières, le nombre des ouvriers, que les salaires de l'industrie du coton doivent être plus faibles que ceux de l'industrie de l'imprimerie : et, en effet, elle comprend une grande proportion de femmes et d'enfants.

La laine est une matière première chère : sur $ 436 millions, valeur totale des produits, elle représente $ 283 millions. Il ne reste que $ 153 millions pour les salaires et la rétribution du capital. La soie n'est qu'une toute petite industrie. Sur $ 197 millions, valeur de la production, la matière première absorbe $ 108 millions; il ne reste pour la fabrication que $ 89 millions.

La classification des établissements industriels ne répond pas exactement à leur destination. En grande proportion, la colle forte, le lard, sont fabriqués par les abattoirs et les fabriques de conserves de viande. Quantité d'amendements agricoles sont faits dans les moulins d'huile de coton. Les bougies sont faites dans des savonneries et celles-ci fabriquent des produits du pétrole. C'est pourquoi certaines industries, quoique ayant des produits de plus de $ 100 millions, ne sont pas comprises dans la liste précédente.

Pour les industries textiles, autres que le chanvre, le lin, le jute, voici le nombre des broches depuis 1869.

	Total.	Coton.	Soie.	Drap.	Laines peignées.
			(Millions.)		
1909 (census de 1910).	33,8	28,2	1,8	2,2	1,7
1904 (— 1905).	28,7	23,7	1,4	2,5	1,2
1899 (— 1900).	23,9	19,5	1,2	2,2	1,0
1889 (— 1890).	18,0	14,4	7	2,3	7
1879 (— 1880).	13,1	10,7	3	1,9	3
1869 (census de 1870).	9,8	7,3	0	1,8	2

En 1909, les broches pour le coton formaient 83,2 p. 100 du total, les broches pour la soie, 5,2 p. 100, et les broches réunies pour les laines peignées et pour le drap, 11,5 p. 100.

Voici, depuis 1869, le nombre des métiers employés pour les mêmes industries, non compris les métiers mus à la main :

	Total.	Coton.	Soieries.	Draps.	Tissus cardés.	Tapis.
			(En milliers.)			
1909. . . .	825,4	665,6	75,4	33,1	39,5	1,8
1904. . . .	696,8	559,8	59,8	38,1	28,1	1,6
1894. . . .	573,2	455,7	44,2	36,7	26,6	9,8
1889. . . .	412,4	324,8	20,8	38,5	19,9	8,3
1874. . . .	285,5	227,4	5,3	32,9	11,7	8,1
1869. . . .	200,8	157,8	1,3	34,2	6,1	1,4

Nous donnons les détails suivants sur l'industrie du fer et de l'acier :

Hauts fourneaux.	1909.	1904	1899.
Nombre.	388	343	343
Capacité par jour (tonnes de 2.240 livres).	101.447	78.180	54.425
En activité pendant l'année.	370	317	325
Capacité par jour (tonnes).	98.973	73.884	»

Hauts fourneaux.	1909.	1904.	1899.

Pour la production de la fonte, coût des matières premières : minerais, calcaires, combustibles. . . .

	1909.	1904.	1899.
	(En millions de dollars.)		
Coût des matières premières	320,6	178,9	131,5
Valeur totale des produits.	391,4	231,8	206,7

Les prix des matières premières est, en 1899, de 68 p. 100; en 1904, de 74 p. 100; en 1909, de 84 p. 100.

Le prix de marché se rapproche de plus en plus du prix de revient.

La proportion de la fonte transformée dans l'établissement même est de plus en plus grande.

Pour les produits de fer et d'acier laminés, forgés, etc., nous reproduisons le même calcul :

	1909.	1904.	1899.
	(En millions de dollars.)		
Coût des matières premières. . .	657,5	441,2	390,9
Valeur totale.	985,3	673,9	597,2

La proportion reste à peu près la même entre le prix des matières premières et le prix des produits, 65 p. 100.

La tannerie avait consommé 131 millions de peaux en 1904, elle en a consommé 146 millions en 1909. Relativement à 1899, l'augmentation du nombre des peaux est de 16,4 et du prix de revient de 57,9 p. 100.

Quant à l'industrie de la chaussure, la valeur totale

de ses produits a passé par les phases suivantes :
1899, $ 290 millions; 1904, $ 358 millions ; 1909,
$ 513 millions.

Mais cela ne prouve pas que les Américains aient
trop de chaussures, bien qu'ils en exportent. Voici
comment elles se répartissent en 1909 :

	Millions.
Nombre de chaussures.	247,6
Pour hommes.	93,9
Pour enfants et jeunes gens.	23,8
Pour femmes.	86,6
Pour jeunes filles et enfants.	43,3
Pantoufles	17

Cela fait donc un peu plus de deux paires de chaussures par an et par personne.

Le nombre des engins donnant la force motrice
représente le développement suivant :

	Nombre total.		
	1909.	1904.	1899.
A vapeur et hy-drauliques, etc.	408.472	231.363	168.143
Électriques.	388.854	73.119	16.891

La force en chevaux-vapeur qu'ils fournissaient à
l'industrie était de :

	1909.	1904.	1899.
A vapeur et hy-drauliques, etc.	18.680.000	13.487.000	10.097.000
Électriques.	4.817.000	1.592.475	492.936

VIII. — *La population industrielle.* — Le personnel

industriel, mines et chemins de fer non compris, se répartissait de la manière suivante :

	1909.	1904.	1899.
Propriétaires et membres de *firms*.....	273.265	225.673	»
Employés.........	790.267	519.556	364.120
Ouvriers salariés.....	6.615.000	5.468.400	4.712.800

Les ouvriers salariés sont au nombre de 6.615.000, dont 6.453.000 au-dessus de seize ans, 5.252.000 du sexe masculin et 1.362.000 du sexe féminin.

Au-dessous de seize ans, on ne compte que 89.700 garçons et 72.500 jeunes filles, soit un total de 162.000.

Le nombre des jeunes garçons et des jeunes filles salariés au-dessous de seize ans est donc infime. Il est probable qu'il est un peu supérieur dans les petits métiers non relevés par le *census*.

Mais tandis qu'à chacun des précédents *census* le nombre des salariés augmentait, celui des jeunes gens au-dessous de seize ans restait à peu près stationnaire. La proportion des adultes du sexe féminin est restée permanente, tandis que celle des adultes masculins n'a pas cessé de s'accroître :

Voici les proportions pour les trois derniers *census* :

	1909.	1904.	1899.
		(Pour %.)	
Adultes au-dessus de 16 ans. ...	97,5	97,1	96,6
Sexe masculin............	78,0	77,6	77,1
Sexe féminin............	19,5	19,5	19,5
Au-dessous de 16 ans........	2,5	2,9	3,4

Le nombre des femmes et des enfants, considérable dans l'industrie du coton, a diminué de 1899 à 1904.

La proportion du nombre des femmes était de 41,9 :
elle est tombée à 38,7; celle des enfants était de
13,3 : elle est tombée à 10,4. Dans la confection et la
chemiserie pour hommes, le nombre des femmes
est tombé de 63,4 p. 100 à 55,5. Celui des enfants
n'est que de 2 p. 100. Dans l'industrie de la soie et
dans celle de la laine, le nombre des femmes a augmenté légèrement.

Sur 61 industries, il y en a 22 dans lesquelles
le nombre des enfants est plus élevé qu'en 1899;
mais ce sont relativement de petites industries.

Les deux mois de l'année où les ouvriers sont le
plus occupés, sont octobre et novembre. Ceux où
ils le sont le moins, sont janvier et février.

IX. — *La répartition de l'industrie aux États-Unis.*
— La géographie industrielle des États-Unis montre
que quatre facteurs se trouvent en harmonie dans
chaque État : le chiffre de la population, le nombre
des salariés, la valeur des produits et la valeur ajoutée
aux matières premières par la fabrication. Le développement de ces facteurs s'est opéré régulièrement
dans chaque État.

Voici les six États qui viennent en tête :

	Population (en milliers).	Nombre de salariés (en milliers).	Valeur des produits (en millions de dollars).	Valeur provenant de la fabrication.
New-York. . . .	9.113	1.004	3.369	1.513
Pensylvanie. . . .	7.665	877	2.627	1.044
Illinois.	5.638	466	1.919	758
Massachusetts. .	3.366	585	1.490	660
Ohio	4.767	447	1.438	614
New-Jersey	2.537	326	1.145	425

Relativement au nombre total des établissements
des États-Unis, voici la proportion pour 100 :

	Nombre des ouvriers.	Valeur des produits.	Valeur provenant de la fabrication.
New-York.	15,2	16,3	17,7
Pensylvanie.	13,3	12,7	12,2
Illinois.	7,0	9,3	8,9
Massachusetts	8,8	7,2	7,7
Ohio.	6,8	7,0	7,2
New-Jersey.	4,9	5,5	5,0

Les pourcentages de développement depuis 1899
sont naturellement plus élevés dans les États qui,
à cette époque, avaient à peine des industries : la
valeur des produits du Texas a augmenté, de 1899 à
1904, de 62 p. 100, et de 1904 à 1909, de 81, 3 p. 100;
celle des produits du North-Dakota, de 63,2 et de
87,3 p. 100 pendant ces deux périodes; celle des produits de l'Okohama, de 200,7 et 119,5 p. 100; celle
du Nevada, de 145,5 et de 283,9 p. 100, tandis que
la valeur des produits de l'État de New-York a augmenté de 32,9 p. 100 pendant la première période
et de 35,4 p. 100 pendant la seconde. Seulement
le chiffre absolu de l'augmentation de la valeur des
produits était, pour l'État de New-York, de   617 millions de 1899 à 1904, et de $ 881 millions de 1904 à
1909, tandis que celui du Nevada était de $ 1.835.000
pendant la première période et de $ 8.791.000 pendant
la seconde. Le procédé des pourcentages conduit
aux pires erreurs, si on ne les contrôle pas par les
chiffres réels.

Si on prend les grandes divisions géographiques

des États-Unis, on trouve la répartition suivante
des industries :

	Nombre des établissements	Nombre des ouvriers (en milliers)	% de la répartition	Valeur des produits (en millions)	% des produits	AUGMENTATION % DE LA VALEUR	
						1904–1909.	1899–1904.
Middle Atlantic.....	81.315	2.208	33,4	7.142	34,5	36,9	28,1
East-North central..	68.013	1.514	22,9	5.212	25,2	44,6	26,4
New-England.......	25.351	1.101	16,6	2.670	14,9	31,8	22,0
West-North central..	27.171	374	5,7	1.804	8,7	40,4	32,0
South Atlantic......	28.088	663	10,0	1.381	6,7	41,8	36,8
Pacific.............	13.579	213	3,2	844	4,1	52,9	51,2
East-South central..	15.381	262	4,0	630	3,0	35,8	42,8
West-South central..	12.339	204	3,1	625	3,0	50,6	64,6
Mountain..........	5.254	75	1,1	364	1,8	42,9	33,8

Les trois grands États, New-York, New-Jersey,
la Pensylvanie, qui forment le Middle Atlantic,
représentent plus d'un tiers de la valeur des objets
fabriqués dans l'ensemble des États-Unis; les États
de l'East-North central, environ un quart; les États
de la New-England, un huitième; ces trois régions
représentent 72,6 de la valeur de la production,
près des trois quarts.

Les établissements des trois États du Middle Atlantic se partagent de la manière suivante :

	Total des établissements. (1909).	Établissements ayant des produits pour plus de $1.000.000.	Valeur des produits (millions).
New-York........	44.935	470	1.246
New-Jersey......	8.813	194	650
Pensylvanie	27.763	400	1.331

18.

X. — *Mines*. — L'industrie des mines est comptée à part.

Le tableau numéro 2 donne les chiffres suivants V. page suivante).

L'*Abstract of census* donne seulement la comparaison entre 1902 et 1909. La valeur des produits était, en 1902 de $ 771.487.000. Elle a donc augmenté de 52,4 p. 100. La force des chevaux-vapeur était de 2.564.000, elle a donc augmenté de 71 p. 100..

Dans les chiffres de la valeur des produits, le pétrole et le gaz matériel comptaient pour 102 millions de dollars en 1902 et pour $ 175.500.000 en 1909, soit une augmentation de 72 p. 100.

Le cuivre comptait pour $ 51.178.000 en 1902 et pour $ 99.493.000 en 1909.

Les métaux précieux pour 82.482.000 en 1902 et pour $ 87.671.000 en 1909.

L'industrie qui a reçu le plus grand développement est celle des phosphates : $ 4.922.900 en 1902; $ 10.781.200 en 1909, — soit une augmentation de 119 p. 100.

XI. — *Conclusions*. — Ce coup d'œil sur le *census* industriel des États-Unis montre tous les problèmes qu'il soulève et tous les faits qu'il donne pour tenter de les résoudre.

1º Le *census* a éliminé les petits métiers et les petites industries : de là une apparence du phénomène appelé la concentration industrielle;

2º Le total de la production annuelle des industries, non compris la construction et les moyens

	TOUTES LES ENTREPRISES	ENTREPRISES PRODUCTIVES	ENTREPRISES NON PRODUCTIVES	POUR %
Nombre des mines et carrières	27.240	18.164	9.076	33,3
Puits	166.448	166.320	128	»
Personnes engagées dans les industries minières :				
Propriétaires et membres de firmes	33.691	29.922	3.769	11,2
Surveillants du travail	9.937	8.871	1.076	10,8
Employés	46.475	44.127	2.348	5,1
Ouvriers	1.086.782	1.065.283	21.499	2,0
Chevaux-vapeur	4.699.900	4.608.200	91.700	2,0
Capital	$3.662.527.000	3.380.525.800	282.001.000	7,7
Dépenses pour exploitation et développement	$1.074.191.400	1.042.642.700	282.000.000	2,9
Services	$655.584.500	640.167.600	15.416.800	2,4
Appointements	$55.878.500	53.393.600	2.244.600	4,4
Salaires	$599.706.000	586.774.000	12.932.000	2,2
Matériaux, etc.	$260.111.000	247.866.300	12.244.600	4,7
Redevances	$64.154.900	63.973.600	181.000	0,3
Contrats	$30.690.500	28.887.900	1.802.500	5,9
Divers	$63.650.700	61.747.300	1.903.400	3,0
Valeur des produits	$1.238.448.300	1.238.410.300		

de transport, donne un chiffre de 103 milliards de francs, ce qui ferait plus de 1.100 francs par tête;

3° Si on essaie d'établir le prix de revient d'après les données du *census*, la marge laissée pour les dividendes, en dehors de l'intérêt et de l'amortissement, n'est pas aussi large qu'on le suppose généralement;

4° Le *census* des États-Unis apporte un nouveau démenti à la formule de Rodbertus et une nouvelle confirmation de la loi de Bastiat, sur la répartition, résultant des progrès de la production, entre le travail et le capital;

5° Le *census* des États-Unis apporte une nouvelle vérification à la loi d'Adam Smith : *le prix de marché a une tendance constante à se rapprocher du prix de revient;*

6° Le nombre des établissements industriels augmente en même temps que la production;

Donc, ce n'est pas de la concentration, c'est de la multiplication;

7° La grande production industrielle des Etats-Unis n'a pas émigré dans l'Ouest. Les pourcentages doivent toujours être contrôlés par les chiffres réels;

8° La comparaison des divers *census* montre les progrès des États-Unis : la vitesse de ces progrès s'accélère avec une rapidité qui doit faire notre admiration et apprendre aux Européens la nécessité d'étudier ce qui se fait de l'autre côté de l'Atlantique;

9° Tandis que nous sommes écrasés par les charges et les risques que font peser sur nous les menaces de conflits internationaux, les États-Unis en sont allégés dans une large mesure;

10° Malgré toutes les tentatives étatistes et inter-

ventionnistes, leur civilisation est individualiste :
et c'est cet individualisme qui donne à leurs citoyens
cette initiative et cet esprit d'entreprise qui a permis
à quelques millions d'hommes de transformer un
territoire presque aussi grand que l'Europe.

LIVRE VII

CONCLUSION ET RÉSUMÉ

CHAPITRE PREMIER

CONCLUSION

Sommaire. — I. *La manière d'être. — L'hygiène. — Transformation des industries familiales en grande industrie. — Seule la question de la production importe. — Répartition économique et répartition politique. — Rockfeller. — Laissez-le faire. — Vieux préjugés. — II. M. Charles Gile : la suppression du profit, le service pour le service. — L'étatisme. — Conception du travail servile. — III. Les éléments perturbateurs.*

La manière d'être, le *standard of life*, s'élève à chaque génération. Le chemin de fer remplace le bac ou la charrette. Le pétrole, le gaz, l'électricité remplacent la chandelle de résine, de suif. Les femmes de Glascow qui, il y a cinquante ans, marchaient toutes nu-pieds dans la boue, portent maintenant des bas et des bottines. Les Anglais ont fait une révo-

lution dans l'hygiène qui leur a valu des centaines
de millions, mais qui a transformé les mœurs et prolongé l'existence de millions d'êtres humains, et il
suffit à chacun de nous de jeter un coup d'œil sur
son milieu et sur son entourage pour être convaincu
que nous ne sommes qu'au début de cette nouvelle
phase.

Des industries familiales deviennent de petites industries : telles la boulangerie, la pâtisserie, le blanchissage.
Des inventions nouvelles, comme la photographie,
les appareils électriques, les bicyclettes, constituent
de petits métiers. Les métiers dans lesquels l'intervention personnelle de l'individu est nécessaire
gardent leur spécialité. Malgré les grands établissements de confection, il y a toujours des tailleurs.

J'ai prouvé que la petite industrie ne disparaît
pas[1].

Mais la grande industrie présente cinq sortes d'avantages :

1º Économie dans la production et la distribution
de la force motrice;

2º Économie et puissance de l'outillage;

3º Organisation du travail;

4º Utilisation des sous-produits;

5º Organisation des débouchés.

La question de la production seule importe.
J'admire les gens préoccupés de la répartition. Mais
la répartition de zéro est zéro. Et que veulent-ils,
ceux qui se passionnent pour la répartition? par des
moyens politiques, donc par contrainte et violence,

1. V. *Sophismes socialistes et faits économiques.*

ils entendent prendre à ceux qui ont quelque chose
pour donner à ceux qui ont moins. De quel droit?
Une majorité dans un parlement, qui probablement
est une minorité dans le pays, fait une loi et cette
loi crée un droit : mais cette loi n'en est pas moins
une survivance de la vieille politique de capture.
Le droit hypothétique sur lequel elle est fondée,
c'est la croyance naïve que la victoire appartient
aux gros bataillons; au lieu de se battre, on se
compte. L'opération arithmétique décide que la
propriété acquise par héritage, par donation, par
échange ou par travail passera en tout ou en partie
à ceux qui la réclament.

Voilà la répartition politique à l'œuvre, telle
qu'Aristote avait pu l'observer dans les cités grecques.
Les démagogues ruinaient les riches, mais avec
eux ils se ruinaient eux-mêmes et ruinaient la cité.

La répartition économique se fait automatiquement. Sans doute elle peut être soumise à des contin-
gences. Mais la répartition politique, comme toute
opération de pillage, détruit plus de richesse qu'elle
n'en distribue et, écrasant l'esprit d'initiative et
d'épargne, elle empêche la reconstitution de la
richesse.

Quand Rockfeller ramasse ses millions, il n'a qu'une
préoccupation : les remettre dans la circulation pour
les multiplier de nouveau. Loin de les détruire
en tout ou en partie, il les augmente : et cette augmentation, c'est du travail, ce sont des épargnes,
de nouveaux capitaux, de nouveaux éléments d'action. Son enrichissement personnel est un enrichissement collectif.

La plupart de ceux que sa fortune scandalise ne font pas un usage aussi utile de leurs capitaux.

Je lis avec stupéfaction dans un petit volume *Evolution of Industry*[1] ayant pour auteur M.D.H. Macgregor, *professor of political· economy* à l'Université de Leeds : « Chaque revenu de £ 10.000 absorbe le revenu moyen de plus de 50 familles. » Mais chacune de ces familles a 5.000 francs de revenu. Elle absorbe donc le revenu de 5 familles ayant 1.000 francs de revenu. C'est toujours la conception du gâteau : plus il y a de preneurs, plus les morceaux sont petits, et s'il y a des morceaux plus grands, ils sont pris au détriment des autres.

II. — M. Charles Gide[2] donne de son idéal la définition suivante :

« Le coopératisme universel ·éliminera complètement l'idée du profit, tout travail, toute entreprise sera assimilé à une fonction sociale, à un service public où chacun se considérera, ainsi que le militaire ou le sergent de ville, comme étant de service. »

J'ai montré dans mon livre *La gestion par l'État et les municipalités* à quel gaspillage, à quel désordre et à quelle improductivité aboutit cette notion : la production pour le service et non pas pour le gain.

Au mois de mars 1913, une discussion à la Chambre des Communes a confirmé certains des faits que j'avais produits.

1. William and Norgate, London.
2. Conférence sur la morale de Bastiat.

M. Long a fait une enquête sur les sentiments des employés du téléphone depuis qu'il a été absorbé par l'État. Il n'en a pas trouvé un qui ne préférât la Compagnie des Téléphones au *Post Office*.

Lord Robert Cecil a déclaré de son côté que la gestion d'un service par l'État ne suffisait pas pour faire le bonheur des employés; et il a cité aussi l'exemple de ceux du *Post Office* qui ne sont jamais contents. Tous les remèdes qu'on propose sont des procédés de spoliation. M. Snowden affirme lui-même que la situation des salariés était meilleure dans la Grande-Bretagne avant que depuis la législation sociale dont l'État les a gratifiés.

M. Charles Gide nous offre comme idéal le militaire; mais le militaire consomme et ne produit pas; et il a pour sanction de ses actes des coercitions qui s'appellent la salle de police, la prison, les bataillons de discipline, et pour des délits qui vaudraient à un civil une peine insignifiante, des années d'emprisonnement, de bagne, et la peine de mort.

La conception des hommes auxquels l'idée de profit répugne, c'est celle du travail servile.

La tâche est imposée au lieu d'être consentie : et le symbole de leur conception, c'est le fouet du commandeur de nègres au bon vieux temps de l'esclavage.

III. — En dehors des accidents météorologiques et sismiques, les éléments perturbateurs dépendent surtout de la volonté des hommes. Les plus graves proviennent de mobiles politiques : telles les menaces de guerre qui paralysent les affaires, ou les guerres qui

font subir toutes sortes de déviations à l'activité économiques et sont les grandes destructrices de capitaux. L'aggravation des armements militaires est un
autre élément perturbateur[1]. Les emprunts d'État
enlèvent des capitaux à l'industrie et en relèvent le
prix.

A l'intérieur, des menaces fiscales font fuir ou se
dissimuler les capitaux et arrêtent l'activité des
hommes entreprenants. Les capitaux absorbés par
les États sont pour la plus grande partie consommés
sans donner aucun pouvoir reproductif. Les charges
des emprunts pèsent constamment sur les contri-
buables, leur enlèvent une partie de leurs ressources
et grèvent les frais généraux des nations.

Il faut ajouter parmi les éléments perturbateurs
les lois interventionnistes, les conflits du travail,
les grèves, les arrêts de production qui en résultent
et les augmentations de prix de revient qui sont la
conséquence de cet ensemble de faits.

---

1. V. Yves Guyot, *La production et les armements.* (*Finance
Univers*, 15 octobre 1913.) — 1913. *Faits et Prévisions* (*Journal des
Economistes*, 15 janvier 1914.)

CHAPITRE II

RÉSUMÉ

Je rappelle les définitions suivantes des capitaux fixes et des capitaux circulants :

Le capital fixe est tout produit dont l'utilité ne change pas l'identité.

Le capital circulant est toute utilité dont le produit change l'identité.

Ou autrement :

Le capital fixe est l'outil.

Le capital circulant est la matière première et le produit.

Capital fixe : sol, constructions, outillages, voies de chemins de fer et matériel roulant, navires, animaux servant l'exploitation, à ustensiles de ménage, meubles.

Capital circulant : matières premières, produits destinés à la vente, monnaie.

Ces capitaux sont des capitaux *objectifs.*

La capacité de chaque individu constitue son capital subjectif. Elle comprend des utilités, telles que la force du manœuvre, la science de l'ingénieur, l'habileté professionnelle de l'ouvrier et de l'administrateur.

La production résulte de la mise en contact des matières premières avec les capitaux fixes pour en obtenir des produits.

On a défini l'homme : un animal qui a des outils. Si cette définition est incomplète, elle est cependant exacte. Cet effort de l'homme est si prédominant que, pour déterminer les diverses phases de la civilisation préhistorique, nous les désignons par la matière de leurs outils respectifs : âge de la pierre, âge du bronze, âge du fer.

Quatre faits caractérisent la période des civilisations primitives : Insuffisance de l'outil. Femme utilisée comme outil par l'homme. Défaut ou impuissance de prévoyance. A un degré un peu plus développé, des esclaves deviennent des outils vivants.

Tous les organismes acquièrent par capture et, s'ils rendent, ce n'est que d'une manière inconsciente. Quand l'homme domestique des animaux, en échange des services qu'il leur demande, il donne quelque chose. Quand il devient agriculteur, il rend à la terre une partie des grains qu'il lui a pris afin d'en récolter davantage plus tard. Il substitue à la capture une sorte d'échange.

Aucun animal n'échange avec ses semblables. Un chien ne change pas un os contre une gamelle de soupe. S'il préfère celle-ci, il essaye de la conquérir. Seul, l'homme donne des utilités équivalant à des utilités qu'il reçoit.

Tout système économique qui s'éloigne de la

capture et a l'échange pour facteur est une caractéristique de progrès économique.

La capture peut se faire avec des formes légales.
Dans ce cas, elle s'appelle la spoliation. Sous cette
caractéristique, se trouve le régime protectionniste.

Pour se procurer des utilités, l'homme doit triompher des obstacles suivants : *inertie de la matière,
espace, temps.*

L'action économique de l'homme sur le milieu est
l'adaptation d'agents naturels *pour augmenter la
satisfaction de ses besoins et diminuer ses efforts.*

Elle est caractérisée par une appropriation d'agents
naturels destinés à rendre postérieurement plus facile
la satisfaction de ses besoins.

L'outil a pour résultat de réduire l'effort humain
à son minimum.

*L'effort est productif d'utilité en raison de la puis-
sance de l'outil.*

Pour un produit égal, l'outil nécessite un effort
en raison inverse de sa puissance.

Donc :

Pour un produit égal, l'outil laisse un effort disponible proportionnel à sa puissance.

L'outil, une fois produit, peut être reproduit
indéfiniment, et lui-même sert directement ou indi-
rectement à sa reproduction.

Les nouveaux capitaux fixes ne détruisent pas
ceux qui existent déjà. De là l'accumulation des
capitaux fixes.

Mais le progrès économique détruit la valeur des
capitaux fixes qui ne peuvent plus rendre de services
ou fournir des produits à un prix égal à ceux que

donnent d'autres capitaux fixes ayant une plus grande puissance d'utilité.

Les outils ne produisent de l'utilité qu'à une condition : transformer des matières premières en produits ou en services.

Produire plus d'effet utile avec une économie de capitaux circulants : tel est le but économique constant de l'industriel.

La consommation des capitaux circulants par unité est en raison inverse de la puissance de l'outil.

Donc : le progrès industriel consiste à obtenir le rapport inverse le plus grand possible entre la consommation des capitaux circulants et le rendement des capitaux fixes.

Pour la multiplication des capitaux circulants, l'effort est en raison inverse de la puissance des capitaux fixes.

La multiplication des capitaux circulants est en raison de la puissance des capitaux fixes.

Le producteur peut alors donner son produit à plus bas prix, puisque son prix de revient est moindre.

L'homme a une tendance constante à convertir les capitaux circulants en capitaux fixes.

Les moyens de transport sont le grand agent de la division du travail.

Leur progrès provoque dans chaque région la production pour laquelle elle est la plus propre et y fait abandonner les productions pour lesquelles elle a moins d'aptitude.

Les moyens de transport, ayant pour résultat de donner aux capitaux circulants une plus-value sur les lieux de production et une moins-value sur les lieux de consommation, en nivellent les prix.

Ils ouvrent un débouché aux capitaux circulants et ils donnent aux capitaux fixes une plus grande puissance d'utilité en leur apportant des matières premières et en remportant leurs produits.

Ils détruisent la valeur de ceux des capitaux fixes dont les détenteurs sont incapables d'utiliser ces avantages; mais ils augmentent celle des autres capitaux.

La production est en raison géométrique de la rapidité de la circulation.

Le capital subjectif augmente de valeur en raison de la puissance de l'outil.

La valeur de l'homme est en raison de la puissance de l'outil. Sa valeur augmente en raison de l'abondance des capitaux circulants et de la puissance des capitaux fixes.

Le prix de la main-d'œuvre, ou le coefficient résultant de la division du travail quotidien par le salaire, est à peu de chose près le même partout.

La valeur de l'homme est en raison directe de l'abondance et du bon marché des capitaux circulants, de la valeur, de la puissance et du total du revenu des capitaux fixes et en raison inverse du taux du revenu.

L'évolution économique est en raison directe de la valeur de l'homme, du total de son salaire, et en raison inverse du taux de son salaire relativement à la valeur totale du produit.

L'industriel ne paie pas plus le travail de l'ouvrier qu'il ne paye celui de la machine; ce qu'il paye, ce sont les résultats ou les produits de ce travail.

Le salaire est fixé par l'action et la réaction de la loi de l'offre et de la demande.

19.

Les bénéfices proviennent de la direction de l'entreprise et ne dépendent pas de l'ouvrier; ce qui dépend de lui, c'est le prix de revient de la main-d'œuvre : de là l'erreur de la conception de la participation aux bénéfices.

Tous les progrès de la production ont pour but d'obtenir avec un minimum d'effort un maximum d'effet utile, donc d'*abaisser le prix de revient.*

Dans un régime de liberté économique, *la concurrence rapproche sans cesse le prix de marché du prix de revient.*

Tout industriel peut réduire presque indéfiniment ses bénéfices par unité à la condition d'étendre indéfiniment ses débouchés.

Le progrès de la production a pour critérium la réduction de la valeur des unités des capitaux circulants et l'augmentation de leur valeur globale.

L'augmentation relative et absolue de la valeur du capital fixe producteur de revenu; la diminution de la valeur relative et l'augmentation de la valeur absolue du revenu constituent une des caractéristiques du progrès économique.

INDEX BIBLIOGRAPHIQUE

Une bibliographie qui comprendrait les ouvrages techniques sur les diverses industries remplirait plusieurs volumes. Je me borne donc à indiquer dans cette bibliographie un certain nombre d'ouvrages ayant un caractère général. J'ai cru inutile d'y reproduire les titres de certaines publications citées dans le corps du volume. Tous les ouvrages économiques traitent de l'industrie. Cependant je ne mentionne pas les traités de *Science économique*.

AMAR (Jules).	Chef du laboratoire des Recherches du travail professionnel : *Le moteur humain et les bases scientifiques du travail professionnel*, in-16 de 622 pages, 1914 (Dunod et Pinat, éd.).
ASHLEY (W.-J.).	1. *An introduction to English Economic History and theory*, 2 vol. in-16, 1901.
—	2. *British Industries a serie of general reviews*, un vol. in-12, Longmans, Green and Cᵒ, London.
D. BELLET.	*La machine et la main-d'œuvre humaine.* E. S.
BRASSEY (Lord).	*Foreign Work and English wages*, un vol. in-8°, 1879.
P. BUREAU.	*Le contrat de travail*, un vol. in-8°, F. Alcan, éd.
CAHEN (Henri).	*La Houille blanche*, conférence donnée par M. Henri Cahen, administrateur-délégué du *Sud électrique*, au Musée Social, 25 février 1913.

CHAPMAN (S.-J.). *Work and wages in continuation of lord Brassey's. Foreign work and English wages*, 1re éd., 2 vol., 1904.

CHASTIN (J.). *Les trusts et les syndicats de producteurs;* un vol. in-8°, 1909, F. Alcan, éd.

COUVIOT. Discours inaugural comme président de la Société des Ingénieurs civils de France, 1904.

COX (HAROLD). *British industries under free trade. Essays by experts.* Fisher Unwin, London; un vol. in-8°, 1903.

CUNNINGHAM (W.). *The growth of English industry and commerce,* 1882, Cambridge, at the University press.

DAUBRESSE (Louis) 1. *Principes élémentaires de comptabilité industrielle* (Bibliothèque encyclopédique des Sciences commerciales), grand in-8°, de 86 pages; Mons, 44, rue du Parc.

— 2. *Prix de revient industriels,* in-8° de 60 pages; id.

ÉDOM (H.) et ÉDOM (J.).*La gestion des affaires,* un vol. in-18 de 222 pages, 1910; O. Doin et fils, éd.

ESCHWÈGE (Paul) et LEGOUEZ. *L'industrie électrique* ap. *Les grandes industries de la France,* Bibliothèque *Finance-Univers,* F. Alcan, éd.

FONTAINE (A.), MAUCH (Lucien), DESROZIERS. *La concentration des entreprises industrielles et commerciales,* un vol. in-16, lib. Alcan, 1913.

GARCKLE (E.) and FELLS (J.-M.). *Factory accounts, the principles and practice,* un vol. in-8°, Crosby, Lockwood and Son, London.

GAUCHER (Clément) et MORTIER (Raoul). *Livret de l'Enseignement technique,* in-8 de 342 pages, 1913 (Dunod et Pinat, éd.).

GIBBINS (H. de B.). *Industry in England. Historical outlines,* un vol. in-8°, 1896, Methuen and C°, pub., London.

GRAS (L.-J. . *Histoire de la Rubanerie,* un vol. in-8°, Chambre de commerce de Saint-Étienne.

HATFIELD (Henry.-R.).*Modern Accounting, its principles and some of its problems,* New-York, D. Appleton and C°.

J.-A. HOBSON. *The industrial system. An inquiry into earned and unearned income*, nouv. éd., 1910, Longmans, Green and C°, London.

JOHN STUART MILL. *Principles of Economy*, trad. française 2 vol., Guillaumin, éd.

E. LÉAUTEY et LESSEURE (Alb.). 1. *Comptabilité de Banque et de Bourse*, collationnée par A. Lesseure, Léon et Paul Léautey, 1911.

LÉAUTEY (E.) et A. GUILBAUT. 2. *La Science des comptes, De l'inventaire et du bilan.*

LEVASSEUR (Émile). 1. *Salariat et salaires.* E. S., O. Doin, et fils.

— 2. *Histoire des classes ouvrières en France.*

— 3. *Questions ouvrières et industrielles en France.*

— 4. *Histoire du commerce de la France.*

LIESSE (André). *Le travail*, un vol. in-8°, F. Alcan, éd.

LLOYD (T.). *The theory of Distribution and Consumption*, un vol. gr. in-8° de 508 pages, 1911. James, Trisbet and C°, London.

MACARA (Sir Ch.-W.). *The cotton industry and free trade* (*The English Review*, septembre 1912).

MARSHALL (Alfred). *Elements of Economics of Industry*, un vol. in-12, 1907.

MASSINGHAM (H.-W.). *Labour and protection*, un vol. in-8°, 1903. T. Fisher Unwin, London.

MERCIER (Émile). *Directeur de l'Office national du commerce extérieur.* (*Finance-Univers*, 15 mars 1912.)

MEYER (Fernand). *L'industrie aurifère et ses progrès.* (*Revue Économique internationale*, juillet 1909.)

MICHEL CHEVALIER. *Cours d'Economie politique.*

MOLINARI (G. DE). *Théorie de l'Évolution*, F. Alcan, éd.

MOORE (Henry. Dudwell Moore). *Professor of political economy* in Columbia university. *Laws of Wages an essay in statistical economics.* in vol. in-8 (Macmillan C°, New-York).

NEWCOMB (Simon). *Principles of Political Economy*, un vol. in-8°, 1885. M. Simon Newcomb était le célèbre astronome américain mort en 1910.

PEYERIMHOFF (H. DE), Secrétaire général du Comité central des Houillères de France, ap. — *Les grandes industries françaises*, un vol. in-8°. Bibliothèque *Finance-Univers*, lib. F. Alcan.

PINOT (Robert),   Secrétaire général du Comité des Forges de France, — *L'industrie métallurgique*, ap. *Les grandes industries françaises*, un vol. in-8°, Bibliothèque *Finance-Univers*, lib. F. Alcan.

RAFFALOVICH (A.).   *Le Marché financier*, 21 vol. gr. in-8°, F. Alcan.

RENOUARD.   *L'industrie textile moderne*, conférence faite au Havre le 29 juillet 1900.

REVERDIN (Frédéric).   *L'Industrie des matières colorantes artificielles*, Bibliothèque universelle de Lausanne, mars 1909.

ROGERS (James-E.-T.).   *Six centuries of work and wages*, new ed. 1886, un vol. in-8°, Swan Sonnenschein, London.

SISMONDI.   *Nouveaux principes d'Economie politique*. 1re édition, 1820; 2e édition, 1827.

SHADWELL (Arthur). 1. *Industrial Efficiency*, 1re éd., 2 vol. 1906, 2e éd., 1 vol. in-12, 1909, Longmans, Green and C°, London.

—   2. *An Encyclopædia of Industrialism*, un vol. de 543 pages, 1913, London, Thomas Nelson and Sons.

TAYLOR (F.-W.).   1. *Principe d'organisation scientifique des usines* (trad. fr.). Dunod et Pinat, éd.

—   2. *La direction des ateliers* (trad. fr.), 1913, Dunod et Pinat, éd.

WAXWEILLER.   *Interprétation économique des salaires*, publication de l'Institut de sociologie Solvay, Bruxelles.

WELPLEY (James-Davenport).   *The trade of the World*, London, 1913; Chapmann et Hall.

YVES GUYOT.   1. *La Science économique*, 4e éd. 1911; un vol. in-12; Schleicher, éd.

—   2. *Le commerce et les commerçants*, E. S.

—   3. *La Gestion par l'Etat et les Municipalités*, un vol. in-18 (F. Alcan, éd.).

Yves Guyot.   4. *Sophismes socialistes et Faits économiques*, un vol in-18 (F. Alcan, éd.).

—   5. *Les mines, charges et menaces fiscales* (*Journal des Economistes*, août 1910).

—   6. *Les Conflits du travail*, un vol. in-18 (Fasquelle, éd.), 1905.

Je ne saurais trop recommander l'étude des rapports de la Commission des valeurs de douane.

En langue française, les trois périodiques qui traitent le plus complètement les questions industrielles au point de vue économique sont :

1º *Le Journal des Économistes* (librairie F. Alcan) ;
2º *Le Moniteur des Intérêts matériels* (Bruxelles) ;
3º *L'Economiste français*.

En langue anglaise, dans la Grande-Bretagne :

1º *The Economist;*
2º *The Statist;*
3º *The Investors Review.*

Dans les États-Unis :

1º *Journal of Commerce* de New-York ;
2º Les publications de l'*American Academy of political and social science*, d'*Harvard University*, de *Columbia University* et de *John Hopkins University* (Baltimore).

Voir les recensements industriels.

Les *American Census* de 1900, de 1905 et de 1910, *The first Census production in the United Kingdom*, 1913.

TABLE ALPHABÉTIQUE

DES AUTEURS ET DES MATIÈRES

TABLE SYSTÉMATIQUE DES MATIÈRES

LIVRE PREMIER

Le problème de l'industrie.

LIVRE II

Rapports des capitaux fixes et des capitaux circulants.

laisse un effort disponible proportionnel à sa puissance. — Reproduction de l'outil. — III. Les chevaux-vapeur en France. — Annexion de 288.939.000 hommes. — La houille blanche. — Les explosifs. — Frédéric Passy et les machines. — Misonisme des ouvriers anglais et américains. — D. Belet. — La machine et la main-d'œuvre humaine. — Cas de misonisme. — Utilité des explosifs : la poudre et la dynamite. — IV. Contre les machines et pour le travail. — Colbert, de Saint-Cricq, Cunin-Gridaine, Sismondi. — Haine des machines et protectionnisme. — Le Cambrésis. — M. Julien Hayem et les chemises. — L'expérience du coton en Angleterre. — Congrès des textiles et les restrictions. — Socialistes contre machines. — Crainte de surproduction. — M. Olphé Gaillard. — V.-J.-B. Say, Michel Chevalier, S. Newcomb. — Démonstration de J.-B. Say. — Formule de Newcomb. — La surproduction absolue est impossible. — Plus la production est grande, plus il y a de moyens d'échange. — *Ce n'est pas le désir de consommer qui fait défaut, c'est le pouvoir d'acheter.* — La loi des débouchés. — VI. Influence morale et intellectuelle de la machine. — Le charretier et le chauffeur. — Exactitude. — Perfectionnements de la montre. — Mobilisation des ouvriers. — La bicyclette. — Précision et délicatesse. — Aptitude à la direction. — « Les gros bataillons » et l'outillage militaire.

YVES GUYOT. — L'industrie et les industriels.   20

LIVRE III

Le capital et l'industrie.

LIVRE IV

Le travail.

LIVRE V

Le prix de revient et le prix de marché.

LIVRE VII

Conclusion et résumé.

OCTAVE DOIN ET FILS, ÉDITEURS, 8, PLACE DE L'ODÉON, PARIS

ENCYCLOPÉDIE SCIENTIFIQUE

Publiée sous la direction du Dr TOULOUSE

Nous avons entrepris la publication, sous la direction générale de son fondateur, le Dr Toulouse, Directeur à l'École des Hautes Études, d'une ENCYCLOPÉDIE SCIENTIFIQUE de langue française dont on mesurera l'importance à ce fait qu'elle est divisée en quarante Sections ou Bibliothèques et qu'elle comprendra environ 1.000 volumes. Elle se propose de rivaliser avec les plus grandes encyclopédies étrangères et même de les dépasser, tout à la fois par le caractère nettement scientifique et la clarté de ses exposés, par l'ordre logique de ses divisions et par son unité, enfin par ses vastes dimensions et sa forme pratique.

I

PLAN GÉNÉRAL DE L'ENCYCLOPÉDIE

Mode de publication. — L'*Encyclopédie* se composera de monographies scientifiques, classées méthodiquement et formant dans leur enchaînement un exposé de toute la science. Organisée sur un plan systématique, cette Encyclopédie, tout en évitant les inconvénients des Traités, — massifs, d'un prix global élevé, difficiles à consulter, — et les inconvénients des Dictionnaires, — où les articles scindés irrationnellement, simples chapitres alphabétiques, sont toujours nécessairement incomplets, — réunira les avantages des uns et des autres.

Du Traité, l'*Encyclopédie* gardera la supériorité que possède un ensemble complet, bien divisé et fournissant sur chaque science tous les enseignements et tous les renseignements qu'on en réclame. Du Dictionnaire, l'*Encyclopédie* gardera les facilités de recherches par le moyen d'une table générale, l'*Index de l'Encyclopédie*, qui paraîtra dès la publication d'un certain nombre de volumes et sera réimprimé périodiquement. L'*Index* renverra le lecteur aux différents volumes et aux pages où se trouvent traités les divers points d'une question.

Les éditions successives de chaque volume permettront de suivre toujours de près les progrès de la Science. Et c'est par là que s'affirme la supériorité de ce mode de publication sur tout autre. Alors que, sous sa masse compacte, un traité, un dictionnaire ne peut être réédité et renouvelé que dans sa totalité et qu'à d'assez longs intervalles, inconvénients graves qu'atténuent mal des suppléments et des appendices, l'*Encyclopédie scientifique*, au contraire, pourra toujours rajeunir les parties qui ne seraient plus au courant des derniers travaux importants. Il est évident, par exemple, que si des livres d'algèbre ou d'acoustique physique peuvent garder leur valeur pendant de nombreuses années, les ouvrages exposant les sciences en formation comme la chimie physique, la psychologie ou les technologies industrielles, doivent nécessairement être remaniés à des intervalles plus courts.

Le lecteur appréciera la souplesse de publication de cette *Encyclopédie*, toujours vivante, qui s'élargira au fur et à mesure des besoins dans le large cadre tracé dès le début, mais qui constituera toujours, dans son ensemble, un traité complet de la Science, dans chacune de ses Sections un traité complet d'une science et dans chacun de ses livres une monographie complète. Il pourra ainsi n'acheter que telle ou telle Section de l'*Encyclopédie*, sûr de n'avoir pas des parties dépareillées d'un tout.

L'*Encyclopédie* demandera plusieurs années pour être achevée; car, pour avoir des expositions bien faites, elle a pris ses collaborateurs plutôt parmi les savants que parmi les professionnels de la rédaction scientifique que l'on retrouve généralement dans les œuvres similaires. Or les savants écrivent peu et lentement : et il est préférable de laisser temporairement sans attribution certains ouvrages plutôt que de les confier à des auteurs insuffisants. Mais cette lenteur et ces vides ne présenteront pas d'inconvénients, puisque chaque livre est une œuvre indépendante et que tous les volumes publiés sont à tout moment réunis par l'*Index de l'Encyclopédie*. On peut donc encore considérer l'*Encyclopédie* comme une librairie, où les livres soigneusement choisis, au lieu de représenter le hasard d'une production individuelle, obéiraient à un plan arrêté d'avance, de manière qu'il n'y ait ni lacune dans les parties ingrates, ni double emploi dans les parties très cultivées.

Caractère scientifique des ouvrages. — Actuellement, les livres de science se divisent en deux classes bien distinctes : les livres destinés aux savants spécialisés, le plus souvent incompréhensibles pour tous les autres, faute de rappeler au début des chapitres les connaissances nécessaires, et surtout faute de définir les nombreux termes techniques incessamment forgés, ces derniers rendant un mémoire d'une science particulière inintelligible à un savant qui en a abandonné l'étude durant quelques années; et ensuite les livres écrits pour le grand public, qui sont sans profit pour des savants et même pour des personnes d'une certaine culture intellectuelle.

L'*Encyclopédie scientifique* a l'ambition de s'adresser au public le plus large. Le savant spécialisé est assuré de rencontrer dans les volumes de sa partie une mise au point très exacte de l'état actuel des questions; car chaque Bibliothèque, par ses techniques et ses monographies, est d'abord faite avec le plus grand soin pour servir d'instrument d'études et de recherches à ceux qui cultivent la science particulière qu'elle présente, et sa devise pourrait être : *Par les savants, pour les savants.* Quelques-uns de ces livres seront même, par leur caractère didactique, destinés à servir aux études de l'enseignement secondaire ou supérieur. Mais, d'autre part, le lecteur non spécialisé est certain de trouver, toutes les fois que cela sera nécessaire, au seuil de la Section, — dans un ou plusieurs volumes de généralités, — et au seuil du volume, — dans un chapitre particulier, — des données qui formeront une véritable introduction le mettant à même de poursuivre avec profit sa lecture. Un vocabulaire technique, placé, quand il y aura lieu, à la fin du volume, lui permettra de connaître toujours le sens des mots spéciaux.

II

ORGANISATION SCIENTIFIQUE

Par son organisation scientifique, l'*Encyclopédie* paraît devoir offrir aux lecteurs les meilleures garanties de compétence. Elle est divisée en Sections ou Bibliothèques, à la tête desquelles sont placés des savants professionnels spécialisés dans chaque ordre de sciences et en pleine force de production, qui, d'accord avec le Directeur général, établissent les divisions des matières, choisissent les collaborateurs et acceptent les manuscrits. Le même esprit se manifestera partout : éclectisme et respect de toutes les opinions logiques, subordination des théories aux données de l'expérience, soumission à une discipline rationnelle stricte ainsi qu'aux règles d'une exposition méthodique et claire. De la sorte, le lecteur, qui aura été intéressé par les ouvrages d'une Section dont il sera l'abonné régulier, sera amené à consulter avec confiance les livres des autres Sections dont il aura besoin, puisqu'il sera assuré de trouver partout la même pensée et les mêmes garanties. Actuellement, en effet, il est, hors de sa spécialité, sans moyen pratique de juger de la compétence réelle des auteurs.

Pour mieux apprécier les tendances variées du travail scientifique adapté à des fins spéciales, l'*Encyclopédie* a sollicité, pour la direction de chaque Bibliothèque, le concours d'un savant placé dans le centre même des études du ressort. Elle a pu ainsi réunir des représentants des principaux Corps savants, d'Établissements d'enseignement et ep recherches de langue française :

Institut.
Académie de Médecine.
Collège de France.
Muséum d'Histoire naturelle.
Ecole des Hautes Etudes.
Sorbonne et Ecole normale.
Facultés des Sciences.
Faculté des Lettres
Facultés de Médecine.
Institut Pasteur.
Ecole des Ponts et Chaussées.
Ecole des Mines.

Ecole Polytechnique.
Conservatoire des Arts et Métiers.
Ecole d'Anthropologie.
Institut National agronomique.
Ecole vétérinaire d'Alfort.
Ecole supérieure d'Electricité.
Ecole de Chimie industrielle de Lyon.
Ecole des Beaux-Arts.
Ecole des Sciences politiques.
Observatoire de Paris.
Hôpitaux de Paris.

III

BUT DE L'ENCYCLOPÉDIE

Au xviii° siècle, « l'Encyclopédie » a marqué un magnifique mouvement de la pensée vers la critique rationnelle. A cette époque, une telle manifestation devait avoir un caractère philosophique. Aujourd'hui, l'heure est venue de renouveler ce grand effort de critique, mais dans une direction strictement scientifique; c'est là le but de la nouvelle *Encyclopédie*.

Ainsi la science pourra lutter avec la littérature pour la direction des esprits cultivés, qui, au sortir des écoles, ne demandent guère de conseils qu'aux œuvres d'imagination et à des encyclopédies où la science a une place restreinte, tout à fait hors de proportion avec son importance. Le moment est favorable à cette tentative; car les nouvelles générations sont plus instruites dans l'ordre scientifique que les précédentes. D'autre part, la science est devenue, par sa complexité et par les corrélations de ses parties, une matière qu'il n'est plus possible d'exposer sans la collaboration de tous les spécialistes, unis là comme le sont les producteurs dans tous les départements de l'activité économique contemporaine.

A un autre point de vue, l'*Encyclopédie*, embrassant toutes les manifestations scientifiques, servira comme tout inventaire à mettre au jour les lacunes, les champs encore en friche ou abandonnés, — ce qui expliquera la lenteur avec laquelle certaines Sections se développeront, — et suscitera peut-être les travaux nécessaires. Si ce résultat est atteint, elle sera fière d'y avoir contribué.

Elle apporte en outre une classification des sciences et, par ses divisions, une tentative de mesure, une limitation de chaque domaine. Dans son ensemble, elle cherchera à refléter exactement le prodigieux effort scientifique du commencement de ce siècle et un moment de sa pensée, en sorte que dans l'avenir elle reste le document principal où l'on puisse retrouver et consulter le témoignage de cette époque intellectuelle.

On peut voir aisément que l'*Encyclopédie* ainsi conçue, ainsi réalisée, aura sa place dans toutes les bibliothèques publiques, universitaires et scolaires, dans les laboratoires, entre les mains des savants,

des industriels et de tous les hommes instruits qui veulent se tenir
au courant des progrès, dans la partie qu'ils cultivent eux-mêmes ou
dans tout le domaine scientifique. Elle fera jurisprudence, ce qui lui
dicte le devoir d'impartialité qu'elle aura à remplir.

Il n'est plus possible de vivre dans la société moderne en ignorant
les diverses formes de cette activité intellectuelle qui révolutionne
les conditions de la vie; et l'interdépendance de la science ne permet
plus aux savants de rester cantonnés, spécialisés dans un étroit
domaine. Il leur faut, — et cela leur est souvent difficile, — se mettre
au courant des recherches voisines. A tous, l'*Encyclopédie* offre un
instrument unique dont la portée scientifique et sociale ne peut
échapper à personne.

IV

CLASSIFICATION DES MATIÈRES SCIENTIFIQUES

La division de l'*Encyclopédie* en Bibliothèques a rendu nécessaire
l'adoption d'une classification des sciences, où se manifeste nécessairement un certain arbitraire, étant donné que les sciences se distinguent beaucoup moins par les différences de leurs objets que par
les divergences des aperçus et des habitudes de notre esprit. Il se
produit en pratique des interpénétrations réciproques entre leurs
domaines, en sorte que, si l'on donnait à chacun l'étendue à laquelle
il peut se croire en droit de prétendre, il envahirait tous les terri-
toires voisins; une limitation assez stricte est nécessitée par le fait
même de la juxtaposition de plusieurs sciences.

Le plan choisi, sans viser à constituer une synthèse philosophique
des sciences, qui ne pourrait être que subjective, a tendu pourtant
à échapper dans la mesure du possible aux habitudes traditionnelles
d'esprit, particulièrement à la routine didactique, et à s'inspirer de
principes rationnels.

Il y a deux grandes divisions dans le plan général de l'*Encyclopédie :* d'un côté les sciences pures, et, de l'autre, toutes les technologies qui correspondent à ces sciences dans la sphère des applications.
A part et au début, une Bibliothèque d'introduction générale est

consacrée à la philosophie des sciences (histoire des idées directrices, logique et méthodologie).

Les sciences pures et appliquées présentent en outre une division générale en sciences du monde inorganique et en sciences biologiques. Dans ces deux grandes catégories, l'ordre est celui de particularité croissante, qui marche parallèlement à une rigueur décroissante. Dans les sciences biologiques pures enfin, un groupe de sciences s'est trouvé mis à part, en tant qu'elles s'occupent moins de dégager des lois générales et abstraites que de fournir des monographies d'êtres concrets, depuis la paléontologie jusqu'à l'anthropologie et l'ethnographie.

Étant donnés les principes rationnels qui ont dirigé cette classification, il n'y a pas lieu de s'étonner de voir apparaître des groupements relativement nouveaux, une biologie générale, — une physiologie et une pathologie végétales, distinctes aussi bien de la botanique que de l'agriculture, — une chimie physique, etc.

En revanche, des groupements hétérogènes se disloquent pour que leurs parties puissent prendre place dans les disciplines auxquelles elles doivent revenir. La géographie, par exemple, retourne à la géologie, et il y a des géographies botanique, zoologique, anthropologique, économique, qui sont étudiées dans la botanique, la zoologie, l'anthropologie, les sciences économiques.

Les sciences médicales, immense juxtaposition de tendances très diverses, unies par une tradition utilitaire, se désagrègent en des sciences ou des techniques précises; la pathologie, science de lois, se distingue de la thérapeutique ou de l'hygiène qui ne sont que les applications des données générales fournies par les sciences pures, et à ce titre mises à leur place rationnelle.

Enfin, il a paru bon de renoncer à l'anthropocentrisme qui exigeait une physiologie humaine, une anatomie humaine, une embryologie humaine, une psychologie humaine. L'homme est intégré dans la série animale dont il est un aboutissant. Et ainsi, son organisation, ses fonctions, son développement s'éclairent de toute l'évolution antérieure et préparent l'étude des formes plus complexes des groupements organiques qui sont offertes par l'étude des sociétés.

On peut voir que, malgré la prédominance de la préoccupation pratique dans ce classement des Bibliothèques de l'*Encyclopédie scientifique*, le souci de situer rationnellement les sciences dans leurs rapports réciproques n'a pas été négligé. Enfin il est à peine besoin d'ajouter que cet ordre n'implique nullement une hiérarchie, ni dans l'importance ni dans les difficultés des diverses sciences. Certaines, qui sont placées dans la technologie, sont d'une complexité extrême, et leurs recherches peuvent figurer parmi les plus ardues.

Prix de la publication. — Les volumes, illustrés pour la plupart, seront publiés dans le format in-18 jésus et cartonnés. De dimensions commodes, ils auront 400 pages environ, ce qui représente une matière suffisante pour une monographie ayant un objet défini et important, établie du reste selon l'économie du projet qui saura éviter l'émiettement des sujets d'exposition. Le prix étant fixé uniformément à 5 francs, c'est un réel progrès dans les conditions de publication des ouvrages scientifiques, qui, dans certaines spécialités, coûtent encore si cher.

TABLE DES BIBLIOTHÈQUES

DIRECTEUR : Dr TOULOUSE, Directeur de Laboratoire à l'École des Hautes Études.

SECRÉTAIRE GÉNÉRAL : H. PIÉRON.

DIRECTEURS DES BIBLIOTHÈQUES:

C. Sciences biologiques normatives :

22. *Biologie.*	A. *Biologie générale.*	M. CAULLERY, professeur de zoologie à la Sorbonne.
	B. *Océanographie biologique.*	J. RICHARD, directeur du Musée Océanographique de Monaco.
23. *Physique biologique....*		A. IMBERT, professeur à la Faculté de Médecine de l'Université de Montpellier.
24. *Chimie biologique. . . .*		G. BERTRAND, professeur de chimie biologique à la Sorbonne, professeur à l'Institut Pasteur.
25. *Physiologie et Pathologie végétales . . . .*		L. MANGIN, de l'Institut, professeur au Muséum d'Histoire naturelle.
26. *Physiologie . . . .*		J.-P. LANGLOIS, professeur agrégé à la Faculté de Médecine de Paris.
27. *Psychologie . . . .*		E. TOULOUSE, directeur de Laboratoire à l'École des Hautes Études, médecin en chef de l'asile de Villejuif.
28. *Sociologie . . . .*		G. RICHARD, professeur à la Faculté des Lettres de l'Université de Bordeaux.

---

29. *Microbiologie et Parasitologie . . . .*		A. CALMETTE, professeur à la Faculté de Médecine de l'Université, directeur de l'Institut Pasteur de Lille, et F. BEZANÇON, professeur agrégé à la Faculté de Médecine de l'Université de Paris, médecin des Hôpitaux.
30. *Pathologie.*	A. *Pathologie médicale.*	M. KLIPPEL, médecin des Hôpitaux de Paris.
	B. *Neurologie.*	E. TOULOUSE, directeur de Laboratoire à l'École des Hautes Études, médecin en chef de l'asile de Villejuif.
	C. *Path. chirurgicale.*	L. PICQUÉ, chirurgien des Hôpitaux de Paris.

D. Sciences biologiques descriptives :

31. *Paléontologie . . . . . .*		M. BOULE, professeur au Muséum d'Histoire naturelle.
32. *Botanique*	A. *Généralités et phanérogames.*	H. LECOMTE, professeur au Muséum d'Histoire naturelle.
	B. *Cryptogames.*	L. MANGIN, de l'Institut, professeur au Muséum d'Histoire naturelle.

II. SCIENCES APPLIQUÉES

A. Sciences mathématiques :

B. Sciences inorganiques :

C. Sciences biologiques :

M. ALBERT MAIRE, bibliothécaire à la Sorbonne, est chargé de l'*Index* de l'Encyclopédie scientifique.

B — 9238. — Libr.-Imprimeries réunies, 7, rue Saint-Benoît, Paris.

www.ingramcontent.com/pod-product-compliance
Lightning Source LLC
Chambersburg PA
CBHW061105220326
41599CB00024B/3917